美国东北亚安全战略

奥巴马政府“巧实力”路线及其实践

MEIGUO DONGBEIYA
ANQUAN ZHANLUE

吕 平 · 著

时事出版社

图书在版编目（CIP）数据

美国东北亚安全战略：奥巴马政府“巧实力”路线及其实践/吕平著. —北京：时事出版社，2016.7
ISBN 978-7-80232-971-3

Ⅰ.①美… Ⅱ.①吕… Ⅲ.①美国对外政策—研究—东北亚②国家安全—研究—东北亚 Ⅳ.①D871.20 ②D731.0

中国版本图书馆 CIP 数据核字（2016）第 044790 号

出版发行：时事出版社
地　　址：北京市海淀区万寿寺甲 2 号
邮　　编：100081
发行热线：（010）88547590　88547591
读者服务部：（010）88547595
传　　真：（010）88547592
电子邮箱：shishichubanshe@ sina. com
网　　址：www. shishishe. com
印　　刷：北京市昌平百善印刷厂

开本：787×1092　1/16　印张：17　字数：219 千字
2016 年 7 月第 1 版　2016 年 7 月第 1 次印刷
定价：68.00 元
（如有印装质量问题，请与本社发行部联系调换）

本书出版获得大连外国语大学
2015 年学科专项经费资助

目　　录

绪　　论

地区安全战略是国家整体安全战略的组成部分，是民族国家针对相关地区存在的威胁、问题制定的宏观行为指针与其行动过程。美国作为世界唯一的超级大国，在东北亚地区拥有重要利益，需要从宏观层次规划其国家利益的护持，明确利益实现的途径。东北亚地区集中了中国崛起、俄罗斯复兴、日本“政治大国化”、朝鲜半岛紧张对峙等影响美国构建地区霸权的外在因素，成为美国全球战略的重点。金融危机爆发以来美国实力相对下滑，如何有效护持本国在东北亚地区的优势成为奥巴马东北亚安全战略的首要问题。东北亚地区是中国崛起的基本平台，奥巴马政府对该地区的战略规划、实践无疑会对中国崛起进程产生重要影响。

地区安全战略是一种介于国家总体战略与针对具体国家战略之间的中层战略，从大战略研究层面审视，战略由战略规划、战略实践两部分组成。其中战略规划受三种因素影响，即战略主体、战略对象、战略属性。首先，战略主体决定战略观察的特定角度、动机及其认知能力。行为体展开对相关事物观察前提在于占据某一具体观察位置，战略主体占据特定角度进行战略规划是一种客观现象，不存在没有明确角度的战略规划。作为战略规划的主要行为体，国家的位置、角色具有相当的稳定性，限定了战略主体修正战略观察角度的可能性。战略规划作为一种实践行为必然带有明确的目的性，这一目的性体现在战略主体制定相关战略的动机之中。战略主体文化属性、机构编制、思维方式不可避免地影响通过观察所获得的结论。解析战略主体是展开一切战略研究的基本工作。

其次，战略对象作为相关战略的客体，限定了该战略规划应用的范围、明确了战略实践推进的边界。战略对象的客体属性决定它是异于主体的存在，是同样具有主体能动性的自我意识整体。对于战略对象不应仅从客体的角度来看待，更要把其作为另一个主体来对待。针对战略对象所做的一切战略规划，应考虑对象的实际情况，把对象看作是与自身具有同样认知能力的主体。只有在这样的前提下，才能更加明确地针对战略对象制定切实可行的战略规划。

最后，战略属性是连接战略主体、战略对象的桥梁，战略属性按照涉及领域划分，包括经济战略、政治战略、安全战略、外交战略、文化战略等等。战略一词来源于军事领域，传统战略特指军事统帅在军事斗争宏观层面上的指挥艺术。随着社会交流沟通能力的增强，战略主体关注的领域日臻扩大，同时获得更多影响其他行为体的手段。战略的内涵突破了军事领域扩大为战略行为体应对不同领域问题，统御多种政策工具的科学与艺术，引出了战略属性划分的问题。

战略实践是大战略的重要组成部分，传统战略研究集中于对战略规划的解析，对战略的执行过程关注不足。人类处在复杂的社会生活中，在一系列复杂的互动中进行实践活动，不可避免地受到外部因素的影响。战略实践是对战略规划的执行、调整、完善的过程，是独立于战略规划的客观存在，有必要将其放在与战略规划同等的位置进行研究。

奥巴马政府是本书战略研究的战略主体。美国宪法将行政权与军事统帅权交予总统，赋予总统制定国家安全战略并加以具体实施的权力。2002 年、2006 年、2010 年白宫先后发布《美国国家安全战略》，为美国政府统御政策工具提供宏观指南。此外，受总统管辖的各个机构也会制定相关领域战略，如美国国防部分别在 2011 年、2012 年发布《美国国家军事战略 2011：重新定义美国的军事领导》《维持美国的全球领导：21 世纪国防重点》两部重要的军事战略文件。因此，美国的行政机构成为本研究战略主体的主要组成部分。

政府概念由“狭义政府”与“广义政府”两部分组成，狭义的政府概念专指在三权分立国家中的行政机构；广义的政府概念则是指包括立法、行政等一系列国家权力机关。考虑到美国地区安全战略制定、实践已经突破了狭义政府的概念，本书采用广义政府概念作为战略主体，即包括奥巴马总统直辖的美国行政部门、国会及其调查机构，以及部分美国外交研究机构作为奥巴马东北亚安全战略的战略主体展开研究。

考虑到美国权力结构中，国会获得宣战权、条约批准权、贸易管理权、外交人事任命权等一系列影响美国对外战略规划、实践的权力，故在对一定时期内美国政府东北亚安全战略研究中，有必要将美国国会纳入战略主体的范畴，使之成为战略主体的重要补充。最后，美国外交精英多具有“政、学、商”多重身份，存在着“在朝则为阁员、在野则为研究人员”的“旋转门”现象。一些研究机构对美国对外战略拟定具有重要影响作用，例如 2007 年美国国际战略研究中心发布的研究报告——《美日联盟：让亚洲正确迈向 2020 年》

就对奥巴马政府对日战略起到了不可忽视的指导作用。因此，研究奥巴马政府东北亚安全战略势必要将部分美国外交智库的成果纳入考察范围，并将部分研究机构视为战略主体的外延，才能全面反映奥巴马政府东北亚安全战略的全貌。

作为奥巴马政府安全战略的对象，梳理“东北亚”这一概念发展历程尤为必要。“亚洲”一词来源于古代地中海世界对“东方”概念的认识，地理大发现扩大了欧洲对亚洲认知范围，中国、朝鲜半岛、日本成为这一认知范围的终端。为此，欧洲主导下的国际体系将东方根据空间的远近划分为近东、中东、远东。20世纪初亚洲各国民族意识觉醒，相似的殖民遭遇促使各民族先进分子寻找与各宗主国平等的身份概念，“亚洲”取代了原有的近东、中东、远东概念，并被内化为“亚洲国家”的身份认同。作为一个被内化的“外来概念”，亚洲涵盖众多文明类型、社会结构、国家形态。20世纪民族解放使命完成后，亚洲呈现出区域平行发展的态势。东亚地理范围源自殖民时代的远东区域，印度、巴基斯坦的独立使南亚次大陆成为独立的安全复合体后，远东剩余区域演变为今天的东亚地区。冷战结束后东南亚区域不再是两极格局对峙的“破碎地带”，形成统一的经济、政治组织框架，东北亚区域则保持了冷战时期的基本安全框架，宏观的东亚概念显然无法完全适用于解释地区内迥异的安全结构。

东北亚地区国际结构特征是什么？这是所有国家制定针对该地区安全战略所必须回答的问题，答案只能从东北亚地区自身与其他地区的横向比较中获取，简而言之就是要辨明使其与东南亚国际结构相区分的核心要素。首先，在行为体构成方面，民族国家是东北亚地区国际关系的行为主体，是各国人民的最高认同主体，不存在如东盟一般高于国家层级的跨国行为体认同，低于国家层级的区域、社团、阶层认同也很难挑战该地区民众对国家的认同。其次，在全球层次元素与区域层次元素互动方面，东北亚安全复合体受到美国、俄罗斯两个全球大国的严重渗透，两国在其他地区的权力博弈必然影响其在东北亚地区的互动，使东北亚地区的权力结构呈现出“开放性”特征。再次，东北亚区域存在中国、日本两个区域内大国的并立，两国政治、经济、军事全方面竞争关系为当今世界舞台所鲜见。

最后，东北亚地区中小国家（地区）的走向对区域安全走向具有一定影响。东北亚地区小国（地区）数量较少，且又处于大国环绕的中心位置，其对外政策的变化极易引起整个地区局势变化；小国（地区）是一个相对“概念”，韩国、台湾地区的综合实力超过大多数东南亚国家（地区），朝鲜也拥有不俗的军事实力。在东北亚紧绷的大国对峙中，细微的实力增减将影响博弈结果。东北亚地区的中小国家对开展全方位外交、谋求自主性抱有较大的积极性，主动影响区域秩序的构建、走向，是东北亚地区安全的变量因素。

综上所述，东北亚地区的国际结构呈现出传统“威斯特伐利亚”体系的特征，即各国家之间的博弈主导区域安全走向；传统安全以及非传统安全中的经济安全共同构成了区域的安全主题，具体表现为一超三强、多极并存、海陆强国交错、中小国家（地区）夹杂其中的复杂国际格局。

因此本书所述东北亚地区由中、日、韩、朝四个核心国家与俄罗斯联邦的远东地区、蒙古两个边缘地带组成。19 世纪以来美国始终积极介入东北亚区域事务，美国国务院根据自身的位置将世界划分为西半球、欧洲与欧亚大陆、近东（包括北非、中东）、非洲、南亚与中亚、东亚与太平洋地区，美国各级机构大致沿用这种划分制定相应的区域战略和政策。概括奥巴马政府东北亚安全战略，需要从美国整体国家安全战略、亚太战略的宏观层面与具体针对东北亚各国战略的微观层面提取符合东北亚区域层次的成分，通过既有的国际关系理论框架加以系统论述，才能全面地呈现新时期美国对东北亚地区战略的全貌。

中国是一个东北亚国家，近代中国的国家利益多次受到侵犯，其中以来自东北亚地区的俄国、日本对中国的安全威胁最为严重，所带来的危害也最大。二战结束后东北亚成为美、苏对峙的前线，朝鲜战争的爆发迫使中国不得不调整战略重心应对半岛危局。20 世纪 60 年代末，苏联在中苏、中蒙边境陈兵百万对中国构成全面威胁，迫使中国调整“两只拳头出击”的对外战略，全力应对北方的安全挑战。80 年代初中苏关系正常化进程启动，为中国独立自主和平外交路线提供了有利的外部条件。可以说东北亚安全局势的变化是新中国几次外交政策转向的决定性因素。

冷战结束以来，东北亚地区出现了局部缓和的局面，为中国推进改革开放提供了良好的外部环境。21 世纪初，东北亚地区已经成为中国崛起的基本平台，维护中国经济社会和平发展利益的最大外部挑战来自美国东北亚霸权战略。只有细致地观察、分析新时期美国对东北亚各国安全战略的内在规律，对其安全战略效能进行全方位评估，在此基础上制定相应的应对战略，才能更好地护持中国的国家利益，可见研究奥巴马东北亚安全战略对崛起的中国具有重大的现实意义。

文献综述

奥巴马政府东北亚安全战略研究涉及当下美国在东北亚的战略环境、战略目标与实力、战略内容、对各国战略实践、效能评估与影响等多方面课题。这些课题是对美国现任政府战略的剖析，具有较强的时效性，学术界相关研究成果多以期刊论文、学术会议发言形式出现，学术专著并不多见。按照内容构成，学术界总体成果可以分为战略环境研究，战略目标、实力及内容研究，对各国战略研究三大类。

第一，学术界对奥巴马政府东北亚安全战略的环境研究。战略环境是“一定时期内影响国家安全全局的客观情况和条件，是国家对外行为产生影响的国际政治、经济、外交、地缘等方面综合而成的客观情况”。[①] 奥巴马政府对东北亚战略环境的认识主要由美国对东北亚各国实力以及角色的认知构成。战略环境具有一种长期性、稳定性的特点，从历史演进的纵向视角与各国比较的横向视角对其进行全面的透视有助于进一步研究的开展，学术界对这一课题的著述较多。

《奥巴马政府的国家安全战略调整及其对中美关系的影响》[②] 对冷战后美国历届政府的安全战略进行了梳理，指出老布什主政时期是美国向后冷战时代战略过渡时期，克林顿主政时期是美国新的战略优势确立时期，突出了自身“一

① 周丕启：《大战略分析》，上海人民出版社2009年版，第47页。

② 钟龙彪：《奥巴马政府的国家安全战略调整及其对中美关系的影响》，载于《国际问题研究》2010年第4期，第33—38页。

超”地位。小布什主政时期的美国国家安全战略强化了美国战略目标、战略手段，为研究冷战后美国国家安全战略提供了清晰的脉络，同时也为冷战后美国对东北亚的安全战略演进提供了宏观框架。

《东亚地区框架：新的经济与安全安排与美国政策》[①] 指出存在五种力量引导东亚格局的转变：中国崛起及其对日本、韩国及其他亚洲国家的影响力与领导力；全球化和跨国公司与供给链条的扩张；欧洲安全模式挑战现实主义大国均势；反恐全球战争。作者指出中国在东亚地区形成如上海合作组织一般的区域主导“不利于”美国的国家利益。

《东北亚安全秩序的困境与对策研究》[②] 认为“美国建立世界新秩序的努力在东北亚地区进展得并不顺利……东北亚地区事实上已成为美国建立世界新秩序进程中难以在短时间内完成整合的地区”。作者通过对中国、俄罗斯两大战略力量的分析指出东北亚地区是两国合作牵制美国实现全球领导的主要区域，是美国全球霸权构建的难点。

《21 世纪初期世界政治的基本性质和中国的应有战略》[③] 一书指出从东亚区域框架内对美国国际权势和地位的观察尤为必要，作者认为区域内的根本势态是中美两国在东亚的“权势转移”。在东亚的力量对比格局中，中美力量的差距将

---

① Dick Nanto: East Asia Economic and Security Arrangement and U. S. Policy, Congressional Research Service, April 15, 2010, http: //fpc. state. gov/documents/organization/142760. pdf.

② 黄凤志：《东北亚安全秩序的困境与对策研究》，载于《东北亚论坛》2005 年第 3 期，第 34—36 页。

③ 时殷弘：《21 世纪初期世界政治的基本性质和中国的应有战略》，中国人民大学出版社 2006 年版，第 185—187 页。

会进一步缩小，美国的权势逐渐削弱。

在《美国的亚太战略与中美关系的未来》[①] 一文中，作者指出美国虽然确定"一超独霸"地位，但其影响力并不均衡。苏联解体后美国对同盟体系影响力下滑，有必要将战略重心向东亚延伸。对美国而言，该地区具有突出的冷战遗产，是大国博弈舞台，具有巨大的经济潜力，是美国"必争、必保之地"。

《奥巴马的外交"新政"与战略调整》[②] 一文对美俄关系可能的改善限度进行了分析，认为奥巴马政府对俄政策调整是功能性的。美国在所寻求的多伙伴世界中，将自己置于领导地位，俄罗斯认为多中心的世界秩序正在形成，不甘心做美国的伙伴，而在全球战略格局中仍扮演着牵制美国全球霸权的角色。

《中美关系新趋势及其对东北亚安全的影响》[③] 指出中美两国在区域内不同领域作用上升，作者以韩国为例，揭示一些亚洲国家在中美之间进行双重博弈，影响美国对东北亚地区环境的判断。中美安全关切点已突破台湾问题，扩展到西太平洋地区海洋问题与朝鲜半岛的紧张局势，导致亚洲的战略局势进一步复杂化。将日本、韩国等周边国家因素引入美国东北亚安全战略环境考察，有助于深化我们对奥巴马巩固东北亚同盟体系的动机认知。

---

① 王鸿刚：《美国的亚太战略与中美关系的未来》，载于《现代国际关系》2011 年第 1 期，第 7—13 页。

② 陶文钊：《奥巴马的外交"新政"与战略调整》，载于《国际观察》2010 年第 1 期，第 1—9 页。

③ 王缉思：《中美关系新趋势及其对东北亚安全的影响》，载于《国际政治研究》2011 年第 1 期，第 1—5 页。

《美日、美韩军事同盟的同步强化及其影响》[①] 对冷战后美国与日本、韩国的同盟关系发展脉络进行对比，指出冷战结束初期是两组同盟关系弱化时期，1997 年以后两组同盟呈现出一强一弱的主辅配置。美国将美日同盟视为稳定亚洲的基石，将美韩同盟作用限定于朝鲜半岛。与美日军事同盟地位上升、范围扩大、一体化加强相比，美韩同盟相对弱化。

《奥巴马政府东亚政策的调整及中国的应对》[②] 一文指出朝核问题仍是奥巴马政府安全上最大的挑战：一方面，美国在东北亚的军事存在受到朝鲜发展核武器与弹道导弹的威胁，积极加强与韩、日的安全合作；另一方面美国对通过六方会谈实现半岛无核化抱有一定的期待。这种矛盾的心态导致奥巴马政府对如何推动朝鲜放弃核武器缺乏长远战略。

第二，学术界对奥巴马东北亚安全战略的目标、内容的研究成果。“战略目标是一段时间内国家在国际社会中为维护国家安全而要达到的全局性结果。”[③] 战略内容则是战略认知的组成部分。学术界对奥巴马政府安全战略的目标、内容分析，主要是对 2010 年美国国家安全战略报告以及 2011 年美国军事安全战略等战略资料的解析，成果聚焦于美国全球安全战略及亚太安全战略层次，涵盖其对东北亚地区的安全战略。战略资源是在一定时间内，国家能够动员投入战略实践的国家实力。[④] 战略资源来源于战略主体所有的实力，国

① 张威威：《美日、美韩军事同盟的同步强化及其影响》，载于《世界经济与政治论坛》2011 年第 5 期，第 1—12 页。

② 唐彦林：《奥巴马政府东亚政策的调整及中国的应对》，载于《东北亚论坛》2010 年第 2 期，第 49—57 页。

③ 周丕启：《大战略分析》，上海人民出版社 2009 年版，第 15 页。

④ 同上书，第 78 页。

家实力由多种因素构成，在此不加赘述。本书按照军事、经济、外交领域划分美国对东北亚安全战略的资源。通过对奥巴马政府介入东北亚地区事务的方式、方法总结其战略内容和手段。

《论奥巴马政府的亚太战略》[①] 一文指出，奥巴马政府的亚太战略目标在于保持美国对地区事务的积极参与，发挥领导作用，更好地护持美国的国家利益。通过强调各国进入如海洋、网络、太空等全球公共领域的自由，确保美国在亚太区域的优势地位。作者认为奥巴马政府亚太战略由深化同盟关系，与中国发展可预测、稳定、全面的关系，参与和培育地区多边架构，积极而自信的贸易和经济政策，广泛的军事存在，促进人权等方面组成。这些内容为奥巴马政府的东北亚安全战略的目标与内容提供了宏观框架，除却有关拓展与印度、印尼等南亚、东南亚国家的伙伴关系以外，这些内容涵盖了美国东北亚地区安全战略的主要组成。

《美国亚太战略调整对中国周边环境的影响及对策建议》[②] 一文中，作者认为奥巴马政府的亚太战略的内容与目标在于扭转小布什政府对亚太地区的忽略，重新提高亚太区域在美国战略规划中的地位，扩大与该地区的交流，增加对亚太地区的资源投入。奥巴马政府通过对安全议题的主导，发挥美国的军事优势，借助于中国与周边国家的纠纷矛盾夯实美国在亚太区域的优势基础。

---

① 吴心伯：《论奥巴马政府的亚太战略》，载于《国际问题研究》2012年第21期，第62—77页。

② 楚树龙：《美国亚太战略调整对中国周边环境的影响及对策建议》，载于《角色与责任：中国在东北亚地区的战略地位与战略利益》，2011年8月。

《美国亚洲安全框架的新趋势：与澳大利亚、日本、印度双边与多边联系》[①] 针对中国崛起对美国在东亚霸权建构造成的冲击进行了评估，认为亚洲出现了新型的、排除美国在外的安全框架。而美国在亚洲的战略目标在于：组织单一国家或联盟主导该区域；维持同盟体系；保证海上航行的畅通，保障美国商业进入区域内自由贸易；促进美国价值观。

《美国因素影响下的亚太、东亚合作机制之争》[②] 指出亚太地区整合和东亚地区整合的主要区别在于要不要排除美国。奥巴马着力推进跨太平洋协作关系显示出美国"重返东亚"的战略思路，在经济安全战略中以亚太合作覆盖东亚合作，对旧有区域经济整合模式进行重新洗牌。作者认为奥巴马政府在秉承美国主导亚太、东亚的既定目标基础上，希望实现美国主导下的多边主义。奥巴马的经济安全战略包括将APEC与东亚峰会融合；以TPP引导亚太经济合作；取代东盟领导；以亚太自由贸易区取代东亚自由贸易区，以亚太共同体主导东亚共同体。这些为我们勾勒出奥巴马政府东北亚经济安全战略中经济整合的努力方向。

《奥巴马政府安全战略调整评析》[③] 一文指出奥巴马安全战略的根本目的在于恢复美国实力，重振美国霸权。奥巴马上台后的首要安全任务就是修复支撑美国安全的支柱，具体

---

① Emma Chanlett-Avery and Bruce Vaughn: Emerging Trends in the Security Architecture in Asia: Bilateral and Multilateral Ties Among the United States, Japan, Australia, and India, U. S. Department of State, CongressionalResearch Service, January 7, 2008, http://fpc. state. gov/documents/organization/99487. pdf.

② 宋静：《美国因素影响下的亚太、东亚合作机制之争》，载于《世界经济与政治论坛》2011年第1期。

③ 甘钧线、申根焕：《奥巴马政府安全战略调整评析》，载于《外交评论》2011年第2期，第143页。

可分为恢复美国实力、重返国际制度、修复联盟体系三个方面。作者认为奥巴马国家安全战略的内容中包含部分新动向：调整安全威胁、调整大国关系、调整安全手段、调整安全观念。在文章的结尾，作者强调中国必须防范美国亚太战略的不确定性，关注美国在东北亚行动与其多边外交承诺的矛盾，将美国的战略规划与战略实践放在同等的水平上，丰富了对奥巴马政府东北亚安全战略的观察视角。

《美国应对“反进入与区域拒止”战略评析》① 一文对冷战后美国军事战略的重点——应对“反介入”战略进行梳理、分析，认为该军事战略对中国的针对性较强。美国在《2011 年国家军事战略》《四年防务报告》中明确将“空海一体战”视为“反介入”战略的应对措施，说明美国已经将反制“反介入与区域拒止”提高到较高的战略层次。作者从军事专业的角度，通过美国在东北亚及其周边地区军事部署的调整与对新作战概念的阐释，揭示奥巴马政府东北亚安全战略中军事战略的目标与内容。

《试析美国海军战略的调整及其影响》② 从部队能力建设、舰队结构调整、全球兵力部署、发展盟友关系等方面对美国海军战略调整进行透视，观察其战略优先顺序。文章认为美国海军将西太平洋视为“区域集中”的重点，在其他地区采取战略收缩态势突出在亚太的前沿存在，增强盟友承担防务责任的能力。作者认为随着多极化趋势的加强，美国在除亚太外其他地区的操控能力有所下降，在部分海域将扮演

① 叶建军：《美国应对“反进入与区域拒止”战略评析》，载于《现代国际关系》2011 年第 6 期，第 42—46 页。

② 张愿：《试析美国海军战略的调整及其影响》，载于《现代国际关系》2012 年第 3 期，第 1—8 页。

辅助角色。这种军事战略重心的调整无疑会使东北亚海域的紧张局势进一步复杂化。

《美国“民主联盟”战略的困境》① 一文指出，奥巴马执政初期并未采纳“民主联盟”的建议，扩大与中、俄两国的合作范畴只是策略性行为。一旦美国认为中国、俄罗斯这种“民主存在问题”的国家构成主要威胁，就会将推进民主联盟作为全球战略的支柱。作者对奥巴马政府“民主联盟”的前景进行评析，认为日本为了牵制中国很有可能在东北亚地区配合美国实施“民主联盟”的战略。

《金融危机对日美同盟的影响》② 是一部将美国东北亚霸权基础——国内雄厚经济实力与其东北亚霸权的依托——美日联盟结合研究的论文，文章针对金融危机冲击美日同盟的成本分担，侵蚀驻日美军重组计划的财政基础的现象，指出美日同盟生存环境会在短期获得扩张但在长期将会出现萎缩，凸显出美日同盟目标多元化与同盟资源有限化的矛盾。作者认为东北亚安全局势虽然在短期内处在权力对峙的紧张状态，但从长远审视多边合作机制将会覆盖并弱化日美双边同盟机制。

《构建互敬、互谅与互利的中美日三边关系》③ 一文认为，尽管中国实力有所增加，但其崛起的权力结构背景是以美国为核心的军事同盟体系以及自由主义占据话语权的全球

① 刘建飞：《美国“民主联盟”战略的困境》，载于《美国研究》2010年第3期，第7—23页。

② 张景全：《金融危机对日美同盟的影响》，载于《日本学刊》2010年第3期，第28—38页。

③ 朱锋：《构建互敬、互谅与互利的中美日三边关系》，载于《中国国际战略评论2011》，世界知识出版社2011年版，第32—40页。

社会体系，中国自身难以全面地挑战这一秩序。在可预见的未来作为东亚地缘政治现实的美日同盟，将会限制中国崛起过程中战略选择的不确定性，降低中国“非和平崛起”的可能性。作者列举了日本、澳大利亚、韩国防卫政策与战略定位的调整，认为美国正在对中国实行“和平遏制”战略，提出建立稳定的大国防务与军事互动缓解地区紧张局势，中、美、日三边稳定关系的建立将会是这种互动的关键。

《下一个十年的中国、亚洲与美国》① 从中美实力对比着手，对以经济增长率与政治性话语为主要依据的预测表示怀疑。中国在权力资源方面与美国相比尚有很大差距，即使经济规模超过美国，在经济构成方面仍无法与之匹敌。作者认为21世纪初中国可能在权力资源方面更加接近美国，但不意味着它会超过美国而成为世界上最强大的国家。中国在亚洲内部权力平衡中处于劣势，以及美国在军事与软实力具有的优势及其与欧洲、印度、日本的良好关系，导致21世纪中国会与美国展开激烈的竞争但在总体实力上不会超过美国。

《美国力推跨太平洋伙伴关系战略论析》② 指出，奥巴马推动跨太平洋伙伴关系整合亚太区域的目的有三：支撑其扩大出口战略，进一步拓展亚太市场；“重返”东亚，维护其在亚太地区的主导地位；最后遏制中国的战略需要。作者认为跨太平洋伙伴关系会在亚太经合组织内部形成一个以美国为核心的经济合作机制，奥巴马政府以社会制度、价值观念异同作为标准接纳部分国家，排斥中国、俄罗斯会导致TPP

① 约瑟夫·奈：《下一个十年的中国、亚洲与美国》，载于《中国国际战略评论2011》，世界知识出版社2011年版，第13—31页。

② 杜兰：《美国力推跨太平洋伙伴关系战略论析》，载于《国际问题研究》2011年第1期，第45—51页。

难以实现其功能，也无法阻止东北亚地区国家与中国推进合作伙伴关系发展。TPP 谈判难度、美国的冷战思维、美国国会的掣肘等因素将会大大限制奥巴马政府利用亚太经济整合覆盖东北亚地区的意图。

《不要浪费这次危机》① 是约瑟夫·奈在第 17 届美日安全研讨会上发表的演讲，提出未来权力的转化由两种形式构成：权力的转移、权力的分散。约瑟夫·奈认为软实力将成为中国实力发展的短板，中国硬实力的增加只会增强其邻国的反制力量。考虑到美国在相当长的时间内拥有对中国的权力优势，美日同盟不应以遏制中国为目标，而应以“塑造”中国崛起的环境为己任，在避免中美对抗“自我实现”的同时，最大限度地影响中国崛起的道路选择。随着中国实力的持续增长，美日联盟在东北亚地区对中国的压力也会随之增加，强化联盟成为美国实现东北亚安全战略目标的重要手段。

《东亚地区框架：新的经济和安全安排与美国政策》② 认为美国对东亚的整合有三种政策选择：对亚洲的机制建设置之不理，专注双边关系的开展，以安全联盟为主，辅之以自由贸易协定确立美国在地区的中心地位；延续既有的接触政策，推动 TPP 以及东盟自由贸易区组成亚太自由贸易区的核心，最终囊括所有 APEC 成员，同时调整联盟，但仍以其为美国在亚洲安全的核心；增加区域内投入，重启 APEC 谈判，将双边安全同盟扩大为多边安全联系，在可能时机阻止东北

---

① Joseph S. Nye：Don't Waste This Crisis，The 17th Japan-US Security Seminar，March，2011，p. 15.

② Dick Nanto：East Asian Regional Architecture：East Asia Economic and Security Arrangement and U. S. Policy，Congressional Research Service，April 15，2010，http：//fpc. state. gov/documents/organization/142760. pdf.

亚地区论坛。从这三种选择审视，美国对东北亚形成区域密集型整合保持怀疑态度，力推跨太平洋层次的经济整合，同时仍将安全联盟视为在东北亚维持霸权的手段。

《美国二元战略伙伴系统的构建与调适》[①] 强调了美国经济实力相对下滑对其国际合作模式的影响。作者指出美国传统盟友无法在经济层面分担霸权维持的主要责任，美国必须寻找新的合作伙伴。这一宏观因素否定了美国对中国、俄罗斯等新兴力量进行全面遏制的可能性，为防止东北亚地区完全恢复冷战格局提供了必要的环境保障。美国在全球层次的合作决定对中国、俄罗斯的合作需求，迫使奥巴马政府不得不维持与两国的合作伙伴关系，限制其在东北亚区域层次采取对抗策略的战略选择。

《雁阵安全模式与中国周边外交的战略选择》[②] 通过对冷战以来美国在亚太的安全战略特点进行梳理，认为奥巴马政府的亚太安全战略呈现出“雁型安全模式”特点，以美国为“领头雁”，以美日、美韩同盟为第二梯队，以美澳、美泰、美菲同盟为第三梯队；以美越、美国与印度、美国与印尼的伙伴关系为第四梯队实现制衡中国崛起的目的。文章指出奥巴马的亚太战略部分地突破了其全球收缩战略，东北亚地区的同盟关系中，美日同盟是美国亚太地区接触的基石，而韩国在美国同盟体系中的地位已经超过澳大利亚，东北亚安全形势是中国安全环境中最为薄弱的环节。

第三，学术界对奥巴马政府东北亚各国具体战略的研究

① 杨剑：《美国二元战略伙伴系统的构建与调适》，载于《现代国际关系》2011 年第 10 期，第 1—14 页。

② 钟飞腾、张洁：《雁阵安全模式与中国周边外交的战略选择》，载于《世界经济与政治》2011 年第 8 期，第 47—64 页。

成果。作为区域安全战略的组成部分，奥巴马政府对各国的安全战略研究成果丰富，研究层次更加微观，使学术界在这一部分的研究成果针对性更强。该部分成果多属于奥巴马东北亚安全战略中的战略实践研究，是对美国与东北亚各国互动影响背景下的各国战略研究，对研究外部变量对美国区域战略影响有着重要的参考价值。

《经济与安全“再平衡”下的美国对华政策调整》[①] 指出金融危机加重美国自伊拉克与阿富汗战争以来所面临的内外挑战，为了实现重建美国力量与影响的目的，奥巴马政府提出了经济“再平衡”和安全“再平衡”。中美关系因其重要性与复杂性势必受此影响。“重返亚太”所要实现的首要战略目标在于遏制中国在亚洲所谓的“扩张”，所谓“再平衡”就是美国为了因应中国崛起而加强其在亚太的安全军事部署与安全联盟，塑造中国行为模式。在经济方面，奥巴马将会侧重扩大对华出口，利用国内保护主义力量的推动对华展开“贸易战”。美国对华安全与经济战略在短期内会使中美两国关系走入挑战期，作者认为中国可以深化改革力度，扩大中美两国共同利益，缓和两国结构性矛盾，充分利用多边主义的依赖，舒缓相对认知冲突。

《从“利益攸关方”到“战略保证”——政治—经济的分析视角》[②] 认为奥巴马政府对华“战略保证”表现出美国一定程度上有意满足中国的长远利益，赋予中国更高的国际地位，但这只是美国在一定时期内的策略性反应，在内容上

① 阮建平：《经济与安全“再平衡”下的美国对华政策调整》，载于《东北亚论坛》2011 年第 1 期，第 60—67 页。

② 白永辉、赵明昊：《从“利益攸关方”到“战略保证”——政治—经济的分析视角》，载于《国际政治研究》2010 年第 2 期，第 105—119 页。

并无新意。本篇文章成文于2010年初，大体上概括出奥巴马执政第一年对华采取战略缓和的特点。同时作者指出，美国的外交实践存在着破坏战略保证的情况，中美在价值上的鸿沟、公众之间的误解以及军方之间的不信任会给两国关系带来风险，对台军事、贸易摩擦仍对中美关系的稳定发展构成威胁，“战略保证”不能使中美战略互信获得根本的突破。

《美国对华战略底线与中美冲突的限度》① 指出美国对华战略底线在于维持其战略优势地位，防止地区实力对比变化导致主导地位的丧失。而中美战略冲突的限度在于两国均无法承受直接军事冲突，也避免因第三方而卷入两国直接对立。美国在东亚的底线就是确保亚洲的力量对比不会发生有利于中国或其他有可能挑战美国主导地位国家的转变。作者结论认为美国总体实力难以支撑全球战略平衡的压力；难以形成冷战时期的联盟遏制局面；中美之间事实上存在着合作的局面，美国对华从对抗遏制向合作遏制转变。

《从美国对台军售讨论看其台海政策调整》② 强调美国对台军售直接目标就是确保有利于美国的台海“军事平衡”，维持两岸对峙的现状。随着中国的崛起，这一传统平衡手段已经难以奏效，美国国内出现了“放弃论”“加强论”“维持论”三种意见。作者认为美国改变过分依赖军售做法，转向军事、经济和政治手段综合运用：军事上深化与台军方人员、战略协调、情报等方面的“软合作”；经济上加大与台湾地区的经贸合作，扩大国际参与；在政治上加大对大陆政治转

① 王帆：《美国对华战略底线与中美冲突的限度》，载于《外交评论》2011年第6期，第21—31页。

② 阮建平：《从美国对台军售讨论看其台海政策调整》，载于《现代国际关系》2012年第3期，第9—15页。

型的压力，从而使台湾地区继续发挥遏制中国的最大效用。

《日本历史性的2009年选举：对于美国利益的意义》[1]分析了日本民主党上台对美国对日战略实践的影响，认为日本民主党奉行积极的外交政策，深化与亚洲联系，推进“联合国中心外交”，对美国拥有更大的独立性。该报告认为民主党对美日同盟表现出实用主义的态度，以往更多地是为了反对自民党政权而质疑美日合作，同时党内存在着多种政策主张，往往对美国发出矛盾的信号。作者认为日本民主党执政代表着日本与美日关系的分水岭，美日关系将进入不稳定期并建议美国政府应当保持与日本新政权的接触，保证美日同盟的平稳过渡。

《美日关系：国会的焦点》[2]也认为美日关系经历了一个挑战阶段，其中普天间机场搬迁事件导致美日关系陷入低谷。作者将这一阶段归咎于日本民主党缺乏斗争经验，并认为自民党执政时期此类问题也层出不穷，排除了美日存在利益分歧的原因。作者强调2010年日本周边的安全忧虑，特别是朝鲜的“挑衅”行为与中国在日本“周边海域的自信举动”，为美日同盟保持活力提供了坚实的基础。作者认为由于中国成为新的经济大国以及世贸组织成为美日解决贸易摩擦的平台，两国关注的重点已从经济领域转入安全领域，为东北亚地区的安全局势增添了复杂因素。

---

① Weston S. Konishi：Japan's Historic 2009 Elections：Implications for U. S. Interests，September 8，2009，Congressional Research Service，http：//fpc. state. gov/documents/organization/130263. pdf.

② Emma Chanlett and William H. Cooper and Mark E. Manyin，Japan-U. S. Relations：Issues for Congress，October 6，2010，Congressional Research Service，http：//fpc. state. gov/documents/organization/150752. pdf.

《美国对日外交的多维审视》[①] 对奥巴马政府驾驭美日同盟的过程进行了细致的剖析，认为美国在普天间机场搬迁事件中对日本鸠山政权施压；在全球层次营造美日“合作”氛围；依靠“天安舰事件”与日本达成妥协；借助中日“钓鱼岛撞船事件”巩固美日同盟；利用“延坪岛炮击事件”引导日本依赖美国外交。奥巴马政府凭借美日多层次的沟通渠道，采用多种手段防止日本内部政治变化影响美日同盟关系。作者认为日本尚不具备实现美日平等和自主外交的能力。只要美国超级大国的实力不发生根本衰落，日本与强者为伍的国家战略就不会改变。

《美韩同盟：超越的流变趋势》[②] 指出美韩同盟关系存在着多个影响变量，美韩双方在多个合作议题上存在分歧，但两国的利益需求与对对方的战略定位决定双方维系联盟关系的动力。美国需要韩国作为拓展其在东亚的战略基地；韩国需要美国支撑其安全战略。美韩联盟关系是一种双方长期“安全需求”的产物，并不会随着彼此国内政权的变化而变化。日、韩同为美国在亚太安全网络的支柱，不能忽视三边军事合作的可能性。作者认为随着中国实力的提高，美国会不得不接受中国主导东亚事务的现实。美韩联盟的走向将会愈发不确定，存在着转型与解体两种可能性。

① 黄凤志、吕平：《美国对日外交的多维审视》，载于《太平洋学报》2012 年第 2 期，第 46—55 页。

② 王蓉蓉、刘强：《美韩同盟：超越的流变趋势》，载于《世界政治与经济论坛》2009 年第 4 期，第 52—59 页。

美国国会研究机构的《美韩关系》研究报告[①]指出，美韩联合对朝鲜实施“战略忍耐”等同于奥巴马赋予了李明博政府否决美国对朝鲜动议的权力。2011 年春夏之交，美韩试图缓和与朝鲜的紧张局势，但韩国政府坚持包括六方会谈在内的朝核问题谈判推进应至少部分与朝鲜对韩国的行为相联系，其中包括平壤以某种形式承认其在2010 年扮演了“挑衅者”的角色。该报告指出“延坪岛炮击事件”为美韩同盟引入新的风险因素，而韩国对“挑衅”行为的反制加大了半岛发生大规模冲突的可能性，也考验了美韩共同应对紧急事件的机制。这份报告还对美韩自由贸易协定、驻韩美军的调整、美韩同盟与韩国防务改革方案、两国防务成本分担问题进行了梳理，对细致研究奥巴马执政时期的美韩关系有一定参考作用。

《“后天安舰时代”半岛无核化进程评析》[②]一文指出“天安舰事件”与“延坪岛炮击事件”导致美国加速对美日韩三边对朝协调机制建设的进程。三国将权力政治的产物——联盟体系凌驾于区域内集体安全机制——六方会谈是朝核六方会谈机制无法恢复的根本原因。作者认为在传统半岛战略平衡中韩国总体保持“守势”，2010 年后韩国采取战略攻势应对半岛紧张局势，这一战略转型的核心是韩国谋求在美日共同支持下追求半岛问题解决方案中的主导地位。美日韩倾向于短期接受半岛现状，而在中短期内改变现状，打

---

① Mark E. Manyin, Coordinator and Emma Chanlett-Avery and Mary Beth Nikitin: U. S. -South Korea Relations, ongressional Research Service, May 15, 2012, http://fpc. state. gov/documents/organization/191602. pdf.

② 朱峰：《“后天安舰时代”半岛无核化进程评析》，载于《现代国际关系》2011 年第 10 期，第 7—14 页。

破半岛僵局的持续，三国运用各种手段实现朝鲜“政权更替”的实质性对抗的意图将愈加明显。

《从封锁到接触：奥巴马政府对朝“新政”》[①] 指出奥巴马政府在2009年对朝鲜的接触政策是其全球战略调整的一部分，文章对“天安舰事件”爆发之前美国新政府缓和半岛紧张局势的动机、路径进行了较为深入的剖析。作者认为美国对朝的遏制政策无法达到美国促使朝鲜放弃核武器的目的，强调美国国内的问题将会迫使美国将更多注意力放在本土经济的恢复之上，奥巴马采取对朝鲜的缓和政策的压力更小，存在着美国调整对朝战略的机遇。为我们呈现出“天安舰事件”爆发前国内学术界对半岛局势的乐观态度，加深了我们对半岛复杂局势的认识。

《从“战略忍耐”看奥巴马的对朝政策》[②] 从具体政策层面观察美国对朝政策的新变化，对“战略忍耐”进行如下定义：在朝鲜就核问题做出切实让步前，不进行美朝双边对华、不重启六方会谈，同时凭借美国在东北亚的联盟体系对朝鲜施加更大压力。作者认为“战略忍耐”为朝核问题解决与地区安全局势造成诸多负面影响。首先美朝关系难以取得实质性进展；其次“战略忍耐”造成朝鲜拥有核武器的现实长期化。因此作者预期奥巴马政府短期难以找到解决朝核问题的有效渠道。奥巴马政府强化传统同盟关系，打造三边同盟结构的东北亚政策，延长了“战略忍耐”的时间。

通过对涉及奥巴马政府东北亚安全战略文献的分析，可

① 焦世新：《从封锁到接触：奥巴马政府对朝“新政”》，载于《现代国际关系》2010年第3期，第15—21页。

② 刘俊波：《从“战略忍耐”看奥巴马的对朝政策》，载于《国际问题研究》2010年第6期，第58—62页。

以发现既有成果存在如下问题：

首先，从东北亚这一微观层次直接针对奥巴马安全战略分析的成果不多，学术界更多地是从美国在战略收缩期的整体国家安全战略与对亚太的宏观区域安全战略着手加以剖析。正如前文所述，亚太乃至东亚地区包含多种国际格局。东南亚地区和南太平洋地区的安全环境、区域合作框架、大国的数量及其关系与东北亚地区存在较大差异。奥巴马政府无论是在关注程度、战略资源的投放、同盟的经营力度上都把东北亚地区视为美国亚太霸权护持的关键，故将东北亚地区从宏观框架中剥离进行分析尤为必要。

其次，完整的战略研究要求对战略主体的战略实践放在与战略规划同等重要的位置。既有的学术成果对奥巴马政府的战略规划有较为深入的剖析，对其战略环境、战略目标、战略资源关注较多，对奥巴马政府相关安全战略实践的解析尚有待深入。已有文章受篇幅所限，多从美国对各国具体政策推行入手进行研究，对奥巴马政府对东北亚各国政策的内在联系提取较少，难以呈现宏观的奥巴马东北亚安全战略实践全貌。

再次，奥巴马安全战略实践也是一个动态的过程。在执政过程中，奥巴马政府曾对美国战略目标的优先顺序进行调整，对美国国家的优先任务也包含着正确的与错误的认知，战略的实践正是对这种认知检验与深化的过程，任何一种战略的实践都需要经历调整、再调整的过程。既有成果集中于对美国政府短期战略的观察，是静态的观察视角。而通过梳理奥巴马安全战略实践的调整过程，将有助于动态地认知新时期美国政府的东北亚安全战略。

最后，作为在全球拥有广泛利益的超级大国，美国对东北亚安全战略的规划、实践不可避免地受到全球其他地区因素的影响。美国国家处在实力的调整阶段，国内的经济困局很大程度限制了奥巴马政府对东北亚战略资源的投放力度。同时中东的变局、欧洲的债务危机也在牵扯奥巴马政府的注意力。这一宏观背景势必要影响奥巴马对东北亚战略重心的经营与战略效能的评估，既有的研究对这一联系关注不足，割裂了体系与单元之间的关系。

因此，本书着眼于探究这样一个问题：奥巴马政府的战略目标、实践效果如何？中国应该怎样应对奥巴马政府的区域战略？

核心概念

战略是一个起源于军事领域的概念，公元580年东罗马帝国皇帝毛里斯（Maurice）曾以“Strateikon”命名已作，译为“将军之学”，用于教育将领。[①] 19世纪初克劳塞维茨在《战争论》中对战略与战术加以分别定义，认为“战术是指战斗中使用军队的学问，战略是为了战争目的运用战斗的学问”[②]，将两者从宏观与微观两个层面加以区隔，为进一步展开战略研究奠定了基础。在《战争论》中克劳塞维茨已经涉及对战略目标、战略要素的研究。随着《战争论》成为西方军事著作的经典，“战略”一词成为各国从宏观层面对战争

① 钮先钟：《西方战略思想史》，广西师范大学出版社2003年版，导言第3页。

② 【德】克劳塞维茨：《战争论》，商务印书馆1995年版，第103页。

进行指导的代名词。

两次工业革命极大地改变了战争的面貌，“增长推动了一种世界经济的形成，这种经济使财富流向各个方向，超越了上流社会的狭窄范畴……经济的扩张赋予了这些国家巨大的军事力量，从长远的观点来看，就使得战争既不可避免又富有灾难性。”[①] 为了在总体战时代赢得战争，国家必须保证自己的国民经济能够支撑战争的长期消耗，同时最大限度地破坏对方的经济基础，两次世界大战在实践上极大地丰富了战略的内涵，使之突破了军事领域范畴。

李德·哈特在《战略论：间接路线》中提出“大战略”的概念，认为“所谓大战略的任务就是协调和指导一个国家（或一群国家）的一切力量，使其达到战争目的”。[②] 这一概念将外交、商业、工业乃至精神层面等一系列资源纳入战略统筹的范围之内，同时将协调行为作为战略行为的构成部分，使战略进一步提升其层次，上升为国家最高层级的管理艺术与科学。

此外，爱德华·米德·厄尔进一步拓展了战略与大战略的定义，指出“战略是控制和使用一个国家的种种资源，包括武装力量的艺术，以求促进和确保至关紧要的利益”。[③] 而他对大战略的定义则是“将国家各项政策和各种军备如此地整合为一体，一致诉诸战争，要么成为不必要的，要么以最

---

① 【美】杰弗里·帕克：《剑桥战争史》，吉林人民出版社 1999 年版，第 388—389 页。

② 【英】李德·哈特：《战略论：间接路线》，上海人民出版社 2010 年版，第 277 页。

③ 【美】保罗·肯尼迪编，时殷弘、李庆四译：《战争与和平的大战略》，世界知识出版社 2005 年版，第 1 页。

大程度的胜利可能来这么做”。[①] 显然这一定义已经将国家的平时、战时战略相结合，使“战略”一词适应了冷战时代的需要，成为国家维护自身利益的常态行为。

中国对战略行为的认识古已有之，孙子兵法中“上兵伐谋，其次伐交，其次伐兵，其下攻城”既是对战略本身价值的认知，又是对国家使用不同战略工具所产生效果的评价，所谓的“谋”就是一种涵盖宏观与微观层次的朴素“战略”定义。改革开放以来，国内对战略的研究成果层出不穷，其中吉林大学行政学院王家福教授开创的国际战略学学科，将国际战略界定为“国家为了达到重大目标的科学运筹和艺术调度的高级综合创造术”，[②] 并根据历史走向将国际战略分为军事战、经济战与知识战三大战略流程，奠定了国内相关研究的基础。

中国人民大学国际关系学院时殷弘教授在其著述《21 世纪初期世界政治的基本性质和中国的应有战略》中，把大战略定义为“国家政府的一种操作方式或操作规划，自觉地本着全局观念，开发、动员、协调、使用和指导国家的所有政治、军事、经济、技术、外交、思想文化和精神等资源，争取实现国家的根本目标”。[③] 这一定义全方位地诠释了大战略的主体、构成、手段、目的。国防大学战略研究室的周丕启教授强调将国家安全战略与大战略的概念区分，他认为“大战略是指国家在国际社会中运用自身实力，主要是战略实力

① 【美】保罗·肯尼迪编，时殷弘、李庆四译：《战争与和平的大战略》，世界知识出版社 2005 年版，第 1 页。

② 王家福：《国际战略学》，高等教育出版社 2005 年版，序言。

③ 时殷弘：《21 世纪初期世界政治的基本性质和中国的应有战略》，中国人民大学出版社 2006 年版，第 249 页。

来维护自身安全的科学与艺术”。[①] 而国家安全战略显然还包括对国内层面的关注，因此大战略属于国家安全战略，服从和服务于国家安全战略。

1947 年美国联邦政府根据《国家安全法》设立由总统担任主席的国家安全委员会，其正式成员包括副总统、国务卿、国防部长，以及以顾问名义列席的参谋长联席会议主席与中央情报局局长，必要时邀请各部相关官员列席。从而建立起较为完备的战略咨询、规划、协调机制。为了打破机构协调藩篱，尼克松执政时期大力提高国家安全事务助理的地位，强化了总统对国家战略的规划、统筹以及督促实践的能力，为美国国家安全战略的贯彻提供了坚实的制度保障。此后，美国每届政府所发布的国家安全报告包含国内、国际两个部分，军事、经济、外交等多个领域涵盖了大战略所需的基本要素。

本书所述的奥巴马政府东北亚安全战略是属于其全球战略的微观区域安全战略，是奥巴马政府整体国家安全战略的组成部分。参照周丕启教授对大战略与国家安全战略的概念界定，本书中区域安全战略是指国家在一定区域范畴内运用自身实力，主要是战略实力来维护自身安全的科学与艺术。

研究方法

本书是对美国现任政府的区域安全战略的研究，需要从宏观层面、微观层面中提炼相关的战略内容，所使用的研究

① 周丕启：《大战略分析》，上海人民出版社 2009 年版，第 6 页。

方法主要有以下几种。

第一，归纳与演绎方法的结合。归纳是从个别事物中概括出其一般概念、原则、结论的思维方法，归纳美国对东北亚各国的战略中存在的普遍性因素是本书安全战略研究的基础工作。演绎是从前提必然地得出结论的推理；从一些假设的命题出发，运用逻辑的规则，导出另一命题的过程。国家的区域战略是其国家安全战略的组成部分，奥巴马政府的国家安全战略中包含对美国全球战略的规划，其东北亚安全战略必然以服从国家整体对外战略为前提，演绎法无疑是本书研究方法的重要组成部分。

第二，定性分析与定量分析结合。对国家安全战略的研究必然要从战略主体的角度划分相关国家的角色，如对手、盟友、敌人，身份认知实质上就是一种定性研究。此外对战略目标的认知、战略优先任务的选择也是一种按照事物性质进行划分的静态分析方式。定量分析则是一种动态的，通过客观事物数值变化进行解析的一种分析模式。考察各国实力变化是进行战略研究的重要方法，以实现对奥巴马东北亚安全战略动态、静态考察的结合。

第三，层次分析法。层次分析法是国际关系理论新现实主义流派所开创的研究方法，通过结构、国家、个人三种层次对国际现象进行研究，意在全方位地论述国际关系现象，部分新自由主义学者也接受了这一研究方法。英国学派的巴里·布赞教授在既有的三个层次基础上提出了区域层次的新概念，丰富了层次分析方法。本书借助于层次分析方法呈现影响奥巴马东北亚安全战略的多种因素，深化对其研究的力度。

创新与不足

研究创新

一是，对奥巴马东北亚安全战略探析是对现任美国政府对外战略的即时研究，在选题上国内尚未出现将东北亚区域层次与即时战略研究结合的专著，这将成为这一交叉领域的创新点。

二是，既有的奥巴马政府安全战略研究侧重于美国战略规划内容较多，本书将奥巴马政府的战略实践以对各国战略的多维审视形式呈现，强调战略主体与战略客体的互动对美国新政府战略调整的影响。

研究不足

一是，对现实战略的评估往往需要时间加以检验，学术界对奥巴马政府对外战略的一些问题，如对美国战略资源的评估与其对华遏制力度存在较多争议。因此在一些概念的界定上，很有可能设计合理性不足。

二是，对美国即时对外战略研究往往出现资料匮乏的现象，此外任何国家对外战略行为都包含着隐蔽活动，一些机密的文件无从获取，导致书稿写作过程中需要引用一些二手资料进行论证，不可避免地限制了本书的研究深度。

第一章　奥巴马政府东北亚安全战略的环境剖析

战略环境是一定时期内影响战略主体的外部因素综合而成的客观状况。陆海交错的东北亚地区是大国纵横捭阖的重要舞台，也是诸强利益交汇的兵家必争之地。19 世纪以来东北亚地区从欧洲列强殖民征服的边缘地带一跃而成美苏冷战、热战的前线，任何占有该地区的国家，都可以利用其稠密的人口、广袤的幅员、丰富的资源建立地区霸权，进而以霸主的姿态主导整个亚太地区。东北亚地区对美国而言，既富于机遇又充满挑战。《望厦条约》、“黑船开国”开启了美国在该地区的霸权构建进程。经过百余年努力，美国获得了对日本、韩国的领导地位，确立了在大陆边缘地带的优势。但在该地区的海陆交汇地带，美国及其盟国遇到了陆权力量的制约。面对绵延千里的东北亚大陆，以及中、俄两个陆权大国，美国对该地区全面霸权的建构可谓心有余而力不足。这一地缘难题伴随着中国、俄罗斯实力的崛起而倍加突出。但就总体而言，东北亚“一超三强”格局并未动摇，有利于奥巴马政府突出战略重点，维护美国的优势地位。

第一节　东北亚地区在美国全球战略中的地位

奥巴马政府全球战略着眼于克服自身实力下滑的不利影响，修正布什时期的对外战略，延续美国对世界的领导地位。而东北亚地区自冷战时期就是美国全球霸权秩序建构的重点、难点，令美国既无法割舍又无力主导。该地区陆海交错的地缘结构是令美国始终无法突破的战略瓶颈。经典地理政治理论对理解美国在东北亚地区的战略环境无疑发挥着重要的指导作用。

一、奥巴马政府的全球战略

2009 年执政的奥巴马政府适逢全球力量格局巨变的大时代。国际力量对比的天平开始向发展中大国倾斜，越来越多的新兴国家自信地走向国际政治前台，明确提出本国的利益诉求，塑造有利于本国发展的国际环境。无线网络、智能手机的普及使个人、非政府组织广泛地介入和影响国际事务，国际舞台上的行为体更趋多元化。在国际进程方面，国家间经济依赖趋势日益明朗，全球信息、人员、货物以及服务正以前所未有的速度流动。受此影响，传统国际权力结构备受冲击，既有权力运作模式的局限性也逐渐显露。

美国政府的当务之急在于调整内外战略。伊拉克战争、阿富汗战争久拖不决，表明美国在欧亚大陆中心的扩张已呈强弩之末。冷战后 20 年的过度扩张及其所带来的劳师糜饷，严重透支了美国国家实力。2008 年金融风暴沉重打击了美国经济，随之而来的经济萧条如同梦魇一般困扰着美国精英、民众。修正对外战略、巩固国内经济基础凝聚为美国官民的共识。正是在这种普遍期待之下，贝拉克·侯赛因·奥巴马以压倒性的优势取得了2008年美国总统大选的胜利，成为美国第一任非洲裔总统，承担起制定、推行新时期美国全球战略的历史重任。

因此，奥巴马政府全球战略是美国于新时代背景下，意在护持全球霸主地位、应对多种威胁、构建单极世界的战略实践。其核心任务在于夯实美国国家实力基础，克服全球力量变动对美国优势地位的冲击，行为方式上侧重于多边合作实现美国国家利益。具体而言，奥巴马政府全球战略主要由两大部分组成，即调整小布什政府对外战略和延续美国霸权战略传统。前者主要表现在以下四个方面。

首先，客观认识美国国家实力。奥巴马政府全球战略不再突出美国对世界的塑造能力。阿富汗、伊拉克战争透支了美国国家财富，为此白宫新主人强调“无论一个国家的实力有多么强大，也不可能独自应对全球挑战”①。在安全始于国内的战略思维指导下，美国慎重地扮演拯救世界的“弥撒亚”角色，不再肆意扩大海外义务范围，避免进一步消耗国家实力。这种认识与克林顿、小布什执政时期宣扬美国勇于承担国际义务的表态形成鲜明反差。奥巴马政府的全球战略把美国放置在全球力量变局中，承认美国军事优势萎缩，国家竞争力停滞不前，对国际格局的掌控能力有所下降。更趋现实的力量认知为美国量力而为地介入各地区事务奠定了理

① White House：National Security Strategy，May 2010，p1，http：//www.whitehouse. gov/sites/default/files/rss viewer/national security strategy.

性的认识基础。

其次，均衡应对多种威胁问题。奥巴马政府全球战略调整了美国安全威胁的次序。新政府强调“反恐战争”不足以诠释美国的全球作用，并将大规模杀伤性武器，特别是核武器的扩散定义为美国最大的安全威胁。暴力极端主义分子、藐视国际准则或存在内部崩溃可能性的国家也成为美国的安全挑战来源。调整安全问题认知缩小了美国与盟国的分歧，有助于美国汲取后者战略资源以维护全球霸权。新的美国全球战略还加大了对气候变化、国家对传统能源依赖、全球犯罪网络等非传统安全问题的关注力度，此举有利于美国在应对全球问题时与部分发展中国家达成共识。均衡的威胁认知使美国最大限度地争取国际力量支持，为进而控制威胁提供了便利。

再次，务实接受国际力量变动。奥巴马政府全球战略扩大了美国国际合作的对象。新政府强调“经济增长缓解了贫困问题，引领新兴影响力中心崛起，更多国家自信地登上地区乃至全球舞台”。[①] 考虑到美国及其传统盟国在全球力量的比重有所下降，奥巴马政府强调动态地认知外部环境，扩大美国伙伴阵营，提高美国与新兴国家协作关系的战略地位，争取传统盟友与新兴大国共同维护既有国际政治、经济秩序。同时充分挖掘东盟、海湾合作理事会等地区安全机制在稳定区域局势中发挥的作用，分担美国在亚太、中东地区的国际责任，降低美国对地区大国的倚重。务实地接受国际力量变动事实为美国合作对象的扩大起了重要的促进作用。

---

① White House：National Security Strategy，May 2010，p. 7，http：//www. whitehouse. gov/sites/default/files/rss viewer/national security strategy.

最后，积极修正国家利益实现路径。奥巴马政府全球战略反思了美国对海外军事行动的过度依赖。新政府对内侧重于恢复经济的增长、节制政府开支，从源头上夯实国家实力基础；对外利用国际联系强化的趋势，倾向于选择多边合作途径，采取外交、经济、军事等多种手段，配合应对安全威胁，慎重使用武力达成战略目标。新的美国全球战略不再寄望从根本上解决外来的威胁，而是突出相对安全观对安全问题的管控、缓解的指导作用。对国家利益实现路径依赖的修正使奥巴马政府各机构更为平等地参与大战略的实践，提高了各部门的战略协调性。

总体而言，奥巴马政府对美国全球战略的调整，适应了国际整体环境所体现出的时代要求，为其顺应时代发展趋势、维护自身战略利益占据了较为主动的位置。该战略是美国对国际权力变动既无法抗拒，又意图加以管控的必然结果。其中新兴国家在美国全球战略中的作用尤为复杂，它们“既为美国发展伙伴关系提供了机遇，也有部分国家无视国际规则，威胁地区、世界的安全”。根据美国的国家利益，区别对待新兴国家成为奥巴马政府应对全球力量变动的一般原则，对奥巴马政府的东北亚安全战略具有重要的指导意义。

奥巴马政府全球战略对美国霸权战略传统的延续主要体现在如下三个方面。

首先，奥巴马政府全球战略保持了美国战略传统的“外向特征”。美国战略传统将国家安全战略等同于大战略，强调大战略是“在各种情况下运用国际力量的一门艺术和科学，以便通过威胁、武力、外交、诡计以及其他可以想象的手段，对敌方实施所需要的各种程度和各种样式的控制，以实现国家的安全利益和目标”。[①] 在这种观点指导下的国家安全战略以应对外来威胁为要旨，基本不涉及国内问题的解决。尽管奥巴马政府强调国内经济基础对美国国家安全的根本作用，但所制定的国家安全战略文本的主要篇幅仍围绕护持美国的国际利益展开论述，[②] 其国内经济政策调整也多从与其他国家竞争之处着眼。美国战略传统的“外向特征”极大地扩宽了美国战略视野，令奥巴马全球战略呱呱落地之时便已显恢弘气魄。

其次，奥巴马政府全球战略承袭了美国维持对世界领导权的战略目的。早在建国之初，令美国成为引领其他民族的“山巅之城”就是美国“国父”们梦寐以求的夙愿。200 余年来它激励着美国精英前仆后继地投身构筑美国世界霸权的宏图大业。奥巴马的执政团队不可避免地携带着这种“WASP”（white anglo-saxon protestant）文化基因。其全球战略依然致力于“重塑美国的领导地位”，突出美国对其他国家的榜样性作用，强调“我们必须为维护美国在 21 世纪的领导地位打下坚实基础”。[③] 战略目的的传承使奥巴马全球战略饱含美利坚民族的雄心壮志，为战略意志的贯彻奠定了坚实的思想基础。

最后，奥巴马政府全球战略回归了冷战后美国“双战略

---

① 周丕启：《大战略分析》，上海人民出版社 2009 年版，第 5 页。

② 美国学界一般将国家安全战略概念等同于所谓的“大战略”，国内部分学者如王缉思也持同样的观点，国内大多认为大战略概念涵盖国内政治层次。2010 年 5 月奥巴马政府发布的《国家安全战略》中涉及美国国内问题的篇幅只占全文的 20%，总体上与美国主流战略学界对大战略的定义一致。

③ White House：National Security Strategy，May 2010，p. 7，http：//www. whitehouse. gov/sites/default/files/rss viewer/national security strategy.

重心”路线。冷战结束后，中东与亚太地区成为美国全球战略的两大重心。为此，克林顿执政时曾制定了同时打赢两场战争的战略规划。“9·11”事件后，小布什政府对中东地区倾注了大量战略资源，却始终未能在欧亚大陆中心打开局面。美国陷入两场战争的泥潭，限制了其对亚太地区的资源投入力度，削弱了对亚太的注意力，不利于美国维持在该地区的优势地位。因此，奥巴马履新后竭力“平衡”亚太、中东两个战略方向的资源投入力度，填补美国在亚太的角色空白。战略重心路线的回归固然有助于美国均衡地应对威胁，但也分散了美国的战略注意力。使其在中东、亚太两端疲于奔命，提高了美国跨地区战略协调的难度。

综上所述，奥巴马政府全球战略的调整是自由主义对外战略指导思想对新保守主义思维的修正，而其全球战略对美国霸权战略的承袭则揭示了奥巴马政府对外战略的现实主义底蕴。两大思想的有机结合，奠定了美国新政府的全球战略思维基础。因此，奥巴马政府在坚持维护美国国家利益原则的同时，沟通方式上更具弹性，解决问题的途径上更为多样，对外姿态更加“谦恭”，为美国有针对性地制定各区域安全战略打开了方便之门。

二、东北亚地区：奥巴马政府全球战略的重点、难点

奥巴马政府将东北亚地区安全战略作为其全球战略的组成部分，必然秉承美国整体安全战略，将构筑美国区域霸权视为其东北亚安全战略的主旨。同时东北亚地区突出的地缘位置、特殊的安全结构以及复杂的国家间关系令东北亚地区成为美国全球安全战略的重点和难点，导致奥巴马政府对该

地区的安全战略集中于对传统安全领域问题的控制，侧重于应对国家行为体所产生的威胁。

作为美国全球安全战略的重点，首先，东北亚地区在国际结构方面集中了俄罗斯、日本、中国三个具有全球影响力的大国。半个世纪以来正是这三个国家先后在经济总量上接近美国，具有在局部领域制衡美国霸权的实力，成为影响美国全球战略走向的重要力量。大国在政治、经济、军事领域的竞争与合作，及其衍生出的“安全困境”是驱动东北亚各国使用战略实力的基本逻辑，所以东北亚地区形成了类似19世纪欧洲一般的大国均势平衡。这种高级政治的延续需要美国投入大量的战略实力进行支撑，维持美国对中、俄、日的力量优势。与其他区域安全战略相比，奥巴马政府的东北亚安全战略的现实主义底蕴最为浓重。

其次，东北亚地区的韩国、朝鲜、台湾地区走向直接关系到地区力量的平衡。东北亚地区国家和地区行为体数目较少，且中、小行为体多占据要害之地。朝鲜半岛、台湾海峡是东北亚陆海两大阵营对峙的前线，是大国利益的重叠地带。任何大国在陆海交汇地带取得绝对优势，都会极大地提高其在该地区的地位，进而凌驾于其他行为体。为了防止单一大国主导该地带，美国必须保持对朝鲜半岛、台湾海峡事务的影响，控管该地区咽喉要地的走向。因此，东北亚地区各国及地区的一举一动都会备受美国关注，其细微之处所触发之敏感性为其他地区所罕见。

再次，东北亚地区在全球经济结构中的重要性大幅提高。全球经济重心东移的进程正在加快，在经济萧条、国家总体实力萎缩的影响下，奥巴马政府势必重拾“战略重心”原则，集中资源经营对美国全球霸权具有关键作用的地区。

2011 年仅中、日、韩占全球经济生产总值比重已突破 20%，接近美国经济总量。[①]“二十国集团”取代“八国集团”成为国际经济合作的主要论坛后，中国、韩国成功跻身国际经济强国之列，东北亚地区在国际经济规则制定的权重获得显著提高。为了顺应全球经济重心东移的潮流，奥巴马政府必然会增加对东北亚的关注力度，提高东北亚地区在其全球战略规划中的地位。

最后，美国与穆斯林世界关系的改善有助于奥巴马政府抽调更多战略资源经营东北亚地区。随着奥巴马政府放弃“大中东计划”，美国与穆斯林各国关系有所缓和。2011 年以来伊斯兰世界经历了政权更迭、力量重组等一系列变革，中东地区围绕阿以矛盾展开的博弈呈现出弱化的趋势，逊尼派与什叶派之间的冲突以叙利亚内战为转折点引导着中东地区力量整合。美国与逊尼派主要国家拥有较为稳固的同盟、伙伴关系。以此为基础，奥巴马政府推进与阿拉伯联盟、土耳其等地区大国的外交合作，诱导欧洲各国承担军事干预的主要责任，高效能地维护了美国在中东的国家利益，为美国集中战略实力投入东北亚地区创造了有利的外部条件。

同时东北亚地区也是战后美国全球霸权秩序护持的难点。第一，美国在东北亚地区受到中国、俄罗斯的“制衡”，未能实现完全霸权秩序的建构。“正在崛起的中国与仍保有传统实力的俄罗斯，本来就是美国全球霸权秩序的战略‘对手’。更何况在东北亚地区，中俄两国无疑是在地缘政治的

---

① 参见世界银行统计数据，2011 年世界各国国内生产总值总数为 69.9 万亿美元，同期中、日、韩国内生产总值为 14.28 万亿美元。http：//data.worldbank.org/indicator/NY.GDP.MKTP.CD.

‘本土’阻击美国霸权入侵的企图。”[1] 冷战时期，美国在东北亚地区与苏联数次较量中均未占上风，对在该地区采取军事行动较为谨慎。冷战后美国以军事力量为先导、经济力量为后盾，确立了在欧洲、近东地区的完全霸权秩序。这种确立霸权的模式显然不适用于东北亚地区，如何确立在该地区的完全霸权秩序成为困扰美国政府的跨世纪难题。

第二，国际权力转移在东北亚各国之间的发展并不均衡，美国及其盟国的实力优势渐渐流失，区域发展驱动源头向大陆地区转移。与欧洲各国大多步入后工业化社会不同，东北亚地区各国虽然发展迅速却处于不同的发展阶段。继 2010 年中国国内生产总值超过日本后，2011 年中国国内生产总值已经超过日、韩总和，[2] 在经济领域东北亚地区已经出现了不利于美国盟友的力量失衡。美国经济复苏与东亚地区的繁荣息息相关，中国的崛起使它成为亚太地区各国经济增长的驱动器，如何在保持该地区发展趋势的同时，防止中国崛起妨碍美国在东北亚地区的霸权构建成为奥巴马政府处理国际权力转移的新难题。

第三，在国际进程方面，东北亚地区国家身份多样，美国的盟友、伙伴、对手、敌人多重角色并存，奥巴马政府难以采用一致的战略驾驭整个地区。东北亚地区各方关系复杂：朝鲜半岛处于分裂状态；台湾海峡两岸尚未完成统一；美国在亚洲安全的“基石”——日本又与中国、俄罗斯、韩国存

---

① 黄凤志、高科：《东北亚地区安全战略研究》，吉林人民出版社 2006 年版，第 81 页。

② 参见世界银行统计数据，2011 年中国国内生产总值为 7.31 万亿美元，同期日本为 5.86 万亿美元，韩国为 1.11 万亿美元。http：//data. worldbank. org/indicator/NY. GDP. MKTP. CD.

在岛屿主权争议。多重时代遗留安全问题叠加导致“东北亚依旧是一个分裂的地区，地区内部国与国关系紧张，充斥着不信任与怀疑的气氛”。[①] 这些地区安全的引爆点是美国政府对东北亚各国关系施加影响的节点，处置不当便会导致美国维护地区总体稳定的努力付之东流。因此，“谨慎”并有选择地介入地区内部矛盾始终是冷战后美国东北亚安全战略的重要内容。此外，奥巴马执政期间各国先后进入新旧领导交接期，各国对外政策保守有余而弹性不足。这些因素无形之中提高了奥巴马政府协调各国关系的难度。

由此可见，在美国全球战略中，东北亚地区占据了特殊的位置。其战略重要性使美国无法置身事外，任由其自行发展。而该地区的复杂情况又令美国在介入该地区事务时慎之又慎，谨防既有收益功亏一篑。这种矛盾自始至终都困扰着奥巴马政府对东北亚地区的霸权建构进程，令其一方面不厌其烦地重复对盟友的安全保障；另一方面又试图维持与中、俄的合作关系，共同管控区域安全问题。从环境方面审视，东北亚特殊的地缘结构无疑是导致美国战略首鼠两端的重要原因。

三、经典地理政治学说指导下的东北亚环境结构

一个地区的地理概况无疑会对该地区政治框架、国家间关系产生重要影响。这种影响在前工业化时代尤为明显，修昔底德的《伯罗奔尼撒战争史》就有大量涉及地理面貌影响

---

① Niklas. Swantrom and Sofia Leberg：Conflict Prevetion and Management in Northeast Asia：The Korea Peninsula and Taiwan Strait in Comparison，Cambridge Scholars Publishing，2010，p. 1.

城邦间关系的内容。启蒙时代的孟德斯鸠也曾就气候对相关地区民风、政体所产生的影响进行过系统的论述。工业革命之后，人们对地理与政治的关系研究进一步深化。托克维尔在他的鸿篇巨著《论美国的民主》中，用了整整一章的篇幅概述美国地理面貌对美利坚民族性格的塑造作用，他指出："在北美一切都是严肃的、郑重的和庄严的。只能说这里是为使智力有用武之地而被创造的……总之，整个这片大陆，当时好像是为一个伟大民族准备的空摇篮。"① 这部经典之作已经触及地理条件与国家实力的结合，昭示地缘政治即将以完备科学的身份走上时代舞台。

第二次工业革命驱动了交通工具的进一步发展，人类对空间的认知进一步丰富。轮船、火车的轰鸣拉开了列强瓜分世界的序幕，各国迫切需要能够将地理面貌与本国国家利益结合的理论，指导本国的对外扩张，抵御其他强国的渗透。1890 年，阿尔弗雷德·塞耶·马汉以其"海权论"先声夺人。他将地理位置视为影响各国海权的首要要素，认为一个国家完全把目标投向海洋，就比一个以大陆为界的国家具有更为优越的地理位置。② 同时，他将自然结构、领土范围、人口、民族特点、政府性质列为影响国家海权的因素，从而初步奠定了地缘政治学的理论基础，并为其开拓了宏大的视野。

20 世纪初，哈·麦金德通过对欧亚大陆地理与历史演进的关系推理，提出了"陆权论"。他认为欧亚大陆纵深是整

① 【法】托克维尔：《论美国的民主》，商务印书馆 1988 年版，第 29 页。

② 【美】阿尔弗雷德·塞耶·马汉：《海权论》，陕西师范大学出版社 2007 年版，第 45 页。

个世界的枢纽地带，控制该地区的国家将不断地向大陆边缘地带扩张，“这将使它能够利用大陆资源来建立舰队，那时这个世界帝国也就在望了。”[①] 麦金德的作品试图从大陆纵深寻找地理与政治的关系，是地缘政治学换位思考的有益尝试。自此地缘政治不再是海洋国家独享的思想财富，开始显露出其普世性的指导价值。紧随其后，尼古拉斯·斯皮克曼综合马汉与麦金德的理论，结合美国战时的全球战略，指出美国必须介入欧亚大陆的权力平衡。他进一步发展麦金德的“内新月地带”概念，从美国的视角将之表述为大陆边缘地带，并认为美国在边缘地带对大陆进行围堵是其全球战略的关键。斯皮克曼的地缘政治思想启发了乔治·凯南的遏制理论，成为战后美国全球地缘战略的指导思想，其影响历久弥新。

三大学说构成了经典地理政治学说。尽管“空权论”“网权论”等学说相继出世，人类对空间的认识进一步丰富，但三大学说依然是地理政治学的主干。经典地理政治学说经历了二战、冷战的考验，至今仍是指导大国区域政策的重要指南。值得注意的是马汉、麦金德、斯皮克曼都对东北亚地区倍加关注，马汉在《亚洲问题及其国际政治的影响》中就曾指出“美国因其地理位置与战略目的将会成为与英国一样的海权国家，对中国内陆的影响有限”。[②] 麦金德则在《历史的地理枢纽》中“完全的终结”部分，将中国与日本实力的结合，视为对世界自由构成威胁的“黄祸”，认为其对西方

① 【英】哈·麦金德：《历史的地理枢纽》，商务印书馆 1985 年第 1 版、2008 年 4 月第 3 次印刷，第 69 页。

② 【美】阿尔弗雷德·塞耶·马汉：《亚洲问题及其对国际政治的影响》，上海三联书店 2007 年版，第 90 页。

文明威胁程度将远超俄罗斯。[①] 斯皮克曼更是颇具前瞻性地指出，中国、苏联可能取代日本、德国成为美国新的地缘威胁，所以美国在东北亚的存在至关重要。时至今日，人们仍不难从美国在东北亚的地缘战略中发现这些论断的“影子”。

究其原因，东北亚地区陆海交错的地缘结构导致海权、陆权国家利益在此盘根错节。早在 19 世纪末，东北亚就是英、俄海陆强权对峙的前沿，因而吸引了经典地理政治学家的注意。对于美国而言，更为重要的是古代中国、日本都曾经通过构筑对东北亚地区的霸权，建立起对亚太地区的主导地位。是什么资源要素赋予了掌控东北亚地区的大国以问鼎亚太主导权的潜质？答案只能从东北亚地区与亚太其他地区地理环境的比较中寻找。

东北亚地区濒临太平洋西岸，而亚洲大陆的东部海岸线整体上是沿勘察加半岛一路向西倾斜，直至马来半岛终端与印度洋相交。东北亚地区陆海分界线恰恰是这条斜线向海洋方向的突出部分，从俄罗斯的尼古拉耶夫斯克（庙街）延伸到台湾海峡，绵延数千公里。这条海岸线向东点缀着库页岛、日本列岛、琉球群岛、台湾岛，这些狭长的岛屿如同防波堤一般，将亚洲大陆与太平洋区隔开来。海岸线向西则是宽广的平原地带，继之以由高原、盆地组成的内陆地区。平原地带与内陆地区构成了一个有机整体，也就是所谓的大陆纵深。幅员辽阔的大陆纵深成为各个民族驰骋的舞台，季风性气候又使该地区足以产出丰富的物产，哺育众多的人口。这正是东南亚、大洋洲、南太平洋地区所缺少的资源。

---

① 【英】哈·麦金德：《历史的地理枢纽》，商务印书馆 1985 年第 1 版、2008 年 4 月第 3 次印刷，第 71 页。

大陆纵深只有和人口有效结合才具备成为战略纵深的潜质。稠密的人口可以带来巨大的市场需求，辽阔的土地则蕴藏着大量开采成本低廉的资源，所以战略纵深不仅仅是一个军事概念，对一个国家经济崛起也具有难以估量的意义。没有 19 世纪的大陆扩张，美国只能依靠大西洋纽带，以欧洲文明离岸支脉的身份存世，不可能崛起成为挟制两洋的超级大国。同样，即使是海权国家的日本，其曾经的扩张次序也必是朝鲜、中国，逐步深入大陆纵深，进而俯视整个亚太地区。土地、人口是国家实力的常量，在国与国技术水平差距缩小，政治、经济体制的时代属性相近，资源禀赋相似的情况下，这两大资源的多寡将会对国家间竞争结果产生决定性的影响。仅凭战略纵深一项，东北亚虽然只是亚太地区之下的微观区域，却注定成为整个地区执牛耳者崛起的基本平台。

从美国视角审视，东北亚地区是一个孤岛—群岛—半岛—大陆沿岸—大陆纵深逐次过渡的陆海地缘结构。美国自 19 世纪末以来始终将介入东北亚地区作为其对外战略的重点内容，通过与东北亚地区海上相通的便利将自身战略力量延伸到太平洋西岸的陆地浅纵深，实现美国“太平洋帝国”的宿命。由此，维持太平洋西岸海域的“航海自由”，保障美国在该海域的海上优势成为美国历届政府的传统使命。经过百余年的经营，美国基本确立了在大陆边缘地带的霸权秩序，实现了对东北亚大国的前沿压制。

然而，东北亚特有的逐次过渡地缘结构也对美国建构对该地区的完全霸权秩序起到一定的制约作用。

一方面，美国对东北亚大陆纵深地区影响有限。与欧洲两侧陆间海众多，海权力量得以威胁大陆纵深不同，逐次过渡的陆海结构限制了海权力量主导该地区事务的力度。即使美国在战后成为世界上实力最为强大的国家，并与苏联就亚洲的势力范围划分达成妥协，也无法左右东北亚纵深地区的走向。东北亚大陆纵深为陆权国家与美国周旋提供了宽阔的平台。大陆沿海地带与大陆腹地紧密相连也为其积蓄实力，待机向海洋发展提供了基本的条件。在无法深入大陆的情况下，如何巩固美国在海陆浅纵深地带的优势是奥巴马政府在东北亚地区的传统地缘难题。

另一方面，美国掌控的大陆边缘地带又缺乏必要的战略纵深。由日本列岛、琉球群岛、朝鲜半岛南部组成的大陆边缘地带，地形狭长。从韩国京畿道至东京的直线距离只有一千余公里，陆地回旋空间更加有限。尽管这一地带人口稠密，却因土地面积狭小无法成为战略纵深。随着美国增强大陆前沿部署力量，部分前沿岛屿的军事负担已过于沉重，而可供美军大规模部署的岛屿数量又极其有限。美国及其盟国必须将东北亚毗邻海域的岛屿纳入战略规划，分散军事部署，这又无疑会拉长美国的海上防线，增加美国前沿部署的军事成本。冷战时期，东北亚大陆边缘地带与大陆的经济联系被人为地隔断。美国为日本、韩国经济腾飞提供了消费市场与廉价能源保障，成为大陆边缘地带国家主要经济合作伙伴。随着中日韩经济相互依赖程度提高，中国取代美国，成为日韩主要贸易合作对象。战略纵深的缺失使日本、韩国难以独立承担制衡大陆国家的责任。如何缓解战略纵深缺失所带来的不利影响构成了奥巴马政府东北亚安全战略的现实地缘难题。

由此可见，“海权国家究竟应该使用什么手段来应对大陆国家的挑战”这一经典地理政治学的传统命题依然是奥巴马政府东北亚安全战略所必须回答的问题。而经典地理政治学之所以能够成为一个独立的学科，正是因为其突破了自然决定论，实现了静态地理环境与动态社会结构的双向互动。经典地理政治学的研究重点不再是对自然地理条件的解析，而着重于探究技术、组织、人口等因素的变化趋势对陆海权力量对比的影响作用。因此，剖析新时期东北亚各国在美国地区霸权建构过程中发挥的作用尤为必要。

第二节　大陆边缘地带：霸权建构的依托平台

东北亚大陆的边缘地带由日本列岛、韩国、琉球列岛组成，这一地带的岛屿、半岛形状狭长，陆地面积主要集中于北部，南部只有冲绳本岛等孤岛可供人类大规模居住，只能依靠北部地区的辐射作用维持必要的资源供给。日本是东北亚地区海权力量的代表；韩国则因三面环海且陆地交通不畅，只能倚重海上交通维持与外界的联系，两国政治结构、经济发展方式呈现出浓郁的海洋国家特色。对于这一地带，美国明确承担“安全保护”责任，依托日本、韩国的雄厚实力与政治野心维持自身优势地位。

一、日本“政治大国化”对美国区域优势的支持

甲午战争至今，日本都是东北亚首屈一指的强国。二战结束后，日本始终以美国在亚洲最重要盟友的身份活跃于国际舞台，在经济、政治、军事领域支持美国遏制苏联的全球战略。20 世纪 90 年代美日关系重新定义两国联盟，将应对“日本周边地区发生之对日本和平与安全有重要影响的事态”纳入两国合作的范畴，进而使美日同盟突破了防御合作的限

制，成为美国建构在东北亚霸权秩序的进攻性联盟，为日本走向“政治大国”扫除了障碍。

进入21世纪后，日本国家实力呈现出总体稳定、增长势头趋缓的态势。一方面日本经济持续低迷，社会问题日趋严重。2002年至2011年间，日本国内生产总值由3.98万亿美元增长至5.86万亿美元，其增长率明显弱于中、俄、韩，甚至低于法国、德国。[①] 日本人口老龄化造成国家福利负担沉重，国民情绪低迷。另一方面日本维持着庞大的经济规模，一定阶段内仍可保证世界第三大经济体的地位。日本拥有亚洲一流的科技研发团队与教育体系，先发优势不容小觑。此外日本有统一且成熟的公民社会，国民素质在东北亚地区乃至世界堪称一流，经济长期低迷对社会秩序稳定的影响甚微。由此可见，日本实力萎缩只是日本与其他国家高速发展对比产生的相对结果。

因此，日本衰落必然是一个长期历史过程，在相当长的时间内日本仍是影响东北亚地区安全走向的重要力量。日本是近代史上唯一摆脱殖民命运的亚洲国家，并在战后废墟上实现了经济腾飞，对国际力量变动的敏锐感知是成就日本国家崛起的重要主观要素。“日本的精英阶层是头号的现实主义者，在日本对国力最大化、相对排名以及国际荣誉的渴望的推动下，他们对国际力量分配所发生变化的认识，促使他们采取务实的调整……现代历史中，很少有国家像日本这样

① 参见世界银行统计数据，同期法国国内生产总值由1.33万亿美元增长至2.77万亿美元，德国由1.88万亿美元增长至3.57万亿美元。http://data.worldbank.org/indicator/NY.GDP.MKTP.CD.

容易受到国际环境的影响。”① 面对全球权力重心东移的浪潮，日本在巩固美日同盟基础上开拓与东北亚各国的战略关系，在2008年与中国缔结战略互惠关系，同年与韩国建立面向未来的成熟伙伴关系，2010年日本与蒙古就缔结战略伙伴关系达成共识。这些战略举措初步搭建起日本与东北亚地区主要国家的战略关系框架。

美日同盟是日本对外政策的主轴，在此基础上日本政府与东北亚各国的战略关系的构建表现出片面性与空洞性两大特征。一方面日本始终无法突破日朝关系瓶颈，日方实现两国关系正常化的努力往往浅尝辄止。南千岛群岛问题依然是日本对俄外交的瓶颈，两国不仅无法缔结和平条约，建立起面向新世纪的战略关系更是遥遥无期。与东北亚各国战略关系的片面性制约了日本的地区影响力。另一方面日本与中国、韩国建立的战略关系缺少实质性内容加以充实。岛屿争端、日本对殖民侵略历史认识问题阻碍了日本与中、韩深化合作的推进，令三方难以凝聚地区合作的共识。因此，日本融入东北亚地区的程度远远滞后于其经济对该地区的依赖程度。

日本政治精英在冷战后积极推动日本的“政治大国化”。其目标在于为日本争取联合国安理会常任理事国的地位，解除“和平宪法”的约束，成为拥有国家军队、对外战争权的“正常国家”。在日本与东北亚各国战略关系难以取得突破性进展的情况下，日本始终无法化解周边国家对日本“政治大国化”的疑惧。投机性外交传统使日本将实现该目标的希望寄托于美国，对内借助东北亚安全困境胁迫日本民众配合美

① 吴寄南：《新世纪日本对外战略研究》，时事出版社2010年版，第64页。

国巩固地区优势的努力，“借船出海”不断突破“和平宪法”限制；对外挟美国优势争取域外各国支持日本成为安理会常任理事国，实现成为政治大国的夙愿。支持美国霸权成为日本实现“政治大国化”的战略途径。

日本对美国霸权秩序的支持主要体现在以下方面。

首先，日本是美国对东北亚施行军事威慑的主要载体。日本位于亚欧大陆板块与太平洋板块结合处，地形狭长，南北跨越20个纬度，横贯整个东北亚地区，海空力量由日本列岛出发可以辐射东北亚地区海陆浅纵深全境。进入21世纪后，俄罗斯等国家投入更多的资源经营海上力量，日本列岛周边的宗谷、津轻、对马、大隅海峡成为美国管控中俄进出大洋的锁匙，日本星罗棋布的水道、港口则构成美国进出东北亚海域的母港。“美日同盟使美国将36000余名军人以及大量军事设施部署于前沿地区，从而在根本上服务美国对该地区的（军事）安全战略。”①

其次，日本是美国在东北亚地区军事部署的主要经济支援力量。以驻日美军的“驻在国支持经费”（Host Nation Support）为例，日本每年为驻日美军支付40亿美元的费用，占其全年花费的75%，此外日方还负责为2.5万余名日籍后勤人员支付薪水。② 由此，美国只需支付10余亿美元便可监视

① Emma Chanlett-Avery, Cooedinator and William H. Cooper and Mark E. Manyin. Japan-U. S. Relations: Issues for Congress. Congressional Research Service, May 4, 2012. summary. http://fpc. state. gov/documents/organization/1900 38. pdf.

② Emma Chanlett-Avery, Cooedinator and William H. Cooper and Mark E. Manyin, Japan-U. S. Relations: Issues for Congress, Congressional Research Service, January 13, 2011, p. 9, http://fpc. state. gov/documents/organization/155 623. pdf.

东北亚这一经济总量超过10万亿美元的地区。此外，日方还在中东地区投入大量资金支持伊拉克、阿富汗的重建，掩护美国自伊斯兰世界抽身，集中力量巩固在东北亚地区的优势。来自日本的经济支持是美国实现高效能东北亚安全战略的基本前提。

最后，日本是美国在东北亚地区乃至亚太地区推行价值观外交的主要配合力量。冷战结束后，美国积极推动亚太的双边同盟向多边安全合作发展。为此，美国拉拢韩国以及澳大利亚、印度参加“美日+X”的多边对话机制。2006年麻生首相遥相呼应提出建立“自由、繁荣之弧”，利用“普世价值”联结民主国家。此后，日本极力配合美国构建三边对话机制，推动美日韩、美日澳、美日印等三边对话机制常态化。在确保西方价值观在东北亚地区优势地位的政治共识下美日一拍即合。与日本的政治合作关系俨然成为美国在亚太地区构筑多边合作关系的主轴。

总之，日本凭借自身的雄厚实力在奥巴马政府战略重心东移的进程中，成为美国实践东北亚乃至亚太地区安全战略的支持力量。以此为交换，日本也寄望在美国全球霸权秩序内成为政治大国。因此，一方面日本认识到“亚洲各国正在崛起，权力的平衡正在由以美国与其他工业国家为核心的结构向包括新兴国家的多边结构转变”；另一方面日本又将深化发展美日同盟看成是实现政治大国的必由之路。[①] 全球权力格局的变化导致美日彼此需求有所上升，决定了在相当长

① 参见《日本外交蓝皮书2011》：“日本将会深化并发展与美国的联盟，努力使其成为亚太地区稳定与繁荣的公共产品。” Ministry of Foreign Affairs: Japan. Diplomatic Bluebook 2011, Summary, p. 9.

的时间内美日同盟仍是美国推进区域战略的基础，日本也将会把支持美国霸权视为其对外政策的主轴。

二、韩国全方位外交对美国东北亚安全战略的配合

韩国是美国在东北亚大陆上唯一的盟友。20 世纪 50 年代以来韩国一直是美国掩护日本安全、抵御苏联压力的战略前哨。冷战结束前后韩国调整外交政策，与苏联、中国建立起正常的国家关系，并缓和与朝鲜之间的紧张关系。韩国民主党政府执政后，确定了使韩国成为东北亚地区整合中心的全方位外交路线，在巩固美韩同盟的同时强化自身在美国区域安全体系中的发言权。韩国国际地位与国家总体实力的上升有助于美国稳定东北亚地区局势，保持美国的区域优势，配合了奥巴马政府战略重心向东北亚地区转移的进程。

新世纪以来，韩国国家实力持续增长。其中韩国经济的表现尤为突出，经历 1998 年、2008 年经济危机依然保持增长，其发展模式的韧性可见一斑。2001 年至 2011 年间，韩国国内生产总值增长一倍有余，历史性地跨越了 1 万亿美元的关口。① 借助新兴国家群体崛起与全球权力重心东移的浪潮，韩国积极参与建设新型国际结构的进程，成功跻身于 G20 集团等国际机制，扮演着连接东西方、沟通发达国家与发展中国家的桥梁角色。战略实力的增长与自身角色的转变

---

① 参见世界银行统计数据，2007 年韩国国内生产总值已超过 1 万亿美元，2008 年、2009 年该数值有所下降，2010 年韩国国内生产总值再次超过 1 万亿美元，并在 2011 年保持了稳定的增长。http：//data. worldbank. org/indicator/NY. GDP. MKTP. CD.

使韩国的影响力突破了朝鲜半岛，步入中等国家行列，部分扭转了听命于美国战略规划的被动局面。

在此基础上，2008 年上台的李明博政府强调韩国应采用“有助于创建新型合作的多维视角实现国家目标……在建设面向未来的美韩关系同时致力于强化韩国与邻国伙伴关系及友谊”,[①] 诠释了新时期韩国政府的“全方位外交”发展方向。李明博政府执政期间先后提升了韩国与中国、俄罗斯的战略关系，努力改善日韩关系，深化与蒙古的合作关系。除对朝关系外，李明博政府大体延续了前任政府重视发展与东北亚各国战略关系的方针。全方位外交路线获得贯彻，成为韩国两大执政集团的共识。

韩国全方位外交实质上是韩国在经济上依赖中国、安全上依靠美国的情况下，谋求国家利益最大化的产物。截至 2011 年底，中国已经成为韩国最大的贸易伙伴，韩国对华出口量已超过对美、日出口之和，2011 年韩国自中韩贸易中获得的顺差高达 477.8 亿美元[②]。而美国是韩国的安全盟友、最大的武器提供者、安全保障者。美国介入东北亚地区不仅是韩国压制朝鲜的关键，更为韩国周旋于邻近大国提供了良好的外部条件。维持与美国的安全合作关系是韩国长期的战略选择，并不会因韩国经济依赖对象的转变而动摇。

---

① Chenong Wa Dae The Office of President The republic of Korea：Global Korea：The National Security Strategy of the Republic of Korea June 2009, p. 20. http：//english. president. go. kr/government/golbalkorea/globalkoreeng. pdf.

② 参见中华人民共和国商务部综合司、商务部国际贸易经济合作研究院：《国别贸易报告·2011 年韩国货物贸易及中韩贸易概况》，http：//countryreport. mofcom. gov. cn/record/view110209. asp? news_ id = 27896。

韩国全方位外交对奥巴马政府东北亚安全战略的配合作用是多方面的。首先，韩国与中、俄的战略关系有助于奥巴马政府控制东北亚地区紧张局势，而这正是美国在东亚地区的战略目标之一[①]。此外，东北亚的经济繁荣对美国经济复苏有着极其重要的意义。韩国提升与中俄战略关系可以建立起双方的基本信任关系，避免出现局势误判。值得注意的是韩国在推行全方位外交的同时，强化了对朝鲜的遏制力度，导致中、俄、朝对地区安全局势的认知产生差距，韩国有区别的全方位外交为奥巴马政府降低了三国协调反制美国东北亚霸权构建的可能性。

其次，韩国实力的增长为美国提供了支持东北亚安全战略所需的战略资源。美国经济的持续低迷与日本经济的长期萧条制约了美国向东北亚投放战略资源的力度。在全方位外交方针指导下，李明博政府积极构建东北亚地区安全框架，推动美韩同盟从“保障朝鲜半岛稳定向促进东亚乃至世界稳定方向发展”[②]。这一转变赋予了美国利用韩国积极对外姿态，引导韩国由“安全被保障者”向“安全保障提供者”方向转变的机遇。韩国的积极外交姿态有助于美国诱导韩国承担更多“安全责任”，以填补美、日战略资源的空缺。

再次，韩国全方位外交为美国调控东北亚各国关系提供了途径。全方位外交的表现形式在于以韩国为中心针对议题

---

① Dick K. Nanto, East Asia Regional Architecture: New Economic and Security Arrangements and U. S. Policy, Congressional Research Service, April 15, 2010. p. 28. http://fpc. state. gov/documents/organization/142760. pdf.

② Chenong Wa Dae The Office of President The republic of Korea: Global Korea: The National Security Strategy of the Republic of Korea, June 2009, p. 21. http://english. president. go. kr/government/golbalkorea/globalkore_ eng. pdf.

与不同国家组合展开多边合作。韩国联合美日强化对朝鲜的遏制；连接中日构筑东北亚经济整合框架；与中国沟通反制日本掩盖侵略历史的图谋；在岛屿争端中保持着与中俄的默契应对日本挑衅。韩国全方位外交所营造出的“以我为核心”的多重合作关系，导致东北亚国际进程进一步复杂化，加深了大国之间的互疑。虽然，韩国全方位外交的地区经济整合方向与美国跨太平洋经济整合方向存在出入，但总体上符合美国规制中国、遏制朝鲜、约束日本的战略思路。

最后，韩国积极发展海空力量有利于美国巩固在东北亚地区的海上优势。韩国地处大陆向海洋延伸的终端，是区隔黄海、东海、日本海的战略要地。韩国东南方向的对马海峡是海上强国截断中国、俄罗斯海上联系的锁匙。在中俄着力经营海上力量的形势下，协调对马海峡两侧的日韩关系，对美国具有极其重要的战略意义。此外，伴随着韩国西南方向济州岛的军事化，美韩海上合作也会延伸至该岛周边海域，进而赋予美军近距离窥测中国经济重心的机遇。韩国军事力量的增长在地缘上对美国管控中俄海上联系，进出陆海交汇地带有着不可忽视的意义。

因此，在韩国全方位外交的配合之下，“美韩关系进入几十年来的最好时期”。[①] 韩国在稳定地区安全、战略资源补充、区域国际进程演进、海陆地缘结构方面助推着奥巴马政府战略重心东移，并努力提升自身在美国亚太安全体系中的地位。韩国战略实力的增长与对外的积极姿态契合了美国利

① Mark E. Manyin, Coordinator and Emma Chanlett-Avery and Mary Beth Nikitin. U. S. -South Korea Relations, Congressional Research Service, May 15, 2012, Summary. http://fpc.state.gov/documents/organization/191602.pdf.

用新兴国家力量稳定国际秩序的思路。在奥巴马政府的东北亚安全战略中，韩国无疑发挥着重要的配合作用。

正是依托与日韩的联盟关系，美国得以长期介入东北亚地区事务，并占据优势地位。“日韩在美国应对区域、全球问题以及推广普遍价值的进程中扮演着重要的领导角色。”[①] 经过60余年的经营，美日同盟成为美国对日本施行支配性合作的制度框架，日本雄厚的战略实力与政治野心支持着美国在东北亚地区的战略优势。美韩同盟构成美国介入东北亚陆海交汇地带，从而改变地区安全走向的枢纽。因此，日本、韩国雄厚的战略实力和积极的对外姿态构成了美国区域优势的基本组成部分，对奥巴马政府在东北亚的霸权建构起到了重要的支撑作用。

第三节　陆海交汇地带：霸权建构的背景

从朝鲜半岛跨过东海，直至台湾海峡是东北亚地区的海陆交汇地带。这一地带自南向北存在着朝韩对峙、中日战略竞争关系、台湾问题三大地缘政治矛盾。由于“东北亚本土地区问题的发展在地缘战略上基本与冷战问题的发展平行”,[②] 三大地缘政治矛盾既受美国介入该地区事务的影响，也受东北亚内部力量变动的制约。因此，美国在该地带的战略底线在于防止陆权国家主导这一地带，同时有节制地介入

① White House: National Security Strategy, May 2010, p. 42, http://www.whitehouse.gov/sites/default/files/rss viewer/national security strategy.

② 【英】巴里·布赞、【丹】奥利·维夫：《地区安全复合体与国际安全结构》，上海世纪出版集团2010年版，第143页。

这些地缘矛盾，最大限度地在东北亚内部消化各国实力增长对美国优势的冲击。三大地缘矛盾构成了新时期影响美国东北亚安全战略的重要外部因素。

一、朝韩对峙：美国影响地区安全走向的枢纽

朝鲜半岛在地缘上属于陆海浅纵深结合地区，地处中、俄、日三大国之间，半岛的倾向直接影响各大国在东北亚地区的力量对比。“两千多年来，朝鲜的命运一直取决于一个国家控制朝鲜的优势，或者取决于两个竞相控制朝鲜的国家之间的权力均衡。”[①] 作为苏美划分在亚洲势力范围的产物，朝鲜、韩国对峙的背后始终游弋着大国竞争的魅影。朝鲜战争结束后，苏美在为朝韩提供安全保障的同时也对其加以约束，朝、韩由军事对抗走向政治、军事、经济全方位的竞争。南北力量的均衡维持了半岛局势的稳定。

冷战后半岛权力结构出现了有利于韩国的失衡，这种失衡主要体现在经济、军事、外交三大领域。

经济领域的失衡：20 世纪 80 年代末，朝鲜国内生产总值开始下滑，进入 90 年代后连续 10 年出现经济负增长。东欧剧变与苏联解体使朝鲜失去了资金、技术来源，背负了巨额债务，加剧了朝鲜的经济困难。同一时期韩国通过技术升级与对新市场的开拓，成功跻身于新兴工业化国家行列，朝、韩 1980 年国内生产总值总量大致相当，而 30 年后韩国国内

① 【美】汉斯·摩根索：《国家间政治：权力斗争与和平》，北京大学出版社 2006 年版，第 215 页。

生产总值已经是朝鲜的36倍。[①] 朝、韩经济力量失衡令朝鲜政权封锁了与外部世界的联系，规避外界质疑，失去了与韩国在国际舞台竞争的基本条件。

军事领域的失衡：朝鲜人民军主要装备尚停留在机械化时代，武器多系冷战时期制造，兵员素质也受经济影响出现下降迹象。朝鲜人民军的海空力量与韩国军队差距最为明显，仅韩军装备的第四代战斗机数量就是朝鲜的八倍，且装备功能更为多样、性能更加强大。军事力量失衡是在朝鲜奉行“先军政治”，全力加强国防工业的情况之下发生的，一旦朝鲜改变发展重心很可能会引起半岛军事力量对比的进一步失衡。

政治领域的失衡：美、日拒绝与朝鲜建立正常的外交关系，美国不愿与朝鲜签订和平条约，朝鲜始终处在不战不和的紧张状态。美国强化美韩、美日同盟关系，即使美国在2015年向韩国移交战时指挥权后，也将“随着韩国扩大其安全责任，而继续为其提供援助”。[②] 在国际组织中，美国为朝鲜加入、参与国际活动设置重重障碍，限制对朝鲜的投资，保持对朝鲜的外部压力，导致朝鲜在国际社会更加孤立。

在重重压力之下，朝鲜将核武器视为捍卫自身生存的保障，利用发展导弹技术作为宣示实力的手段，导致半岛局势

---

① Dick K. Nanto：North Korea：Economic Leverage and Policy Analysis，Congressional Research Service，August 14，2009，p. 20，http：//fpc. state. gov/documents/organization/130212. pdf.

② United States Department of Defense：The National Military Strategy of the United States of America，“2011 Redefining America's Military Leadership”，p. 13. http：//www. jcs. mil//content/files/2011-02/020811084800_ 2011_ NMS_ -_ 08_ FEB_ 2011. pdf.

进一步复杂化。而李明博政府以“自由民主基础上实现和平统一”[①] 为目的，提出巩固朝鲜半岛无核化的和平结构；构筑朝韩经济与社会、文化共同体基础；推进朝韩人道主义交流；设立“朝鲜民族统一论坛”，实际启动了对朝鲜实施吸收性统一的进程，刺激了朝鲜的政治神经。一方面，当时朝鲜正值权力交接的敏感时期；另一方面，单一的民族属性与儒家文化的熏陶使追求半岛的统一成为朝韩两国的历史使命。一定时期内朝鲜的安全注意力集中于如何避免被韩国吸收性统一，导致 2009 年以来朝韩关系始终处于高度紧绷的状态。

朝鲜半岛是大国利益重叠区，朝韩紧张局势牵扯着周边大国的注意力。美国更把朝鲜半岛视为“各大国之间展开更加微妙的战略、经济较量之场所”[②]，不遗余力地强化韩国的战略优势，推进美、日、韩共同应对朝鲜的“挑衅”，激化朝的对抗情绪，突出美国主导的安全体系作用，巩固美国对日、韩的控制。“天安舰事件”与“延坪岛炮击事件”表明朝韩对峙的重点已经从陆上分界线向黄海方向的“北方分界线”转移。所谓“北方分界线”是由韩方在朝鲜战争停战后单独划定的军事分界线，韩国凭借海上优势据守江华湾内诸岛、瓮津半岛外各岛，压制朝鲜进出黄海南道海域的空间。朝韩对峙战线向西延伸，扩大了半岛局势对东北亚安全的影响范围，进一步凸显了其影响地区安全走向的枢纽作用。

---

① Chenong Wa Dae The Office of President The republic of Korea：Global Korea：The National Security Strategy of the Republic of Korea，June 2009，p. 15. http：//english. president. go. kr/government/golbalkorea/globalkore_ eng. pdf.

② Emma Chanlett-Avery：North Korea：North Korea：U. S. Relations，Nuclear Diplomacy，and Internal Situation，Congressional Research Service，June 17，2011，p. 3，http：//fpc. state. gov/documents/organization/167870. pdf.

以2010年朝韩摩擦为契机，美国海空力量频繁向亚洲大陆沿海地区渗透。东北亚地区再次呈现出海陆强权对峙的局面，区域安全主题由共同应对经济危机等非传统安全领域回归传统安全领域。值得注意的是处于朝韩海上对峙前线的白翎岛、大青岛距我国山东威海成山角的距离只有180公里，是整个朝鲜半岛距离山东最近的岛屿。美韩加强黄海地区的军事合作侵蚀了朝鲜的重要作用，对奥巴马政府巩固美国在东北亚地区的战略优势有着重要的意义。

二、中日战略竞争关系：美国扮演“离岸平衡手”的前提

新世纪以来中日关系屡经波折。两国20世纪就历史认识、主权争议达成的默契被先后打破，中日战略竞争关系凸显。中国崛起与日本“政治大国化”要求两国从多维视角深化对彼此的角色认知。这种认知调整无疑会是长期的进程，甚至存在反复的可能。而东北亚是中、日核心利益最为集中的区域，是两国展开战略竞争的主要所在。中日博弈将消耗两国战略资源，减少两国“挑战”美国的可能性，为美国利用中日矛盾渔利创造了条件。

中日战略竞争关系具体表现为三个方面：两国发展领域交叉；先发优势与规模优势的相持；海陆地缘的近身摩擦。实现国家崛起与争取政治大国地位分别是中国、日本的总体战略目标。中国崛起以经济实力的快速增长为引擎，带动国家整体实力的累积，2010年中国超越日本成为世界第二大经济体。而冷战结束后日本广泛参与国际政治活动，未来十余年内“为了赶上中国的步伐，日本也会增加在本地区的政治、

安全作用”。[1] 两国都争取在原有对方占有优势的领域提高自身发言权，从而影响对方既有权益。

首先，领域交叉发展决定了中日战略竞争的规模性。冷战时期，中日各自占据亚洲第一政治大国、经济大国地位。平行领域主导是两国政治、经济互补性合作的根基。两国发展战略重点的领域重叠动摇了中日既有合作基础。在来自苏联的外部压力消失与战略互信稀缺的情况下，中日以协作为主的战略关系让位于竞争关系。政治大国的角色是中国营造有利外部环境的重要保障，经济大国的地位则是日本实现国家身份转换的重要资本。经济实力、政治实力是国家实力构成的基本成分，两国战略竞争规模之大是亚洲所未有。

其次，优势差异决定了中日战略竞争的长期性。中日战略竞争的本质是中国持有的规模优势逐步抵消、超越日本先发优势的历史进程。一方面日本与中国竞争的主要优势在于其百余年现代化历程为其奠定了坚实的实力基础，并提供了高效的国家实力、战略实力、战略资源转化体系。“根据日本银行的资金循环统计，日本的个人金融资产约为1400万亿日元，相当于日本国内生产总值的三倍……只要日本真股份将存款利率提高5%，立刻可增加40万亿日元的消费。”[2]而2011年日本东北大地震显示出日本高度的民众纪律性与社会稳定性，这些潜在实力是长期现代化成果积淀的产物。日本的先发优势能够在未来的10余年内保障本国占据中等偏上的

---

① 美国国家情报委员会编：《全球趋势2025：转型的世界》，时事出版社2009年版，第124页。

② 吴寄南：《新世纪日本对外战略研究》，时事出版社2010年版，第306页。

国际地位。[①] 另一方面，中国的改革开放也可以视为中国变革国家实力——战略资源转化体系，提高战略动员效能，发挥人口、资源、领土规模优势的过程。而这一过程无疑需要较长的时间。历史经验显示，即使在古代中国主导东亚世界的时代，日本依旧游离于朝贡体系之外，日本与中国竞争的主观能动性与耐心不容低估。因此，中日凭借各自持有的优势展开竞争是短期难以改变的客观事实。一定时期内，中日战略竞争关系不会发生大的变化。

最后，地缘邻近决定了中日战略竞争的激烈性。中、日加强在海陆浅纵深结合区的活动，以及由岛屿争端、大陆架划分争议所引起的对峙，挑动着两国战略竞争的敏感神经。东北亚地区是日本安全关注的重点，日本政府借助《美日安保条约》将朝鲜半岛与台湾海峡纳入关注范围，并积极向大陆方向渗透，却将中国日渐增长的军事实力、正常的海上活动与朝鲜宣示实力行为并称为“导致地区走向不稳”的两大动因。[②] 日本民主党政府打破中日在钓鱼岛问题中达成的默契，导致两国在钓鱼岛的对峙呈现常态化趋势。中、日海上力量的交叉执法增加了双方摩擦的几率。

冷战时期中日在地缘结构上呈现出典型的陆权国家与海权国家的对峙关系，中国将主要战略资源投放于大陆沿海地带及其纵深，日本则受制于美国不再以大陆作为战略扩张方向。冷战终结改善了中国在大陆的安全环境，中国正加速由

---

① 美国国家情报委员会编：《全球趋势 2025：转型的世界》，时事出版社 2009 年版，第 51 页。

② Prime minister of Japan and His Cabinet：Address by Prime Minister Yoshihiko Noda at the 2011 Air Review，October 16，2011. Prime minister of Japan and his cabinet，http：//www. kantei. go. jp/foreign/noda/statement/201110/16kunji_ e. html.

陆权国家向海陆复合型国家方向发展，日本列岛及其周边水域是中国海军走向太平洋的必由之路。中国海军远海演练令日本感到海上机动优势受到“威胁”，认定“中国在海洋争端的应对措施是中国是否试图改变国际规则、体系的试金石”。[①] 而历史因素又使中日地缘摩擦极具敏感性。

“对美国而言，关键政策在于如何在权力平衡之下处理美中日关系。”[②]领域交叉带来的中日战略竞争关系，为美国提供了影响东北亚权力平衡的抓手。中日战略竞争关系的长期化保障了美国扮演“离岸平衡手”角色的稳定性，中日海上摩擦更是美国突出霸权提供安全公共产品的依据。奥巴马政府频繁调动日本资源支持美国的地区霸权构建，从而保证“美日关系已经度过富有挑战性的阶段……日本周边的安全忧虑，特别是朝鲜的挑衅及中国在日本周边水域强硬的海上活动，为美日同盟保持活力提供了基础”。[③]

“美国维持超级大国地位的关键在于国际体系两个最大的资金和技术中心欧洲和日本接受其领导地位……假如它（日本）转向与中国结盟，那么，它的一举一动不仅会削弱美国的全球地位，而且会极大加强中国在亚洲及世界的地位。”[④]

---

① 日本防卫省防卫研究所编：《中国安全战略报告 2011》，第 38、29 页。http：//wenku. baidu. com/view/f6149c0f4a7302768e9939e0. html.

② Emma Chantlett-Avery Coordinator Kerry Dumhaugh and William H. Cooper：Sino-Japanese Relations：Issues for U. S. Policy，Congressional Research Service，December 19，2008，p. 20，http：//fpc. state. gov/documents/organization/ 115933. pdf.

③ Emma Chanlett-Avery；Mark E. Manyin；William H. Cooper：Japan-U. S. Relations：Issues for Congress ，Congressional Research Service October 6，2010，p. 3，http：//fpc. state. gov/documents/organization/150752. pdf.

④ 【英】巴里·布赞：《美国与诸大国：21 世纪的世界政治》，上海人民出版社 2007 年版，第 144、145 页。

中日战略竞争限制了中日合作挑战美国全球霸权的可能性，为美国最大限度地消化了全球权力重心东移所带来的不利影响，为其维系在东北亚地区的优势奠定了较为稳固的基础。

三、台湾问题：美国遏制中国的“棋子”

台湾是中国领土的重要组成部分，海峡两岸问题是20世纪40年代中国国内战争的结果，台湾问题纯属中国内政。朝鲜战争爆发后，美国出于遏制新中国的目的干预中国革命进程，导致台湾问题延续至今。90年代以来美国出售大量先进武器武装台军，以期利用台湾“标杆”作用影响中国大陆。2000年台湾地区民进党上台后推动“台独”运动，海峡两岸频现危机，不利于美国维持两岸“不统、不独”的状态。美国转而支持中国国民党采取更为稳健的路线保持两岸现状，最大程度服务于美国国家利益。

马英九“执政”以来，两岸关系在一个中国框架指导之下获得长足发展。仅2008年、2009年两岸就达成11项协议、4份备忘录，[①] 并签署了《海峡两岸经济合作框架协议》。两岸经济依赖进一步加强，2011年台湾与大陆货物贸易额高达1216.4亿美元，占当年台湾进出口贸易总额的20%以上。

---

① 11项协议分别为《海峡两岸食品安全协议》《海峡两岸邮政协议》《海峡两岸海运协议》《海峡两岸空运协议》《海峡两岸空运补充协议》《海峡两岸金融合作协议》《海峡两岸共同打击犯罪及司法互助协议》《海峡两岸关于大陆居民赴台湾旅游协议》《海峡两岸标准计量检验认证合作协议》《海峡两岸农产品检疫检验合作协议》《海峡两岸渔船船员劳务合作协议》。4项备忘录为《海峡两岸签署证券及期货监督管理合作谅解备忘录》《海峡两岸签署银行业监督管理合作谅解备忘录》《海峡两岸签署保险业监管合作备忘录》《海峡两岸签署金融监管合作备忘录》。参见中国社会科学院台湾研究所编：《新时期对台方针政策重要文献选编（修订本）》，2009年12月。

经过20余年的发展，大陆已经成为台湾最大的贸易伙伴、第一大出口目的地和第二大进口来源地。[①] 在频繁的经贸活动推动之下，两岸人员往来、文化交流活动均进入历史最好时期。

然而，随着两岸经贸、人文关系的深入发展，两岸政治关系的一些顽疾束缚了两岸关系的良性发展。第一，“台独”势力不容小觑。2012年岛内领导人选举中，民进党参选人获得的选票大幅增加，民进党在岛内“立法”机构中的席次、县市长数量也有所上升。值得注意的是蔡英文与苏贞昌都积极地恢复民进党与美国沟通渠道，重构互信。两岸人民反对“台独”的斗争依旧任重道远。第二，台湾当局对“一个中国框架”有所保留。马英九当局执着于所谓“一个中国，各自表述”的论述，谋求长期维持海峡两岸现状。台湾当局的暧昧立场导致两岸政治互信难以突破瓶颈。第三，台湾地区民众的国家认同持续弱化。根据2012年9月台湾远见民调中心统计：受调查的台湾民众中，52.7%的民众支持维持现状，28.2%的民众支持“独立”，只有10.9%的民众支持统一。[②] 对此有关人士认为，大多数支持维持现状的民众并非对“统独问题”不持立场，更多是顾虑大陆的“军事压力”宁愿维持现状。如何推动台湾民众向自觉支持统一方向转变，是一定时期内大陆对台政策的主要难题。

---

① 参见中华人民共和国商务部综合司、商务部国际贸易经济合作研究院：《2011年12月中国台湾省贸易简讯》，http://countryreport.mofcom.gov.cn/new/view110209.asp?news_id=28285。

② 台湾远见社会经济研究调查中心发布“2012年9月份台湾民众统独观调查结果”。http://www.gvsrc.net.tw/dispPageBox/GVSRCCP.aspx?ddsPageID=LATEST&dbid=3098764022.

两岸政治关系问题为美国继续利用台湾地区充当遏制中国大陆的“棋子”提供了条件。“正是因为美国将台湾实际上当成实现自己利益的‘卒子’，那么它就从根本上绝不可能对海峡两岸任何一方的利益予以充分的考虑。”[①] “台独”势力继续威胁两岸关系稳定是美国挟制中国的重要筹码。从美国对2012年岛内选举态度观察，奥巴马政府固然不愿“台独”势力重掌政权，却依然透过各种渠道与台湾民进党保持联系，其目的就是维持对中国的压力，巩固美国对华的战略优势。

台湾当局对“一个中国框架”的保留态度限制了两岸反制美日侵害中国主权的力度。曾任台湾当局“国安会秘书长”的苏起先生强调两岸关系务必从美国、中国大陆、中国台湾三个角度及其形成的关系出发[②]。美国所谓“与台湾关系法”要求“认为以非和平方式包括抵制或禁运来决定台湾前途的任何努力，是对西太平洋地区和平与安全的威胁，并为美国严重关切之事”。[③] 美国不断以两岸军事力量发展“失衡”为由，渲染海峡两岸紧张气氛，胁迫台湾当局与民众购买美制武器，导致两岸陷于“安全困境”，加大两岸共建互信的难度，服务美国最大限度地利用台湾问题遏制中国的战略利益。

---

① 苏格：《美国对华政策与台湾问题》，世界知识出版社1998年版，第810页。

② 苏起：《危险边缘，从两国论到一边一国》，台湾天下远见出版股份有限公司2003年版，自序第14页。

③ 张清敏：《美国对台军售政策研究：决策的视角》，世界知识出版社2006年版，第414页。

第四节　大陆纵深地带：霸权建构的挑战来源

由陆海交错地带向西延伸便是东北亚的大陆地带。美国在这一地带从未确立优势地位。中国、俄罗斯是传统的东北亚陆权大国，是美国在该地区构建完全霸权秩序的制衡力量，两国实力的增强威胁到美国的地区优势。“长远观之，影响大国间和平之岛的持续性的两个不确定因素是中国和俄罗斯的长期发展趋势。”[①] 防止中国崛起冲击美国东北亚霸权建构是新时期美国东北亚安全战略的主要课题。19 世纪以来东北亚就是美俄博弈的焦点，冷战后的历届美国政府也将阻止俄罗斯再次成为美国竞争对手作为全球战略中的重要目标，美俄全球博弈决定了俄罗斯复兴势必会对美国东北亚霸权构成一定牵制作用 。

一、中国崛起对美国东北亚霸权的冲击

进入新世纪以来，中国综合国力进一步增强。2001 年中国国内生产总值为 1. 324 万亿美元，只是同期美国国内生产总值的 13% 、日本的 31% 。10 年后，中国国内生产总值已达 7. 298 万亿美元，接近同期美国国内生产总值的一半，为同期日本的 124% 。[②] 经济实力增长提高了中国的国际地位，

① ［美］约瑟夫·奈：《硬权力与软权力》，北京大学出版社 2005 年版，第 82 页。

② 参见世界银行统计数据，2011 年美国国内生产总值为 15. 09 万亿美元。http：//data. worldbank. org/indicator/NY. GDP. MKTP. CD.

2001 年中国政府以政治合作为先导推动成立上海合作组织，稳定了内陆纵深的安全环境，巩固了冷战瓦解所带来的和平环境。2002 年中国政府以经济整合为驱动与东盟缔结自由贸易协定，并在 2010 年建成世界上人口最多，且由发展中国家组成的自由贸易区。通过展开跨领域合作，中国已经成为推动亚洲多边合作的核心力量。两大区域制度性安排为中国提供了必要的西向、南向安全保障，有利于中国集中战略实力经营在东北亚的国家利益。

具体到东北亚地区，冷战后中国侧重于发展与各国的全方位合作关系。中国先后与俄罗斯、韩国、蒙古建立战略合作伙伴关系，与日本建立战略互惠伙伴关系，维持着与朝鲜的传统友好关系，在该地区初步建立起面向新世纪的多重双边战略框架。这种新型战略关系的思想来源衍生自不推定假想对手的新安全观，以双方自愿合作为前提，不以固定的条约权利、义务约束对方。中国倡导的新型战略关系适应了东北亚各国政治传统追求共识、默契、尊重的大环境，符合各国人民对建设和平、安定、繁荣地区的期许，增进了中国与各国的互信。多边战略关系框架为各方共同管控东北亚潜在安全问题提供了必要的制度平台。

在多边安全框架建设方面，中国首倡的六方会谈成为获得当事方认同，以实现半岛无核化为目标的对话机制。即使奥巴马政府消极应对六方会谈，也不得不承认“该机制能使各方汇聚一堂，令中俄接触朝鲜的顽固，使之对朝鲜施加压力，同时日韩作为援助朝鲜的主要国家也对和平解决朝核问题拥有直接利益，这一会谈很大程度有赖于中国的作用”。[①]六方会谈虽几经停滞，各方却始终无法提出替代的对话机制，美朝博弈也多围绕重启会谈条件展开。可见，中国倡导的“包容性”集体安全框架的价值对域内各国依然具有不可轻视的吸引力。

在东北亚区域经济整合方面，中国始终以区域内经济制度框架建设为优先发展方向，推动中日韩自由贸易区的研究工作。部分中国研究机构已经开始探索三国深入经济整合的道路，提出“以建设经济共同体为目标深化中日韩合作”的经济战略发展方向[②]。由此，东亚经济整合呈现出由东盟驱动转向由东北亚国家合作驱动方向发展的趋势，对于美国而言“以东盟为核心的贸易集团毫无威胁……但东亚的新生贸易框架发展中最大的不确定因素就是中国……一旦中国主导区域经济，各国政府就会转向中国寻求问题的解决，届时中国可以在政治、安全、社会文化领域扩散影响力，存在着有悖于美国利益与价值观的可能性”。[③]

中国对东北亚地区的多重合作框架建构可以被概括为：全面发展与东北亚各国间富有灵活性的双边战略关系；维持体现包容性的地区多边安全对话机制；积极推动以中日韩合作为主体的区域密集型经济整合。新生的东北亚区域合作框

---

① Dick K. Nanto and Emma Chanlett-Avery, North Korea: Economic Leverage and Policy Analysis, Congressional Research Service, August 14. 2009, p. 11, http://fpc. state. gov/documents/organization/130212. pdf.

② 参见中国社会科学院亚太与全球战略研究院《国际战略报告》2012年第4期:《以建设经济共同体为目标深化中日韩合作》。

③ Dick K. Nanto, East Asia Regional Architecture: New Economic and Security Arrangements and U. S. Policy, Congressional Research Service, April 15, 2010, p. 14. http://fpc. state. gov/documents/organization/142760. pdf.

架显示出与美国在东北亚构筑的霸权秩序迥异的特性。作为在东北亚地区拥有重要战略利益的域外超级大国，美国在该地区的安全框架建设以含有明确权力、义务的军事联盟为基础，以敌人、对手、伙伴、盟友身份标签设定为双边关系框架，以跨太平洋的区域疏散型投资、贸易自由化为经济整合方向。因此，中国在东北亚地区的崛起“代表着在亚洲安全版图中关键性的推动力量，中国正以其经济力量吸引域内各国，并提供了一种不同于战后建立的以美国为核心之轮辐联盟体系的全新视角”。①

防范单一大国主导东北亚地区始终是美国在该地区的国家利益所在。二战结束后，美国将苏联视为军事遏制对象，20 世纪 70 年代又将日本列为经济竞争对手，在不同领域对两国加以限制、削弱。中国崛起对美国在东北亚霸权秩序建构产生的冲击作用，主要由中国战略实力的增加与战略实力的集中投放两部分组成。

首先，中国经济实力的增加改变了东北亚地区美国盟友占据区域经济优势的现状。2011 年中国国内经济生产总值超过日本、韩国总和，中国在人口、领土面积等实力组成要素中也具有明显的优势，初步具备了主导地区经济发展的能力。

其次，中国经济崛起规模空前，具有成为世界第一大经济体地位的潜力。2011 年中国已经成为世界第二大经济体，但人均国民生产总值刚刚超过 5000 美元。中国以在 21 世纪中叶实现国家现代化为战略目标，而韩国等新兴工业化国家

---

① Emma Chanlett-Avery and Bruce Vaughn，Emerging Trends in the Securtiy Architecture in Asia：Bilateral and Multilateral Ties Among the United States，Japan，Australia，and India，Jaunary 7，2008，p. 1，http：//fpc. state. gov/documents/organization/99487. pdf.

人均国民生产总值均超过15000美元，实现国家的基本现代化意味着中国的经济规模将大大超过美国的经济规模。中国崛起的战略目标及其战略实力的增长对美国在东北亚乃至全球霸权都是重要的不确定因素。

最后，中国崛起对美国各领域优势皆有影响。不同于苏联、日本只在军事或经济领域挑战美国的霸权，中国崛起呈现出多领域的战略实力增长。中国在政治领域奉行社会主义制度，坚守自己的价值体系，维持了社会总体稳定；在经济领域，政府监管与市场配置有机结合，保证了中国经济的高速增长；中国在军事领域突破了西方技术封锁，独立地走出了一条实现军事现代化的道路，并在国际军品市场中占有一席之地。中国在这些领域所取得的进展增加了美国的压力。这种压力必然要求美国“融合经济、外交、安全多种措施，保护美国利益，实现美国的战略目标”。[①]

在战略实力的集中投放上，一方面美国认定中国意在确立对东北亚地区的“主导地位”，构成了对美国地区优势的“威胁”。“美国对发展中的东亚地区框架的核心关注在于中国日渐增长的影响力，而北京试图重新树立其亚洲领导者的地位。”[②]上海合作组织获得中亚各国认同，使美国认识到“该组织为如东盟+3机制等其他地区组织提供了一个发展方向”，[③] 限

---

① Dick K. Nanto and Emma Chanlett-Avery, The Rise of China and It effect on Taiwan, Japan, and South Korea: U. S. Policy Choices, January 13, 2006, p. 31, http://www.fas.org/sgp/crs/row/RL32882.pdf.

② Dick K. Nanto, East Asia Regional Architecture: New Economic and Security Arrangements and U. S. Policy, Congressional Research Service, April 15, 2010, p. 4, http://fpc.state.gov/documents/organization/142760.pdf.

③ Ibid., p. 24.

制了美国对东亚地区的影响力。

另一方面中国认同亚洲国家身份，集中战略实力经营东北亚地区，营造良好的外部环境。与俄罗斯优先面向欧洲发展，日本“脱亚入欧”“脱亚入美”不同，中国对东北亚地区的认同和重视程度不仅俄罗斯、日本无法企及，更是在全球拥有广泛战略利益的美国所无法比拟的。中国传统战略讲求深根固本，中国崛起也正是中国从地区大国逐步走向世界大国的进程。美国难以通过加大对其他地区的战略实力投放，改变中国视东北亚地区为战略重心的认知。因此中国以东北亚为实现崛起的基本平台，将塑造良好的外部环境视为对外战略的重要目标。由对战略重心认识所带来的战略实力集中使用是中国对美国在东北亚地区霸权秩序建构产生冲击的重要因素。

因此，中国崛起成为影响美国东北亚霸权建构的不确定因素。奥巴马政府认为中国国内的“民族主义、经济需求、国内政治压力、人口重负、环境问题、台湾问题、地区热点问题”是可能造成中国“偏离”和平崛起轨道的力量。[①] 同时美国认为，战略实力的增长与集中使用赋予了中国“冲击”美国在东北亚安全框架的能力，构成了中国崛起对美国霸权秩序构建的冲击作用。中美战略竞争关系实质上是霸权国与崛起国矛盾的体现，已经上升为东北亚地区的主要矛盾，如何有效应对中国崛起及其所带来的影响是新时期美国东北亚安全战略所要解决的核心问题。

---

① Office of the Secretary of Defense：Annual Report to Congress：Military and Security Developments Involving the People’s Republic of China 2010，［R］，p. 15.

二、俄罗斯复兴对美国东北亚霸权的牵制

俄罗斯联邦是东北亚地区安全框架构建的重要参与者。1998 年普京执政以来俄罗斯逐渐摆脱苏联解体的阴霾，积极捍卫自身的世界大国地位。1997 年到 2007 年间俄罗斯国内生产总值增加两倍以上，[①] 即使在 2008 年全球金融危机爆发后的三年中俄罗斯经济仍然保持近 2% 的增长。[②] 同时俄罗斯经营着庞大而又完整的军事工业体系，具有强大的战略威慑能力以及与美国在国际军品市场分庭抗礼的竞争力。在政治领域，俄罗斯借助安理会、八国集团等平台坚守大国的地位，在巩固与欧洲各国合作的同时采取多种措施反击西方对黑海沿岸的渗透，着力经营欧亚经济共同体、上海合作组织稳定中亚传统势力范围，并维持与伊朗、叙利亚的合作关系。这些战略举措缓解了俄罗斯西线、南线的压力，为普京政府加大对东北亚地区的经营力度提供了必要的外部条件。

俄罗斯国家实力的增长为普京—梅德韦杰夫组合深化与东北亚各国关系提供了物质基础。进入 21 世纪以来，俄罗斯全面深化与中国的战略协作伙伴关系；与朝鲜发展面向新世纪的外交关系；巩固与蒙古的传统联系并将其升级为战略伙

① 参见世界银行统计数据，1997 年俄罗斯国内生产总值为 0.40 万亿美元，2008 年为 1.299 万亿美元，截至 2011 年，俄罗斯国内生产总值已达 1.85 万亿美元。http：//data. worldbank. org/indicator/NY. GDP. MKTP. CD.

② 同期德国、美国、法国经济增长率均低于 1%，英国、日本、意大利处于经济负增长状态。Wayne M. Morrison：China's Economic Conditions，Congressional Research Service，June 26，2012，p. 5，http：//fpc. state. gov/documents/organization/194783. pdf.

伴关系；大力推进与韩国的合作关系，两国从建设性互补伙伴关系提升到了相互信赖的全面伙伴关系；在强化对南千岛群岛实际控制的同时，不失时机地开展与日本在渔业等具体问题上的合作。战略关系框架的建构初步扭转了俄罗斯在该地区影响力下滑的趋势，并使俄凭借能源优势将影响力扩展到经济领域。双边战略关系的建构辅之以六方会谈等多边安全机制参与，有力地支持了俄罗斯的区域影响力。这些举动的背后映射出东北亚地区在俄罗斯外交政策格局中日渐重要的地位。

为了实现国家的完全复兴，俄罗斯联邦意借全球经济重心东移，深化发展与东北亚地区的经济联系。俄罗斯 2011 年自中、日、韩进口总量已超过俄进口总量的 25%。[①] 正如俄罗斯外交政策构想强调的那样，“亚太地区拥有日趋重要的意义，俄罗斯属于这一充满活力的地区，俄罗斯的国家利益在于借助这一地区潜力实现西伯利亚与远东地区的经济发展。”[②] 俄罗斯远东地区与中国、蒙古、朝鲜山水相接，与韩国、日本隔海相望，地缘的邻近使东北亚地区成为俄罗斯东向发展的关键地区，促使普京—梅德韦杰夫组合加大对该地区的经营力度，护持俄罗斯在该地区的国家利益，这些因素导致俄罗斯复兴对美国在该地区的霸权秩序建构的牵制作用

① 2011 年俄罗斯自中、日、韩进口量分别占其全年进口总量的 16.3%、5.3%、4.1%。参见中华人民共和国商务部综合司、商务部国际贸易经济合作研究院：《国别贸易报告·2011 年俄罗斯货物贸易及中俄双边贸易概况》，表 3：“俄罗斯自主要贸易伙伴进口”，http://countryreport.mofcom.gov.cn/record/view1 10209.asp? news_ id = 28457。

② Ministry of foreign affairs of Russian federation: The foreign policy concept of Russian federation, 12 July 2008, http://www.mid.ru/ns-osndoc.nsf/0e9272befa34209743256c630042d1aa/cef95560654d4ca5c32574960036cddb? OpenDocument.

进一步加大。

作为世界大国，俄罗斯雄踞亚欧大陆腹地，对各地区事务具有广泛的影响力。长期以来，俄罗斯备受美国乃至整个西方世界的遏制、挤压、渗透。冷战结束后“促进俄罗斯的民主改革与经济复兴、避免俄罗斯重新成为欧亚帝国成为美国对俄的长期任务”，[①] 而俄罗斯领导人将寻找符合自身发展道路，强化俄罗斯国家地位，建立多极化世界视为实现俄罗斯复兴的关键。美俄战略矛盾导致两国关系波折不断，两国在其他地区的竞争对美俄在东北亚地区的博弈带来复杂且深远的影响。

第一，俄罗斯积极发展与中国的战略合作关系，提高了美国应对中国崛起的难度。中俄在东北亚地区互为倚重，有利于护持彼此在大陆纵深的战略利益，集中战略资源应对美国的压力。21 世纪以来中国正加速由陆权国向海陆复合型国家转变，需要同时控制海陆交通枢纽、资源要地，并发展陆海力量。中俄战略合作便于中国实践大战略的重点原则，为中国海上力量发展投放更多战略资源。中俄在东北亚地区的合作巩固了双边互信关系，抑制了海上力量利用陆地国家矛盾扰乱海陆复合型国家战略重心的意图，使美国无法在亚洲大陆纵深扮演“离岸平衡手”角色。

第二，俄罗斯支持朝鲜半岛保持和平、稳定，限制了美国动摇朝鲜政权的行动空间。俄罗斯的半岛战略由参与朝鲜半岛无核化进程、阻止半岛冲突发生、避免失去半岛事务影响力三部分组成。一方面，朝鲜在地缘上是俄陆地边界的

---

① 【美】兹比格纽·布热津斯基：《大棋局：美国的首要地位及其地缘战略》，上海世纪出版集团 2007 年版，第 70 页。

“屏障”，俄朝新型关系的巩固有利于朝鲜阻遏美日对半岛的渗透。另一方面，俄罗斯、朝鲜经贸合作的推进有助于朝鲜实现权力平稳过渡，削弱了美国封锁朝鲜所产生的作用。对于始终敌视朝鲜的美国而言，“俄罗斯在朝鲜问题中很有可能扮演负面角色，美国必须阻止这种结果的出现”。[①]

第三，俄罗斯强化海上战略威慑，限制了日本支持美国区域霸权构建的力度。普京执政后，在与日本的岛屿纠纷中秉持强硬立场，增强俄罗斯在太平洋地区的海上力量。俄罗斯先后将自法国采购的“西北风”级两栖攻击舰、“北风之神”导弹核潜艇集中于太平洋舰队。俄空军对日本列岛全境进行战略巡航，强化了俄罗斯在日本海的战略威慑力量，迫使日本将近三分之一的陆上自卫队的军事设施部署于北海道与东北地区。[②] 进入新世纪后，俄罗斯领导人多次视察南千岛群岛，回击日本对该地区的领土要求，强化对库纳施尔岛、伊图鲁普岛、赫巴马伊群岛、施科坦岛的实际控制。据日方统计，2011 年俄罗斯海上力量进入“日本周边海域”的次数占所谓“外国侵入日本海域次数”的 58%。[③] 俄罗斯的这些措施分散了日本注意力，严重干扰了美日调整东北亚地区军

① Stephen J. Blank Editor：Russia's Prospects In Asia，Strategic Studies Institute，December 2010，p. 50.

② 参见日本防卫省 2012 年 7 月发布的《防卫白皮书 2012》文摘部分，Japan Ministry of Defense：Defense of Japan 2012，Digest，Column，Importance of Initial Reponse in Saving Human Lives，http：//www. mod. go. jp/e/ publ/w_ paper/ pdf/2012/02_ Digest. pdf。

③ 参见日本防卫省 2012 年 7 月发布的《防卫白皮书 2012》文摘部分，Japan Ministry of Defense：Defense of Japan 2012，Digest，Part Ⅲ，Measures for Defense of Japan，http：//www. mod. go. jp/e/publ/w_ paper/ pdf/2012/02_ Digest. pdf。

事部署的进程。

在美国集中战略实力应对中国崛起的冲击作用背景下，俄罗斯加强介入东北亚地区事务的力度牵制了美国的战略调整。美俄在全球层面的战略分歧导致美国始终将俄罗斯视为在东北亚地区防范的对象，认定“俄罗斯新战略根植于苏联思维……俄罗斯对美国的敌意不仅会体现在乌克兰、伊拉克问题中，也会体现在其亚洲战略之内”。[①] 中俄深化战略协作关系，驱动对美国东北亚霸权构建的冲击与牵制作用合流，因此，化解俄罗斯复兴对美国东北亚霸权秩序建构的牵制作用是奥巴马政府在该地区安全战略的重要课题。

小结

在全球权力重心东移的驱动下，奥巴马政府调整美国全球战略重心认知与霸权护持的手段，侧重于通过多边协作维持既有国际秩序，将亚太地区视为美国战略资源的主要投放地区，而东北亚地区则是美国全球战略的重中之重。美国在东北亚的霸权建构行动一方面受到中国崛起、俄罗斯复兴两大全球力量变动的影响，护持霸权难度有所增加；另一方面，日本“政治大国化”、韩国全方位外交也对美国霸权建构起到了一定程度的依托作用。东北亚地区固有的地缘政治矛盾，极大地消化了东北亚各国增长的实力，令东北亚各国协作挑战美国全球霸权成为空中楼阁。尽管美国在东北亚的霸权建

① Stephen J. Blank Editor, Russia's Prospects In Asia, Strategic Studies Institute, December 2010, p. 90.

构受到前所未有的挑战，却仍然具有一定的战略优势。这些优势为美国制定战略目标、调动战略资源、充实战略内容提供了有利的外部条件。

第二章　奥巴马政府东北亚安全战略的目标与实力分析

奥巴马政府东北亚安全战略的目标有较强针对性：其军事目标侧重于控管中国、朝鲜在特定领域内的“军事威胁”，辅之以解决军事联盟内部出现的问题；经济目标着眼于构筑跨太平洋经济整合框架，捍卫美国对东北亚各国的制造业竞争优势；政治目标则重在巩固联盟体系，协调新旧两大伙伴系统。总体而言，这些目标更加贴近东北亚地区实际情况，较为准确地指出了美国面临的安全问题，目标可实现性较强。奥巴马政府实践区域战略所拥有的战略实力相对充裕，除军费紧张将会长期困扰美国外，其区域军事资源未受经济危机影响。虽然美国政府短期财政赤字状况难以缓解，但其经济规模优势尚在，可供挖掘的潜在资源丰富。而美国在政治领域的战略实力基本未受经济危机波及。因此，奥巴马政府实现战略目标的资源瓶颈尚未出现。

第一节　战略目标

战略目标是指一段时间内国家为维护自身安全而要达到

的全局性结果。它是大战略的重要构成要素，与战略目的和战略任务一同牵引大战略的制定、实施、调整，扮演着承接战略目的、规制战略任务的核心角色。战略目的是一定时期国家在国际社会中运用实力所要达到的最终结果，即实现国家安全。所以，在解析奥巴马政府的东北亚安全战略目标前，有必要对新时期美国的全球战略目的进行概括，从而为规制其区域战略的目标提供宏观框架。

战略目的是战略主体最为宏观、最根本性的利益诉求。它是国家在国际体系中地位及自身性质的直接体现，是战略主体制定战略目标的出发点。维护国家利益安全是战略目的的一般原则，是所有战略主体制定战略的基本思路。美国是当今国际体系的核心国家，也是该体系中获益最大的国家，因此，奥巴马政府将美国的国家利益确定为“通过建立强而有力协同应对全球挑战，维持由美国领导的推进和平、提供安全与机遇的国际秩序”。[①] 由此可见，新时期美国的全球战略目的在于延续本国霸权下的既有国际秩序。

在这一目的指导下，美国的战略目标从军事、经济、政治三个领域展开，实现其国家利益的有效护持。新时期美国全球军事利益为“保护美国及其公民、盟友、伙伴的安全”；经济利益为“在开放并提供机遇与繁荣的国际经济体系下建设强大的、富有创新力并持续增长的美国经济”；而政治利益则是“在国内乃至全球范围内尊重普世价值”。[②] 国家利益是战略主体制定战略目标的依据，更是其判断、指导战略行

---

① White House: National Security Strategy, May 2010, p. 7, http://www. whitehouse. gov/sites/default/files/rss viewer/national security strategy.

② Ibid.

为的指南。三大领域的国家利益脉络构成了引导奥巴马政府战略目标的主线。

国家安全实质上就是国家利益的安全。战略主体对国家利益的护持也是其控管威胁、解决安全问题的过程。如果将国家利益看成是指导战略主体制定战略目标的常量因素，那么威胁、安全问题就是影响战略主体制定战略目标的变量。战略研究层次越向微观方向发展，威胁、安全问题的指向性就越加明确，对战略目标影响作用越为明显。具体到东北亚这一微观区域层次，美国所面临的安全问题与国家利益在制定战略目标时几乎发挥着同样的引导作用。约翰·伊肯伯里曾认为后“9·11”时代美国在东亚地区的霸权秩序挑战包括：（1）如何应对日本持续衰落；（2）如何重新定义同盟中保护者与被保护者角色；（3）如何在不转向以遏制中国为目的的“多边安全共同体”前提下，塑造美国与安全伙伴之间更大范围的协作；（4）如何调整美国在东亚地区的军事部署；（5）如何解决美国自身权力建设出现的问题。[①] 这些挑战认知不仅大体勾勒出美国需要应对的区域安全问题，同时也提供了一个以相对安全观念控管区域威胁的摹本。相对安全观念正是奥巴马政府修正前任政府安全认知的重要指导思想，对限定美国战略目标边界有着重要的启示意义。

因此，国家利益、威胁与安全问题、安全观念认知构成了确定战略目标的基本要素。本节将以新时期美国全球战略目的为指导，以美国在军事、经济、政治领域的国家利益为

---

① Edited by G. John Ikenberry and Chung-in Moon: The United States and Northeast Asia Debates, issues, and New Order, Roman and Littlefield Publishers, 2008, p. 15. 该段文字中“东亚”等同于“东北亚”。

研究出发点，以美国对东北亚地区存在的威胁、安全问题认知为线索，以相对安全观念为限定，利用多维视角力争客观、准确地还原美国政府区域战略目标。

此外，奥巴马政府“亚太再平衡”战略也为理解其东北亚安全战略的目标提供了现实背景。与“重返亚洲”“转向亚太”相比，奥巴马政府内部对“再平衡”战略接受程度较高。“‘再平衡战略’的目标是以一种积极方式将美国插入并由此主导亚太地区的‘游戏’，让美国在亚洲发挥不可或缺的领导作用。”[①] 其内涵包括以下四个方面：

（1）在地区层面“平衡”中国日渐增长的国家实力；

（2）在国际进程层面“平衡”中国对美国盟国的影响力；

（3）在本国战略规划层面“平衡”目标与实力；

（4）在本国战略内容层面“平衡”军事、经济、政治领域内容。

由此可见，奥巴马政府“再平衡”战略具有两重意义。对外其“平衡”侧重于维持美国占据区域优势现状，是奥巴马政府沿袭美国霸权传统的体现。对内着眼基于美国国家实力现状制定的相应目标，多领域全面介入其他地区事务，是美国此届政府修正小布什政府对外战略的反应。宏观框架的建构对厘清奥巴马政府东北亚安全战略目标有着重要的指导意义。

① 陈雅莉：《美国的“再平衡”战略》，载于《世界经济与政治》2012年第11期，第65页。

一、奥巴马政府东北亚安全战略的军事目标

在奥巴马政府的国家安全战略指导下，2011 年美国国防部发布了题为《美国国家军事战略：重新定义美国军事领导力》的战略报告。新的美国军事战略强调单纯军事力量不足以应对复杂的安全挑战，必须突出“榜样性的劝说力量”服务美国国家利益。新的军事战略指出美国军事目标在于“反击暴力极端主义；阻止并击败侵略行为；强化国际与地区安全；塑造面向未来的武装力量”。[①] 由于国家行为体的博弈主导了东北亚地区的军事安全议题，暴力极端主义并不是美国在该地区的主要威胁。所以，美国在东北亚的军事战略主要围绕着后三项目标展开。

东北亚地区是冷战格局的“活化石”，中、朝、俄依然是美军主要的假想敌。三国在地缘上分别从南、中、北三个方向“阻碍”美国及其盟国向海陆结合部的渗透。同时，三国军事实力的变动也是影响美国区域军事优势的外部变量。国家实力相对衰落的现实使奥巴马及其阁员认识到，现阶段美国不具备全面压制东北亚“北三角”的军事实力。在更趋现实的国家实力认知以及相对安全观、战略重心原则的共同指导下，新时期美国东北亚军事战略布局朝着“重南轻北”方向发展，战略重心在于集中资源护持美国的海上优势，有针对性地反制中国、朝鲜对美国的“军事威胁”。

作为进入 21 世纪后发展最为迅速的国家，中国不仅经济

① United States Department of Defense: The National Military Strategy of the United States of America, “2011 Redefining America's Military Leadership”, p. 4. http: //www. jcs. mil//content/files/2011-02/020811084800_ 2011_ NMS_ -_ 08_ FEB_ 2011. pdf.

实力迅速增长，军事现代化进程也在加速。“如何应对中国军事现代化”早已成为美国全球防务计划的重要课题。其中，美国对中国海军的发展格外关注。奥巴马执政的第一个任期内，仅美国国会研究部门就发布了10份有关中国海军现代化的报告。[①] 美国军事规划部门更是认定中国发展海军“最终目的是要拒绝美国军队进入中国海之外的水域，以及不让美军获得在该海域自由航行的能力。但这种进入和行动自由对美国及其盟友的安全来说是至关重要的”。[②]显然，中国发展海上力量已触动了美国的敏感神经，成为美国区域军事安全最重要的潜在威胁。

由此，控管中国海军力量增强对美国海上优势的影响构成了奥巴马政府区域军事战略的头号课题。尽管中美爆发直接海上冲突的几率很小，但美国还是从战略的高度，将“中美在太平洋的军事平衡视为左右其他国家政策走向的重要因素”,[③] 以压制中国“反介入战术”为切入点，强化美国在太平洋西岸的军事力量。维持对中国的海上优势跃升为奥巴马政府区域军事战略的主要目标。实现这一目标的具体战略任

① 10份报告名称为China Naval Modernization：Implications for U. S. Navy Capabilities - Background and Issues for Congress，发布时间分别为2009年5月29日、7月17日、12月23日，2010年4月9日、6月10日、8月26日、10月1日、12月23日，2011年2月3日，2012年3月23日。

② 王缉思、李侃如：《中美战略互疑：解析与应对》，北京大学国际战略研究中心，第11页，http：//www. brookings. edu/ ~ /media/research/files/papers/2012/3/30% 20us% 20china% 20lieberthal/0330 _ china _ lieberthal _ chinese. pdf。

③ Ronald O'Rourke：China Naval Modernization：Implications for U. S. Navy Capabilities-Background and Issues for Congress，Congressional Research Service，March 23，2012，p. 2，http：//fpc. state. gov/documents/organization/187397. pdf.

务包括：发展“空海一体战”概念，维持美国海空军、海军陆战队在东北亚地区的前沿部署，巩固美国在两国海军实力对比中的优势，深化与日韩海空军合作四部分。

美国认为，中国海军实力的增强压缩了美国向大陆沿岸地区渗透的空间，为朝鲜提供了有利的外部条件。朝鲜将核武器视为保障政权平稳过渡的利器，以深化核技术的研究、开发运载工具作为与各国周旋的“筹码”，不断扩大对美国及其盟国的威慑范围。从 2012 年朝鲜“光明星”火箭成功进入轨道并坠落大海来看，朝鲜已经初步具备了对西半球发动导弹攻击的能力。由此，朝鲜发展核威慑能力成为美国区域军事安全的直接威胁。

由于短期无法促使朝鲜放弃核武器，奥巴马政府将朝鲜核武器战斗部的小型化，及其与弹道导弹对接视为主要关注点。[①] 美国一方面不放弃以多边对话机制推动朝鲜放弃核武器的最终目标；另一方面深化美韩同盟合作，以海空常规力量威慑回击朝鲜的核威慑，维持半岛“平衡”。尽管美国认为一定时期内朝鲜弹道导弹尚不至于对美国造成大的威胁[②]，但奥巴马政府依然把压制朝鲜核威慑能力作为美国区域军事战略的重要目标。该目标指导下的战略任务包括：切断朝鲜获得运载武器的外部途径；提高韩国导弹的射程；扩大海军、空军在驻韩美军中的比例；扩大美韩演习范围，压缩朝鲜战

① Emma Chanlett-Avery：North Korea：U. S. Relations，Nuclear Diplomacy，and Internal Situation，Congressional Research Service，January 17，2012，p. 17，http：//fpc. state. gov/documents/organization/183733. pdf.

② United States Department of Defense：Gate：North Korea Becoming Direct Threat to U. S.，U. S. Forces Press Service，Beijing，Jan. 11，2011，http：//www. defense. gov/news/newsarticle. aspx？id = 62400.

略纵深。

美国战略注意力向中国、朝鲜方向转移，掩护了俄罗斯增强远东地区军事实力的战略行为。为此，俄罗斯抓住这一有利契机，避免与美国发生正面军事对峙，稳固在南千岛群岛争端的优势地位，加大对太平洋舰队的经营力度。但就整体而言，其对美国东北亚军事战略的直接威胁作用有限。首先，俄太平洋舰队总体实力与苏联时期相差甚远。“明斯克”号航母退役后，俄太平洋舰队始终缺乏必要的远洋航空保护，限制了其向太平洋纵深渗透的能力。其次，太平洋只是俄罗斯向海洋进军的一个方向。俄海军在地缘上被分割于相隔甚远的陆间海内，力量分散导致俄罗斯海军只能采取防御姿态，无法如美国海军一般驰骋大洋。最后，俄罗斯海军与美国发生直接军事对峙的可能性不大。从美日同盟安全分工的角度审视，驻日美军主要承担日本西南方向防御责任，除三泽空军基地外，美军在日本北海道、东北地区并无驻军，从而为避免美俄直接军事对峙创造了有利条件。①

因此，俄罗斯强化东北亚海域军事力量只是美国区域军事安全的间接威胁，其主要通过对日本军事力量的牵制，干扰奥巴马政府的军事战略调整。在东北亚地区同时压制中国、俄罗斯显然有悖于这一战略路线，所以，现阶段美国在东北亚北线的战略目标在于淡化俄罗斯强化远东海上力量的影响。具体战略任务包括：邀请俄罗斯参加美国主导的军事演习；不以俄罗斯为军事演习威慑对象；拒绝卷入日俄岛屿纠纷。

---

① Emma Chanlett-Avery Coordinator，William H. Cooper，Mark E. Manyin：Japan-U. S. Relations：Issues for Congress，Congressional Research Service，May 4，2012，p. 18，http：//fpc. state. gov/documents/organization/190038. pdf.

在应对外部军事威胁的同时，美国军事同盟内部也出现了一些亟待奥巴马政府解决的安全问题。美国在东北亚区域的军事部署调整规模较大，难以一蹴而就。为应对中、俄海上力量的崛起，美国需要调整东北亚地区的兵种配比，减少驻扎在日、韩的地面战斗人员，增加关岛、夏威夷兵力，利用太平洋岛屿扩大战略纵深。而美国在东北亚驻军沿袭冷战时期的军事部署，仅驻扎于日本、韩国的美军就有近6.5万人①，此外还有数万服务于美国国防部的雇员、日韩后勤保障人员及其美军眷属，美军兵力部署调整牵扯规模之大可窥一斑。能否如期完成部署调整，并动态地应对外来威胁是奥巴马政府区域军事安全的重要内部课题。

美军在东北亚地区的部署调整是美国为应对威胁变化而对旧有战略布局的修正。中国与俄罗斯军事实力增长速度超出美国战略规划者的预期，削减后的美国驻军不足以牵制两国向海洋进军的步伐。利用海空军强大的进攻能力反制区域国家海上力量成为奥巴马政府维持美国军事优势的必由之路。因此，增加海军、空军在东北亚驻军的比重，如期完成既有兵力调整计划是奥巴马政府区域军事战略的首要内部目标。围绕该目标展开的战略任务包括：驻韩美军陆军、空军向韩国南部集中；将部分海军陆战队调离冲绳；增强驻冲绳美军的攻击能力。

此外，美国区域军事战略部署调整耗资不菲。奥巴马政府需要与日本、韩国进一步协调，分担防卫责任，分配美军

① 现有驻韩美军人数约为2.85万人，驻日美军人数约为3.6万人。参见本书第一章以及Mark E. Manyin Coordinator，Emma Chanlett-Avery，Mary Beth Nikitin：U.S.-South Korea Relations，Congressional Research Service，November28，2011，p.19，http：//fpc.state.gov/documents/organization/179542.pdf。

转移成本。根据美日2006年达成的协议，仅8000余名美国海军陆战队队员由冲绳转移关岛一项，日本就要支付60多亿美元。[①]金融危机重创美日经济，动摇了美日支持军事同盟的战略资源，两国就同盟经费的分配争议迭起。日本政府债务已达国内生产总值的两倍，财政状况捉襟见肘，难以同时支付“驻在国援助”与美军转移花费。因此，美国军事联盟内部的另一个难题在于防止金融危机阻碍美国军事部署调整进程。

“如果驻日美军调整的财政基础不断受到金融危机的侵蚀，日美同盟传统成本分担结构会受到影响……那么面向21世纪的日美同盟计划也会受到冲击。”[②] 有鉴于此，保障美国东北亚军事战略所需的战略资源是奥巴马政府区域军事战略的次要内部目标。在此目标指导下的战略任务主要有：保障东北亚地区战略调整优先获得战略资源；对日本施加压力保证日方资金到位；以美方的局部让步，换取日本政府调动社会资源扩大资金来源；提高韩国支持美军调整的资金比率。

综上所述，奥巴马政府的东北亚军事战略更多从应对外部威胁方面着眼制定战略目标。与前任政府把遏制朝鲜核武器发展、防范中国军事现代化影响作为美国的军事目标相比，奥巴马政府的军事目标指向性更为明确、侧重点更为清晰，有助于美国集中有限战略资源有针对性地压制区域国家对美

---

① Emma Chanlett-Avery：The U. S. -Japan Alliance，Congressional Research Service，January 18，2011，p. 8，http：//fpc. state. gov/documents/organization/155561. pdf.

② 张景全：《金融危机对日美同盟的影响》，“野田政权内政外交课题与前景展望”学术研讨会论文集，吉林大学东北亚研究院、吉林大学日本研究所，第64页。

国造成的“威胁”。此外，奥巴马政府还从修正小布什时期对外战略的角度出发，留意解决军事联盟内部出现的问题，酌情修正既有军事计划、保障战略资源供给。因此，奥巴马政府东北亚军事安全战略的内、外目标联系性较强，战略目标与战略资源的关系更为协调，所制定的目标更为贴近该地区实际情况。这些目标集中体现了奥巴马政府维系既有国际格局的意图，显示出外部压力对美国区域军事优势构成的挑战日趋严重。

冷战后美国军事实力的一枝独秀是其抓住20世纪90年代信息革命机遇，总体实力超越苏联、日本的产物。“军事和经济技术由较先进的社会向欠发达社会扩散，是国际权力再分配的另一个关键因素”，[①] 全球化进程推动着国际技术转移，美国的技术优势相对萎缩，先发优势受到侵蚀，维持地区霸权的成本上升。这一进程无疑也会波及美国区域经济优势，从而成为影响奥巴马政府东北亚安全战略经济目标的重要变量。

二、奥巴马政府东北亚安全战略的经济目标

从美国的国家安全战略文本审视，“开放”、“机遇与繁荣”、“创新力”、“持续增长”构成了指导奥巴马政府经济战略目标的关键词。在欧洲债务危机久拖未决、全球经济走势尚不明朗的背景下，东北亚地区的繁荣对美国经济复苏的推动作用至关重要。如何借力东北亚区域的经济腾飞，驱动美国摆脱萧条成为奥巴马政府区域经济战略的核心命题。

---

① 【美】罗伯特·吉尔平：《世界政治中的战争与变革》，上海人民出版社2007年版，第180页。

美国借力东北亚经济腾飞的前提在于保障跨太平洋经济联系的通畅。因此，阻遏东北亚驱动的区域密集型整合，是美国地区经济战略的结构性出发点。后危机时代，东北亚各国率先走出萧条的阴霾，恢复了经济增长，为区域经济深入整合提供了强大动力。由于域内各国经济联系较早地突破了冷战格局束缚，中、日、韩基层经济联系热络，三国政府已于2012年完成了对中日韩自由贸易区的可行性研究。东北亚地区经济框架的建构对美国国家利益有着重要影响，2011年仅美国对中日韩出口就已占到其出口总量的18.7%，自三国的进口总量更是超过美国自加拿大、墨西哥进口之和，达到全年进口总量的28.4%。[①] 美国对东北亚地区的经济依赖已经显示出超过北美自由贸易区的端倪。

推进中的东北亚经济整合不可避免地撼动美国与区域内各国的经济联系。美国与日本、韩国的经济纽带建立于20世纪中叶，70年代末中美贸易也进入快速发展时代。东北亚主要国家、地区先后确立了出口导向的经济发展模式，而美国市场则扮演着各国、地区消费终端的重要角色。进入21世纪

① 参见中华人民共和国商务部综合司、商务部国际贸易经济合作研究院：《国别贸易报告·2011年美国货物贸易及中美贸易概况》。2011年美国对中国大陆出口额为1038.79亿美元，占其全年出口总量比率为7%；对日本出口额为661.68亿美元，占比4.5%；对韩国出口额为435.05亿美元，占比2.9%；对中国香港出口额为365.13亿美元，占比2.5%；对中国台湾出口额为258.98亿美元，占比1.8%。同年美国自中国大陆进口3993.35亿美元，占全年进口总量18.1%；自日本进口1288.11亿美元，占比5.8%；自韩国进口566.36亿美元，占比2.6%；自中国台湾进口413.28亿美元，占比1.9%。http://countryreport.mofcom.gov.cn/record/view110209.asp?news_id=27972 与 http://countryreport.mofcom.gov.cn/record/view110209.asp?news_id=27973。

后，“东北亚地区经济相互依赖网络茁壮成长，这一体系持续运行是中国大陆、日本、韩国、台湾地区的重要利益。”[①]中国已经成为东北亚各国的最大贸易伙伴，中日韩缔结自由贸易协定会进一步推动三国商品生产、流通、消费实现区域内循环，削弱各国对美国市场的依赖。东北亚经济区域内循环对美国主导的跨太平洋资源配置模式不啻于釜底抽薪。

更为重要的是中日韩经济依赖已经成为整个东亚区域战略合作的动力之源。低级政治合作效应的扩散为中日韩高级政治协作提供了良好氛围，对既有的全球地缘经济、政治格局产生极大的冲击作用。从欧盟发展经历审视，自由贸易区只是各国经济合作的中层阶段。伴随着当事国的经济融合，条件成熟即可由各方组成共同市场，实现劳动、资本的自由流动，制定统一的关税屏障。嗣后各方可向制定共同的财政、货币政策方向发展，构建区域经济共同体，最终缔结全方位合作的同盟关系。中日韩驱动东亚经济的进一步整合，将使太平洋两岸经济实力更趋平衡，不利于美国维持经济优势。[②]

区域经济合作深化要求东北亚国家在东亚整合进程中扮演更为重要的角色。在连接东北亚带动整个东亚区域整合方

---

① Dick K. Nanto and Emma Chanlett-Avery：The Rise of China and It effect on Taiwan，Japan，and South Korea：U. S. Policy Choices，Congressional Research Service，January 13，2006，p. 7，http：//www. fas. org/sgp/crs/row/RL32882. pdf.

② “对美欧关系而言，欧盟的形成意味着跨大西洋经济实力对比趋于平衡……东亚自由贸易框架覆盖16个国家，涵盖世界一半的人口，经济总量超过16. 4万亿美元，且经济增长率远高于美国、欧洲。”参见Dick K. Nanto：East Asia Regional Architecture：New Economic and Security Arrangements and U. S. Policy，Congressional Research Service，April 15，2010，p. 39. http：//fpc. state. gov/documents/organization/142760. pdf。

面，中日韩自由贸易区与鸠山首相倡导的“东亚共同体”可谓殊途同归。世界第二、第三大经济体的融合，会从根本上改变世界地缘经济格局。“如果中日试图缔结双边或地区性的贸易协定，将美国的出口与投资排除出该地区，中日经济联系加强无疑会危害美国的利益。”① 东亚地区成为新的地缘经济整体将是美国全球霸权的不可承受之重，东北亚区域密集型整合的推进对美国东北亚经济安全战略构成了潜在威胁。

奥巴马政府清醒地认识到正面阻挡东北亚区域经济合作无异于抱薪救火，也有悖于国与国相互依赖程度加深的发展趋势。塑造“开放”特征的区域离散型经济整合，维系跨太平洋资源配置结构，通过与区域密集型整合竞争，巩固美国与东北亚各国的经贸联系成为其护持国家利益的必由之路。因此，希拉里国务卿强调“正如我们在二战后建构全面的、可持续的跨大西洋机制与关系网络那样……现在到了美国以太平洋大国身份进行同样投资的时刻”。② 正是在这种压力下，美国当局重启了亚太经济整合框架的建设进程。

“开放”是美国外交政策的渊薮与基础。奥巴马政府承袭了这一外交传统，强调自由市场是创造财富、机遇的最大

---

① Emma Chantlett-Avery Coordinator Kerry Dumhaugh and William H. Cooper：Sino-Japanese Relations：Issues for U. S. Policy，Congressional Research Service，December 19，2008，p. 21，http：//fpc. state. gov/documents/organization/ 115933. pdf.

② The U. S. Department of States：Remarks of Secretary Clinton：America's Pacific Century，Foreign Policy Magazine，October11，2011，http：//www. state. gov/secretary/rm/2011/10/175215. htm.

力量[①]。构建"开放的"跨太平洋区域经济整合框架成为奥巴马东北亚安全战略的结构目标。围绕该目标展开的战略任务包括：高调参加"跨太平洋伙伴关系协议"；拉拢日本加入"跨太平洋伙伴关系协议"；敦促台湾地区开启加入"跨太平洋伙伴关系协议"的进程；伺机推动跨太平洋伙伴关系向亚太自由贸易区发展；推动日本与加拿大、墨西哥签署自由贸易协定；缔结与韩国的自由贸易协定；保持亚太经合组织的宏观框架。

此外，捍卫美国技术优势，保证其世界最大经济体地位是奥巴马区域经济安全战略的国内目标出发点。伊拉克战争与阿富汗战争的无果而终证明美国地缘扩张已到极限，扩张所付出的成本已经大大超出其所获得的收益。扩张的极限意味着美国国民收入中用于防务、消费的花销大幅增加，挤压了资本再生产的空间。因此，奥巴马政府在收缩扩张范围的同时，着力于捍卫美国在信息革命中确立的技术优势，扩大国民收入中投入再生产的比例，实现富有创新力的美国经济的持续增长。

冷战以来美国凭借自身庞大的经济规模，在为日本、韩国提供安全保障的同时，也对其敞开市场，提供所谓"自由贸易"的红利。然而这种红利供给前提在于美国拥有充足的资金储备和旺盛的产品需求。而技术革新对美国财富的积累、经济的增长驱动作用可谓一壶千金，在信息技术革命的推动下，从 1991 年起美国经济持续高速运行 110 个月，使美国在

① The White House: Remarks by President to the Australian Parliament, November 17 2011, Office of the Press Secretary, http://www.whitehouse.gov/the-press-office/2011/11/17/remarks-president-obama-australian-parliament.

激烈的国际权力竞争中脱颖而出。20 世纪 80 年代末，日本的经济规模本已接近美国,[①] 20 年后却只及美国的三分之一。一日千里的经济增长使 21 世纪初的美国以不足 5% 的世界人口，掌握了全球 30% 的财富，维持美国的技术优势是其维持经济规模的不二法门。

然而，技术革命作为引领国际权力变动的重要因素，在全球化时代不可能长期为某一国家垄断。各项技术成熟之后势必向其他地区扩散，实现新技术大规模推广所必须的专业化分工以及利润的最大化。东北亚各国普遍拥有完整的工业体系，高素质的技术人员储备，既是美国新技术的潜在消费市场，也是首批承接技术革命扩散的地区。高新技术的外溢正在引发跨太平洋区域国家间技术差距的缩小，各国技术跃升令美国如芒在背。奥巴马执政期间，中国先后研制出世界上最快的火车、运转最快的计算机。技术转移迅速提升了东北亚制造业的生产水平，其“后发优势”令美国倍感焦虑。

更为重要的是随着东北亚各国制造业的跃升，美国产品竞争力出现了下滑的趋势。2011 年美国仅对中国、日本、韩国等东北亚国家和地区的逆差就有 3966. 6 亿美元，占到美国全年逆差的 53% 。受此影响美国国内制造业所占比例日渐萎缩，加重了美国对东北亚各国货物进口的依赖。长此以往，跨太平洋财富的单向流动将会从根本上动摇美国世界第一大经济体的地位，对美国经济安全构成严重威胁。

因此，奥巴马政府把捍卫美国对东北亚各国的制造业竞

① 参见世界银行各国生产总值数据，1991 年美国国内生产总值为 5. 93 万亿美元，日本国内生产总值为 3. 53 万亿美元。http：//data. worldbank. org/indicator/NY. GDP. MKTP. CD？ page = 4.

争优势作为其区域经济战略的国内目标。美国政府一方面将投放更多资源经营高新技术产业；另一方面秉承保护主义贸易主张，以践行“公平”的国际贸易规则为旗帜，打击东北亚各国的制造业。在该目标指导下的战略任务包括：择优发展引领未来科技发展的产业技术；防止核心技术外流；重振国内制造业；利用世贸规则减少自中国产品的进口；借助人民币国际化的趋势削减中国产品的竞争力。

奥巴马政府东北亚经济安全战略目标为构建跨太平洋区域经济整合框架，捍卫美国对东北亚各国的制造业竞争优势，这是新时代霸权护持的范例。两大目标集中体现了霸权稳定论中霸权国提供自由贸易市场、秩序等国际公共产品的观点，其目的是维护霸权优势。从既有的经济指标观察，美国经济复苏乏力、财政预算紧张，这些经济问题显然难以短期解决，成为困扰美国区域霸权稳定的“阿喀琉斯之踵”。经济实力对比变化是推动政治变动的基础因素，防止经济问题的影响扩散到政治领域、动摇美国在东北亚区域的政治安全对奥巴马政府具有重要的意义。

三、奥巴马政府东北亚安全战略的政治目标

“尊重普世价值”是奥巴马政府厘定的美国政治安全利益。结合东北亚地区的实际情况，仅仅从意识形态着眼分析奥巴马政府的区域政治战略目标无异于管中窥豹。必须放大格局，从美国全球战略目的出发，解析其区域政治目标。奥巴马政府区域政治目标集中于解决、控制联盟中存在的问题，不再针对意识形态威胁。巩固美国政治优势，成为奥巴马政府区域政治战略的首要出发点。同时，美国解决全球、地区层次的安全问题也需要维持与中国、俄罗斯的基本合作关系。

控管盟友与新兴伙伴之间的矛盾，协调新旧两大伙伴系统，成为奥巴马政府政治战略的另一课题。

“美国本土、地区、全球的安全基础在于维系美国与盟友之间的联系，以及美国对其毫不动摇的安全承诺。”[①] 结盟是美国介入欧亚大陆各地区事务，维持区域优势的基本途径。冷战后，政治威胁消失导致盟友配合美国区域战略的积极性下降，同盟凝聚力流失成为美国最大的政治安全问题。制衡威胁是国家参与联盟的根本出发点。冷战时期，美日、美韩同盟不仅是美国遏制苏联的军事联盟，更是“一种一致性的意识形态联盟，即拥有共同的政治、文化或其他特性的国家所建立的联盟”。[②] 因此，美日韩在“反对共产主义扩张”的旗帜下，展开了卓有成效的合作，保持了联盟的高度稳定。

冷战终结后，共产主义对日、韩的政治“威胁”消失，美国与日本、韩国的同盟关系向单纯的军事同盟方向转变。政治“威胁”消失的同时，日本、韩国由军事、政治、经济全面依赖美国，转变为“军事上依靠美国，经济上依赖中国”。经济融合部分修正了东北亚地区泾渭分明的政治对立，成为影响盟友配合美国战略行动的重要变量。其中，区域政治对峙结构消亡对日本、韩国民众的影响尤为突出。“由于遏制共产主义不再是压倒性的任务，以及本国遭到军事攻击的可能性消失，日本、韩国对美国军队的态度正在发生变化。

① White House: National Security Strategy, May 2010, p. 41, http://www.whitehouse.gov/sites/default/files/rss_ viewer/national security_ strategy.

② 【美】斯蒂芬·沃尔特：《联盟的起源》，北京大学出版社 2007 年版，第 31 页。

尽管两国公众依然支持美国的军事存在，但支持力度趋于弱化。"[①] 日本、韩国民众是美国军事存在负担的承担者，也是美军扰乱正常生活的受害者，联盟的不平等性不时刺痛其民族自尊心。两国民众普遍矛盾地看待美国与本国的联盟，在把与美国的同盟视为安全屏障的同时，又希望限制乃至缩小美军的活动范围。这种矛盾的心理限制了两国政府汲取社会资源支持同盟的能力。

同盟凝聚力下降还体现在美国协调盟友的难度提高上。岛屿争端问题、历史认识问题发酵，导致美国倡导的多边联盟合作遭遇瓶颈。冷战时期美国在亚洲通过多重双边军事同盟巩固自身优势，规避伙伴之间矛盾。这种关系的根基在于战后美国对盟友具有的压倒性权力优势，美国可以直接主导各国对外政策，调节乃至仲裁盟国间的纠纷。冷战结束后被两极对峙所掩盖的地区内矛盾凸显，奥巴马执政前后韩日关系更是波折不断，两国自由贸易协定、军事合作项目均处于冻结状态。日韩的合作停滞限制了美国推动三边合作的力度。

韩国积极的外交姿态在配合美国区域战略的同时，也提高了美国驾驭美韩同盟的难度。"全方位外交"为韩国开拓了前所未有的外部空间，韩国愈发从自身角度界定安全认知。由于"外交是一种艺术，他运用国家权力的不同要素以最大的作用影响那些在国际局势中最直接涉及国家利益的问题"。[②] 韩国虽然总体实力不及日本，却通过全方位外交激活

① Dick K. Nanto and Emma Chanlett-Avery: The Rise of China and It effect on Taiwan, Japan, and South Korea: U. S. Policy Choices, Congressional Research Service , January 13, 2006, p. 38, http: //www. fas. org/sgp/crs/row/RL32882. pdf.

② 【美】汉斯·摩根索:《国家间政治：权力斗争与和平》，北京大学出版社 2006 年版，第 178 页。

日渐增加的实力，最大限度地为本国国家利益服务。从美国的角度审视，美韩讨论进程的难点在于“韩国利益要求同盟必须是全方位的，韩方似乎将日本更多地视为如其他国家一样的威胁”。[①] 甚至已有韩方研究人员在美韩研讨会中，公开要求美方支持韩国对独岛（日称“竹岛”）的主权立场。岛屿争端分散了美国盟友的海上注意力。如何控管岛屿争端等韩日关系痼疾对美日韩合作的影响，成为新世纪以来美国政府的难题。

因此，巩固美国的同盟体系是奥巴马政府区域战略中最为重要的政治目标。美国各级官员在历次出访日韩的演讲中，均不厌其烦地强调美国的同盟体系是东北亚地区繁荣的基础，这正是奥巴马政府为联盟寻找合理的政治基础的表现。围绕这一目标实现展开的战略任务包括：推动美、日、韩外长会面制度化；提高联盟应对非传统安全的能力；促进美军与驻在地区民众交流；淡化日韩岛屿争端对三边合作的影响；协调美日韩战略资源投放方向。

此外，奥巴马政府的全球战略强调传统同盟关系以及与新兴大国的合作关系同为美国巩固国际秩序的利益所在。[②] 中国、俄罗斯两国实力的增加降低了美国及其盟国主导东北亚事务的能力。缺少中、俄参与，该地区任何安全问题都无从解决。经济衰退令美国提供区域安全公共产品的能力下降，日本的持续萧条也需要奥巴马政府寻找更多的力量来源支撑

① Brad Glosserman, Sun Namkung: U. S. -ROK Relations: Searching for a Vision, August 2006, Center for Strategic and International Study, http: // csis. org/files/media/csis/pubs/issuesinsights_ v06n13. pdf.

② White House: National Security Strategy, May 2010, p. 43, http: // www. whitehouse. gov/sites/default/files/rss viewer/national security strategy.

既有国际结构。构筑与新兴大国的战略合作关系，成为美国解决经济难题的必由之路。

然而，美国的二元伙伴系统之间存在着无法忽视的结构性矛盾。“美国与旧伙伴协防新兴大国的做法，会伤及美国与新伙伴之间的战略互信……最终影响美国相关战略目标的实现。反之，美国构建新的伙伴关系时，必然会做出体现重视的安排。这些安排容易伤及美国传统的自尊，影响美与旧伙伴关系的亲密程度。”① 中国、日本分别是美国两大战略伙伴系统的典型国家。奥巴马政府为了巩固区域优势必然趋向于提高日本在美国区域战略中的地位，迎合日本的“政治大国化”进程。而这又会透支中、美间本已脆弱的战略互信，导致美国很难在一系列问题中获得中方的合作，阻碍了两国推进全球经济复苏的进程。新旧两大伙伴系统的摩擦令美国疲于奔命，周旋于盟友、伙伴之间，所扮演的角色始终难以获得双方认可，损害了各方共同应对危机的信任基础。

协调两大伙伴系统，实现责任均摊与霸权护持是奥巴马政府东北亚安全战略的另一个政治目标。实现这一目标的关键在于美国对区域经济、安全两大议题及其议程的主导，在与新兴大国战略对话中倡导经济复苏的“绝对收益”核算；与传统盟友的合作中强调“霸权下的和平红利”，有针对性地激发各国对既有国际体系的支持力度。围绕这一目标实现的战略任务包括：扩大中美经济战略对话规模；以美日为基轴吸引更多新兴大国分担责任；保障亚太经合组织等区域开放平台的运转。

---

① 杨剑：《美国二元战略伙伴系统的构建与调试》，载于《现代国际关系》2011 年第 10 期，第 4 页。

奥巴马政府区域战略的政治目标集中于维护美国政治霸权基础。与其他两大领域相比，美国在政治领域的优势最为显著。中、俄战略实力虽然有所增加，但由经济实力向政治实力转化尚需时日，美国总体上仍能保持对两国的政治攻势。从力量属性分析，三大领域的力量相辅相成。经济实力变化是反映各国总体实力变化的基础因素；军事实力对比则是反映各国力量对比最为直观的指标；而政治实力作为上层建筑无疑是权力变动的末梢，其力量变动普遍滞后于前两者。美国在东北亚地区的政治优势能否维持不仅取决于其对政治优势的维护，更有赖于其他领域实力的恢复。因此，美国战略实力丰沛程度对其政治目标的实现有着举足轻重的作用。

第二节　战略实力

战略实力是大战略的重要组成要素。脱离了战略实力的支持，战略目标无异于空中楼阁。客观、全面认知国家实力是大战略成功的前提。在概念上，战略实力不同于国家实力，却又与之息息相关。“国家实力又称综合国力，是国家所拥有的各种物质力量和精神力量总和。战略实力则是一定时期内国家用于达成战略目标的各种力量总和。”[①] 概念揭示国家实力是战略实力的母体，战略实力则是国家实力在具体时空服务于明确主观意志的动态形式，也是战略主体实现战略目标的第一道瓶颈。

分析战略实力必须从国家实力这一宏观框架着手。必须

① 周丕启：《大战略分析》，上海人民出版社 2009 年版，第 76 页。

注意的是国家实力只是一种潜在实力。国家只能通过战略目标与战略动员机制的结合，才能实现战略实力向国家实力的无限接近。因此，国家实力并不直接制约大战略，而是假手战略资源这一衍生概念产生作用。战略资源是“指在特定的时间和领域内，能够进行动员以实现大战略目标的国家实力”。[①] 能够为战略主体所有效利用是战略资源的核心特征。本节将通过美国国家实力—战略实力—战略资源的层层剖析，承接军事、经济、政治目标，透视三大领域内奥巴马政府拥有的战略资源。

美国是当今世界唯一的超级大国，其经济总量雄踞世界榜首已百年有余。战后苏、日虽先后表现出赶上美国的势头，最终皆功败垂成，显示出美国的经济韧性。美国军事实力可谓独领风骚，20 世纪 80 年代以来正面战场未尝败绩。而美国政治实力雄厚，不仅其意识形态具有强大吸引力，且盟友遍及海内。2011 年全球经济总量前 20 位的大国中有 12 个国家与美国有明确联盟关系，多重政治联盟关系奠定了美国在各地区的优势基础。

一、奥巴马政府东北亚安全战略的军事资源

美国拥有当今世界最为强大的军事力量。苏联解体后，美国全球军事优势再未遇到其他国家的有力挑战。进入新世纪以来，美国先后取得了阿富汗、伊拉克正面战场的胜利，展示了高效的多兵种协同作战能力。而经济危机对美国军事实力的影响极其有限，其负面作用主要体现在美国军费开支的削减上，对美军的全球投放能力、软件优势、硬件优势的

① 周丕启：《大战略分析》，上海人民出版社 2009 年版，第 78 页。

影响微乎其微。总体而言，美国的全球军事优势未曾发生动摇。

美国是当今世界唯一具有全球军事投送能力的国家。其部队具有极高的战略机动性，可在短时间内集中形成对地区军事强国的压倒性优势。未来10余年内很难有国家能在军事投送能力方面与美国一较高下。在武器配备方面，美国军事装备多样，可针对不同作战对象配属装备，一方面“美国在常规武器、核武器和导弹防御能力等方面享有军事优势，这在威慑任何新兴核国家采取进攻性行动时非常关键”,[1] 庞大核武器贮备足以威慑其他国家；另一方面美国又装备大量常规武器可以轻易击垮地区军事强国，与冷战时期相比，美国获得了更多采取单方面军事行动的“自由”。军事投送能力与多样化的武器配备使美军可以随时对全球各区域采取行动，以武力捍卫美国的全球霸权秩序。

美国军事力量的软件优势尤为明显。武器是战争的重要因素，但不是决定因素，决定的因素是人不是物。20年来美军在战争实践中锻造出纯熟的多兵种协同作战能力，并检验了新式武器的战场适应性，积累了丰富的作战经验。这些无形财富正是长期处于和平状态的其他国家军队所欠缺的。同时，美国新军事战略重视美军的人员建设，并将其视为塑造未来军队的关键，强调实现军人与社会的成功对接，通过优

---

① 美国国家情报委员会编：《全球趋势2025：转型的世界》，时事出版社2009年版，第127页。

厚的福利待遇保障军人在美国社会的地位。[①] 因此，美国国防体制基本保持稳定，未受财政紧张的影响，美军的士气、兵员素质也未出现下滑的迹象。

美国军事力量的硬件优势不胜枚举。美国拥有全球一半以上的航母，且全部是排水量约10万吨、可搭载60余架战斗机的核动力航空母舰。每艘航母辅之以近10艘战斗舰艇组成航母编队，具备短时间夺取海陆浅纵深地区制海权、制空权的能力。冷战后期美国已经可以领先苏联五年研制出第四代战斗机。借助新技术革命的推动，美国已经成功地在战斗机研制方面甩开俄罗斯，进入大规模列装、改良、出售第五代战斗机的阶段，而俄罗斯新一代战斗机的研发至今尘埃未定。因此“短期内将不会出现能与美国并驾齐驱的国家，地区强国也无力威胁美国利益攸关地区的稳定”。[②]

美国独步天下的军事优势建立在雄厚财力支持的基础之上。2010年美国军事开支高达6980亿美元，远远高于其后九个国家军费开支之总和。[③] 高昂的军事花费已超出美国经济的承受能力。根据世界银行统计，2011年美国的国内生产总值占世界生产总值的比重由10年前的31%下滑到21%，

---

① United States Department of Defense：The National Military Strategy of the United States of America ，“2011 Redefining America's Military Leadership”，p. 7. http：//www. jcs. mil//content/files/2011-02/020811084800 _ 2011 _ NMS _ -_ 08_ FEB_ 2011. pdf.

② United States Department of Defense：Quadrennial Defense Review Report，September 30，2001，p. 4，http：//www. defense. gov/pubs/qdr2001. pdf.

③ 其余九个国家为中国、英国、法国、俄罗斯、日本、沙特阿拉伯、德国、印度、意大利，参见 Stockholm International Peace Research Institute：SIPRI YEARBOOK 2011Armaments，Disarmament and International Security Summary，p. 9。

而2010年美国的军事花销却已攀升至全球军事开销总量的43%。[①]削减不必要的花费，平衡经济资源与军费支出成为奥巴马政府国防战略的主要课题。

根据2011年通过的预算控制法案，2013年至2021年美国的防务开支将至少削减5000亿美元，其规模之大为近30年所罕有。[②]“瘦身”后的美国防务开支将恢复到伊拉克战争爆发前的水平，在2010年总支出7300亿美元的基础上削减31%，至2016年完成削减，未来美国的防务开支总体维持在5000亿美元以上。防务支出的减少将直接冲击美军硬件设施的建设，制约未来10年美国的全球军事安全战略，间接地对奥巴马政府区域军事战略的实施、调整产生微妙的影响。

具体到区域军事战略，美国政府的国家安全团队将美军在亚太地区的存在置于首要位置，奥巴马总统亲自强调“美国的防务开支削减不涉及亚太地区”。[③]东北亚地区是美国亚太军事部署的重点，仅驻日本、韩国的美军就有六万之众，

---

① 美国2010年军费为6980亿美元，全球军费总额为1.63万亿美元。同年美国国内生产总值为14.44万亿美元，全球生产总值约为70万亿美元。参见Stockholm International Peace Research Institute：SIPRI YEARBOOK 2011 Armaments, Disarmament and International Security Summary, p.9，与世界银行http：//data.worldbank.org/indicator/NY.GDP.MKTP.CD。

② Clark A. Murdock and Kelley Sayler, and Ryan A. Crotty：The Budget's Double Whammy：Drawing Down While Hollowing Out from Within, October 18, 2012, Center For Strategic and International Studies. http：//csis.org/files/publication/121018_ Murdoch_ DefenseBudget_ Commentary.pdf.

③ White Hous：Remarks By President Obama to the Australia Parliament, November 17, 2011, http：//www.whitehouse.gov/the-press-office/2011/11/17/remarks-president-obama-australian-parliament.

部署在亚太地区的美军海军陆战队更是半数集中于东北亚区域。[①]奥巴马政府优先保障亚太地区军事开支，有助于稳定美军在东北亚的既有部署。因此，奥巴马政府达成军事战略目标的资源瓶颈尚未出现。其军事资源投放因此集中于东北亚区域的南线、中线方向之上。

美国能否维持海上优势，直接取决于其在相关领域投入战略资源的比例。美国作为一个远离欧亚大陆的海权国家，本土安全有充分的保障，便于集中战略资源经营海上力量。而中国的安全环境较为复杂，周边大国环绕，漫长的陆上边界线牵制了中国向海洋投放战略资源的力度。一定时期内，中、美对海上的战略资源投入力度不可同日而语。同时，中国又处在由陆权国家向海陆复合型国家转型的进程当中，其海军力量崛起是一个漫长的历史过程。在技术方面，尽管中国海军的发展取得长足进步，但总体上仍处于追赶先进国家海军的阶段。

此外，美国在军舰数量上也占据一定优势。根据美国《2010年海军行动概念》要求，美军将在西太平洋部署一个航母编队与一个两栖编队以便随时投入战斗，并可在三个月内集中四个航母战斗群与两个两栖编队用于重点地区。[②] 以此计算，美国短期内可在东北亚地区集中一支拥有60余艘作战舰艇，300余架战斗机的强大海上机动部队。无论在质量还是数量上，美国在维持海上优势方面都拥有较为充裕的资

① Ministry of Defense Japan: Defense of Japan 2012, Digest, Part1Security Environment Surrounding Japan, http://www.mod.go.jp/e/publ/w_ paper/pdf/2012/02_ Digest.pdf.

② 张愿：《试析美国海军战略的调整及其影响》，载于《现代国际关系》2012年第3期，第1页。

源保障。

奥巴马政府压制朝鲜核威慑能力的战略资源丰沛。由拥有核武器到实现核威慑的关键在于相关国家能否发展出远程运载工具。朝鲜缺乏可以搭载核弹头的飞机、舰艇，只能依靠弹道导弹对美国在东北亚地区的驻军目标进行威慑。从2012年底朝鲜试射卫星的距离来看，朝鲜目前尚不具备对美国本土进行导弹威慑的能力，且弹头数量有限，不足以与美国形成数量上的对抗。朝鲜两面临海，南与韩国相连，只有中朝边境地区可作为掩护核威慑力量的战略纵深。而美军在前线部署的F-15、F-16战斗机具有远程突袭朝鲜核设施的能力，且美国出售韩国的F-15K战斗轰炸机也可配合美军遂行攻击任务。总体上，美国部署于东北亚前沿的常规武装力量足以反制朝鲜核威慑。

综上所述，短期内奥巴马政府的财政紧缩不会影响其在东北亚地区的军事战略资源，不至于限制其区域军事战略的实践。但需注意的是这些资源保障只能实现既有战略目标。如果这一地区对美国的军事威胁加强，可供美国从国家军事实力中挖掘的战略资源将极其有限。即使是奥巴马政府全力推进在澳大利亚北部驻扎2500名海军陆战队士兵的计划，也只能以每半年部署250人的速度缓慢推进①，从侧面证明美国军事资源确已处于紧绷状态。以此类推，未来奥巴马政府进一步扩大东北亚地区军事部署的可能性不大。

---

① Mark E. Manyin，Coordinator and Stephen Daggett and Ben Dolven and Susan V. Lawrence and Michael F. Martin and Ronald O' Rourke and Bruce Vaughn：Pivot to the Pacific? The Obama Administration's "Rebalance" Toward Asia，Congressional Research Service，March 28，2012. http：//fpc. state. gov/documents/organization/187389. pdf.

二、奥巴马政府东北亚安全战略的经济资源

2008年的全球金融风暴重创了美国经济。美国尽管维持了世界最大经济体的地位，占全球生产总值的比例却已经下降到20年以来的最低点。[①] 美国能否走出萧条有赖于全球经济的复苏进程，欧洲债务危机成为影响美国经济走势的主要不稳定因素，奥巴马政府引领美国走出萧条的前路依旧漫长。"美国人民的福祉将决定美国在世界的力量，美国的繁荣是美国力量的源泉。"[②] 因此，美国国家经济实力的恢复状况与美国全球战略地位的稳定息息相关。而借助蕴含勃勃生机的东北亚经济驱动美国走出萧条成为奥巴马政府的必由之路。

在国家实力层面，美国经济已大体走出危机谷底，社会财富流失幅度有限。美国依然是世界上最大的直接投资目的地。截至2010年美国累积吸引的外来直接投资高达3.5万亿美元，而同期中国吸引的外来直接投资只有5790亿美元，其余新兴国家吸引外资的数额也远远低于同期美国的数字。[③] 美国的软件优势，如强势的法治规则、成熟的市场机制、完备的金融系统、有效的财产保护机制是其长期吸引国际资金

---

① 近30年来美国占世界生产总值的比率一般浮动于20%至30%之间，2011年美国国内生产总值为全球生产总值的21%，参见http：//data. worldbank. org/indicator/NY. GDP. MKTP. CD。

② White House：National Security Strategy，May 2010，p. 9，http：//www. whitehouse. gov/sites/default/files/rss viewer/national security strategy.

③ White House：Economic Report Of The President Transmitted to the Congress Together With The Annual Report of The Council Of Economic Advisers，p. 140，United States Government Printing Office Washington，February 2012，http：//www. whitehouse. gov/sites/default/files/microsites/ERP_ 2012_ Complete. pdf.

的有效保证。大量的资金流入弥补了美国对东北亚各国的巨额贸易逆差，为跨太平洋资源配置结构的维系提供了稳固的基础。美国国家经济实力总体上处于稳定状态。

战略实力层面，美国政府面临着严峻的财政赤字。2011财年美国联邦政府赤字占国内生产总值的比例尽管由上年度的9%下降到8.7%，但绝对数额依然有1.3万亿美元之巨。[①]为贯彻奥巴马总统的刺激经济政策，联邦政府的收入进一步缩减，一定时期内可动用的资金并不宽裕。2009财年美国除对中亚、南亚地区的经济援助有所增加以外，对其余地区的援助都受到不同程度的削减。需注意的是美国经济援助削减对其在东北亚地区的经济安全战略并未产生直接影响。原因在于东北亚各国，或已成为工业化国家，或处在迈向工业化国家的进程中。主要国家较好地完成了从受援国到援助国的身份转变，对美国援助的依赖程度较低。因此，美国政府财政紧张对其东北亚经济安全战略的直接影响作用有限。

由此，奥巴马政府突破资源瓶颈的关键在于突出美国国家经济实力的规模效应，并使之成为可资政府利用的潜在战略资源。2011年对美国的货物出口贸易占到日本货物贸易总

① White House: Economic Report Of The President Transmitted to the Congress Together With The Annual Report of The Council Of Economic Advisers, p. 140, United States Government Printing Office Washington, February 2012, http: //www. whitehouse. gov/sites/default/files/microsites/ERP _ 2012 _ Complete. pdf. Vol. 57.

额的15.3%、韩国的10.1%、中国台湾的12%，[①] 同期对美出口也占据了中国大陆对外出口总量的17%。美国市场需求是驱动跨太平洋物流循环的心脏，为其资源配置模式的运转提供动力。虽然，东北亚各国曾先后把挖掘本国市场潜力作为经济调整的目标，但实际效果显示，美国消费市场对东北亚各国出口导向经济仍有着不可替代的作用。奥巴马执政团队正是依靠美国市场的吸引力，巩固与该地区各国的经济联系，推进跨太平洋经济整合进程的。

冷战结束后，美国经济整合主要方向在于构筑西半球自由贸易区。为此，20世纪90年代，美国与加拿大、墨西哥组建了北美自由贸易区，随后与智利、哥伦比亚、秘鲁、哥斯达黎加、巴拿马、危地马拉等面向太平洋的拉美经济体缔结了自由贸易协定。[②] 此外，美国还与澳大利亚、新加坡签署了类似协议，从而初步建构起一个由双边贸易协定组成的跨太平洋自由贸易制度框架。奥巴马执政前，美国并未与东北亚各国缔结相关协议，这与该地区与美国庞大的贸易往来并不相称。推进与该地区各国的自由贸易协定成为奥巴马政府可资利用的、实现其巩固跨太平洋经济联系目标的战略

---

① 参见中华人民共和国商务部综合司、商务部国际贸易经济合作研究院：《国别贸易报告·2011年日本货物贸易及中日双边贸易概况》，表2："日本对主要贸易伙伴出口"，http：//countryreport. mofcom. gov. cn/record/view 110209. asp? news_ id =27878；《2011年韩国货物贸易及中韩双边贸易概况》，表2："韩国对主要贸易伙伴出口"，http：//countryreport. mofcom. gov. cn/record/view110209. asp? news_ id =27898；《2011年中国台湾货物贸易及两岸双边贸易概况》，表2："中国台湾对主要贸易伙伴出口"，http：//countryreport. mofcom. gov. cn/record/view 110209. asp? news_ id =28269。

② Office of the United States Trade Representative, Free Trade Agreements, http：//www. ustr. gov/ trade-agreements/free-trade-agreements.

资源。

从维持对东北亚各国制造业优势的角度审视，捍卫美国对东北亚各国竞争优势的关键在于保持美国产品的技术优势。技术研发的核心资源要素在于资金与高素质人才。2009 年美联邦政府研发机构支出同比上年度减少了近 80 亿美元，对其他部门研发的资助也减少了 90 亿美元。然而，当年美国政府主导、资助的项目分别只占到美国全国研发资金的 11.5% 与 31.1% 。其他市场参与者对研发的资金投入部分填补了政府在技术研发方面的资金缺口，市场是美国推动资源配置的主要手段，私有公司、个人、社团是构筑美国世界第一大经济体的基本元素。2009 年美国非营利组织的研发资金投入逆势增长了 10 亿美元，美国的大学、学院研发资金投入更是增长了 30 亿美元，其增长幅度为 2004 年至 2009 年最高。[①]

因此，美国技术研发投入仍然遥遥领先于其他国家。即使在经济谷底的 2009 年，美国的研发经费依然是中国、日本同期投入经费的 2.6 倍，韩国的 8 倍,[②] 奥巴马政府的资金短缺对美国技术优势的保障影响甚微。多行为主体参与的研发模式支持了美国技术优势，使奥巴马政府可以在财政紧张的情况下，集中战略资源着力调整产业结构，扩大制造业比例，发展清洁能源、环境产业、交通基础设施，重振装备制造业。借助政府带动的“头羊效应”，抢占未来科技产业发展的制高点，因此，奥巴马政府所掌握的战略资源虽然紧张，却可

① National Science Board：Research and Development，Innovation，and the Science and Engineering Workforce：A Companion Piece to Science and Engineering Indicators 2012，p. 9 July 16. 2012. http：www. nsf. gov/statistics/seind12/pdf/c04. pdf.

② Ibid. ，Vol. 46.

通过引导其他研发主体参与，共同维持美国的竞争优势。

在任何时代，人力资源都是国家战略实力的基本组成部分，争夺高素质人才是新时期国家综合国力竞争的要点。美国是少数几个保持人口持续增长的发达国家，作为世界第三人口大国，人口老龄化程度却远不及欧洲、日本。美国目前的净移民率为 0.425%，而中国为 -0.034%，[①] 更为重要的是涌入美国的移民普遍素质较高、知识与经济发展潜力较大。美国对移民的强大吸引力、消化能力是它与东北亚各国经济竞争的重要战略实力，是保障技术优势、市场规模的重要资本。借助奥巴马政府对高素质人才的宽松移民政策，美国在人力资源方面拥有的竞争优势不容小觑。

与军事实力的严重透支相比，美国雄厚的国家经济实力仍是奥巴马政府经济战略资源的有力依托。美国政府的当务之急在于渡过财政危机，短期内经济资源相对紧张。而美国市场的规模效应与社会的研发能力成为奥巴马政府的隐性战略资源，令其牢牢抓紧与东北亚各国贸易联系的同时，保住制造业的优势。随着美国经济状况改善，奥巴马政府第二个任期内的经济资源也会日趋宽裕，其对东北亚经济整合的推进与护持技术优势的资金投入都有增加的可能。总体而言，美国构筑东北亚霸权的经济基础依然稳固。

三、奥巴马政府东北亚安全战略的政治资源

与前两个领域的战略实力相比，新世纪以来美国政治实力下降主要原因在于小布什政府迷信单边主义以及穷兵黩武

① 【美】兹比格涅夫·布热津斯基：《战略远见：美国与全球权力危机》，新华出版社 2012 年版，第 62 页。

政策导致的国际形象受损。奥巴马执政以来着力加强与盟国的沟通，重构与穆斯林世界的关系，提升美国的国际亲和力。2002 年至 2007 年 33 个国家的民调中，27 个国家不喜欢美国的形象。而近来皮尤中心“全球态度项目”的民调显示，在 21 个拥有调查数据的国家中，10 个国家对美国的好感上升。[①] 由此可见，奥巴马政府修复美国政治形象的努力取得了一定的成就。

苏联解体后，世界上已无能与美国在政治领域分庭抗礼的国家、集团，美国政治实力的“一超地位”尤为稳固。倍受美国推崇的“自由、民主”观念已经在世界范围获得普遍认可，冷战后独立或政权性质发生变化的国家无一例外地将建立西方式选举民主、多党竞争制度视为政治制度的“圭臬”。这与冷战时期获得新生的国家大多青睐社会主义制度形成鲜明反差。[②] 而“2008 年爆发的金融危机对美国及其信奉的新自由主义及其指导下的自由资本主义制度，无异于一个‘否定之否定’的过程，全球尚未产生能与之抗衡的革命性力量”。[③]美国国家政治实力总体上仍然处于巅峰状态。

精神力量是国家实力的重要组成部分。美国的扩张主义传统有助于美国政府源源不断地汲取国家实力，是促使其国家实力转化为战略实力的催化剂。早在 19 世纪，美国的扩张主义者就畅言世界文明轨迹正由大西洋迈向太平洋，美国应

---

① 美国国家情报委员会编：《全球趋势 2025：转型的世界》，时事出版社 2009 年版，第 125 页。

② 尽管部分国家在民主化过渡的进程中陷入内战，或未能成功实现政治体制转型，但其国内精英们总体上接受了西方民主的道路。

③ 北京大学国际战略研究中心编：《中国国际战略评论 2011》，世界知识出版社 2011 年版，第 4 页。

该抓住机遇，迎接“太平洋时代”，“美国人将这视为一种宿命，是上帝的召唤，是海洋民族不可逃避的使命”。[①] 因此，历届民主党政府都对亚洲表现出异乎寻常的兴趣。冷战拉开帷幕后，美国在东亚几次大规模承担军事义务也都是在其执政时期启动的。扩张主义作为一种可资政府利用的精神食粮，为奥巴马政府奉行积极的对外战略姿态构筑了坚实的民意基础，其作用不容忽视。

巩固美国主导的同盟体系是奥巴马政府东北亚安全战略首要的政治目标。联盟是国与国之间最为紧密的关系，具有平衡权力的功能，在东北亚经济融合日趋深入的形势下，对美国而言，与日本、韩国联盟关系的最大功能正在于阻止两国雄厚的战略实力与中国崛起结合。奥巴马政府区域战略的政治实力首要表现为美国与盟国政治制度的高度一致，以及与盟国社会的深度的、多层次的、无间断的联系和交流之上。卓越的沟通能力是美国政府区域战略实力的主要表现形式。

日本、韩国日趋成熟的民主政治制度，构成了美国联盟体系的坚实基础。其中韩国在奥巴马执政前夜完成二次政党轮替，日本也实现了两大保守政党的轮流执政，美国盟友的政权更迭保持了稳定状态。值得注意的是活跃于日、韩政治舞台的精英大多成长于冷战时代，个人崛起适逢美国获取全球优势的后冷战时期，不少人有在美国求学、工作的经历。美国霸权的耳濡目染令其认同美国在东北亚地区的存在。在认同的基础上，美国与盟友的各政党频繁沟通，令这种心理依赖转化为可以随时服务国家利益的战略资源。

---

① 王玮、戴超武：《美国外交思想史（1775—2005）》，人民出版社2007年版，第47页。

与盟友各政党联系构成了奥巴马政府区域战略的重要政治资源。因此，多党竞争制度的巩固在保障相关国家、地区政治力量新陈代谢的同时，也为美国联盟体系弹性应对各盟友政权更替提供了更为灵活的空间。日本、韩国朝野主要政党无一不认同美国政治体制，尽管在野势力会在具体议题上质疑执政党与美国的合作，但总体上仍将维持与美国的联盟、准联盟关系，以此作为保障己方安全的首要选择。奥巴马执政的首个任期正逢东北亚各国权力过渡阶段，盟友内部政局的稳定与精英集团对与美国联盟的认同，成为美国政治实力的重要组成部分。

从日本、韩国战后发展进程审视，两国对联盟的支持也构成了奥巴马政府的政治霸权的有力支柱。与美国的同盟关系为两国的产业升级与现代化进程节省了大量资源，联盟所提供的明确安全保障义务与美国“核保护伞”已经内化为两国安全的基石。日本与韩国在冷战的 50 年中，分别实现了经济的腾飞与本国的工业化，成为国际体系的核心国家。作为既有国际体系的受益者，支持美国的全球霸权不仅是两国精英维护国家利益的战略抉择，也是两国民众控制区域发展“不确定因素”的安全屏障。美日、美韩联盟 60 年来的总体保持稳定，没有两国官民的配合是不可能实现的，盟友的积极配合也是奥巴马政府区域战略政治实力的基本组成部分。

此外，美国平面性政治结构也为奥巴马政府与盟方民众的沟通提供了便利。在亦政亦学的“旋转门”现象推动下，约瑟夫·奈、理查德·阿米蒂奇等前政府官员往来穿梭于美国与东北亚各国之间。利用与盟国政、学两界的沟通机遇，引导各国对外战略。美国驻在各国的外交机构、部队也不断加强与当地民众的交流。多层次、形式多样、网络结构的沟通平台是美国“软实力”的体现，部分化解了日本、韩国社会对美国介入地区事务的反感，成为奥巴马政府拥有的另一种战略资源。

美日、美韩同盟在组织形式上是典型的非对称性同盟关系。在其他条件恒定的情形下，非对称性联盟的凝聚力一般要高于对称性联盟。最为重要的是借助同盟的向心力，美国政府可以引导日本和韩国投入更多军事、经济资源，缓解本国资源紧张状况。2010 年日本军事开支虽已高达 545 亿美元，却尚不及其国内生产总值的 1%。不断有美国的政府官员呼吁日本增加对防务的投入，为美国承担更多的地区“安全责任”。同时，对美国制度的认同、市场的认可也是驱使日本和韩国优先与美国确定自由贸易关系的重要因素，减少了美国推动经济整合的难度。由同盟合作所带来的跨领域战略资源转换填补了奥巴马政府在其他领域战略实力、资源的缺口，是美国政治实力雄厚的最佳体现。

在协调两大伙伴系统方面，奥巴马政府也拥有充裕的战略资源，足以实现战略目标。出色的协调能力、议题主导能力是其主要表现形式。东北亚是从属于亚太地区的微观区域，中国、俄罗斯、日本、韩国都参与了 APEC 和东亚峰会等宏观区域组织。这些组织或由美国发起、主导，或由其盟友、伙伴占据多数，美国的战略意志有形或无形地引导着这些组织的议程。东北亚地区尚未出现包括该地区所有国家的组织或会议机制，宏观的区域组织成为各国协调彼此关系的主要平台，部分弥补了微观区域组织缺失的作用。东北亚区域组织的缺失与宏观区域组织蓬勃发展所形成的反差，正是美国协调两大伙伴系统实力的有力体现。

就“势”的角度而言，中国、俄罗斯在冷战后融入了美国主导的国际体系，成为美国稳定世界不可或缺的战略伙伴。美国主导伙伴体系不仅是其维护自身利益的需求，也符合中国、俄罗斯的利益诉求。开放的国际市场和稳定的区域环境是中国实现国家崛起、俄罗斯实现民族复兴的必要条件。两国目前仍缺乏支撑国际体系的实力，也没有运转如此规模宏大体系的经验。延续美国的伙伴身份不仅是中国、俄罗斯发展的“略”，也是减少崛起成本的“利”。中国、俄罗斯有选择地支持美国维持全球稳定的努力，使美国与两国的关系不至于因竞争脱离既有轨道，为美国伙伴体系的运转提供了较为稳固的框架。

具体到战略资源，从结构层次审视，美国与中国、俄罗斯同为安理会常任理事国，安全问题互有需求。这就为奥巴马政府利用全球层次的合作局面，稳定与中、俄的伙伴关系提供了必要的筹码。借助亚太宏观区域组织平台，美国也可以增加与中国、俄罗斯领导人进行沟通的机会，减少战略互疑。宏观区域组织对话机制是美国缓解东北亚地区紧张局势的重要途径。因此全球集体安全组织与区域组织构成了奥巴马政府调控伙伴关系的重要资源。从国家关系层面考量，中美关系、美俄关系都步入成熟阶段，双方对各自的战略底线皆有了解，也拥有众多如中美经济合作论坛等高端平台，总体上看，可供奥巴马政府稳定与中国、俄罗斯伙伴关系的资源较为丰富。

总体而言，奥巴马政府东北亚安全战略所拥有的政治实力最为雄厚，可资利用的战略资源也最为丰沛。“政治权力是权力行使者与权力行使对象之间的心理关系，这种影响源于三个方面：对利益的期待、对损失的恐惧、对领袖或制度的景仰和爱戴。”① 无论对盟友而言，还是对中国、俄罗斯来说，与美国在政治领域内一较长短都是无法接受，抑或是无法承受的。牢固的同盟关系、稳定的伙伴关系、自身制度魅力铸就了奥巴马政府东北亚安全战略的强大政治实力，只要权力运用得当就可以弥补其他领域实力、资源的短缺，巩固美国的区域霸权。

小结

明晰战略目标、战略资源是任何战略行为体成功实践大战略的前提，奥巴马政府东北亚安全战略的军事目标从应对军事威胁着眼，辅之军事同盟的强化。可以看出维持海上军事优势是美国政府的阶段性重点。作为奥巴马政府东北亚安全战略的经济目标，构建跨太平洋的区域经济整合框架；捍卫美国对东北亚各国的制造业优势，则是美国政府经济整合方向由南向西调整的始端。巩固同盟体系，协调两大伙伴系统更是其维持政治优势，运转既有国际体系意图的体现。这些目标为美国战略资源的投放提供了明确方向。

战略资源来源于国家实力。经济危机对美国军事、经济、政治领域的国家实力影响程度各有不同。总体而言，奥巴马政府东北亚安全战略的军事资源短期充裕，但可供挖掘的潜力有限；经济资源虽短期受制于财政紧张，却仍可凭借雄厚经济实力转圜；政治资源所受影响甚微，“一超”的地位尤

① 【美】汉斯·摩根索：《国家间政治：权力斗争与和平》，北京大学出版社 2006 年版，第 30 页。

为稳固。通过对三大领域美国战略实力、资源的梳理，可以看出，尽管其国家实力受到不同程度影响，但奥巴马政府实现东北亚安全战略目标的资源瓶颈尚未出现，其战略执行拥有充分的实力保障，这对于奥巴马政府充实战略内容有着重要的意义。

第三章 奥巴马政府东北亚安全战略的内容解析

战略内容是战略的基本组成部分，它是战略主体在战略目标指导下，利用战略资源进行的实践活动。缺乏实际内容加以充实的大战略将如同空中楼阁，无法付诸检验和调整。"特别是在两个或者多个国家之间的战略互动关系中，一国行为发生变化，通常会引起其他国家的行为作出调整。"① 奥巴马政府东北亚安全战略涉及多国、多个机构，正是这种复杂多边战略的范例。承袭其战略目标、资源的领域分类，奥巴马政府东北亚安全战略的内容依然可以从军事、经济、政治领域加以归纳和总结。因此，对战略内容进行细致分析尤为必要。

奥巴马政府区域战略军事内容的传承性与创新性并重，包括调整区域兵力部署、更新军事装备与作战理念；经济内容则以创新为其特色，通过主导"跨太平洋伙伴关系协议"、缔结美韩自由贸易协定、调整贸易与产业政策，达到"以虚隐实"的理想效果；政治内容集中于挖掘传统议题的新时代

---

① 左希迎、唐世平：《理解战略行为：一个初步的分析框架》，载于《中国社会科学》2012 年第 11 期，第 188 页。

战略意义，以介入东北亚岛屿争端、强化意识形态渗透，达到分化各国、影响中俄社会转型的战略企图。总体而言，奥巴马政府东北亚安全战略内容涉及领域更为均衡、议题更为多元、协调性较强、手段更加多样，有利于其战略目标的实现。

第一节　军事内容

军事安全是安全概念衍生的母体，也是传统安全的基本内容。无论所谓“重返亚太”，还是“转向亚洲”，乃至“亚太再平衡”战略，军事安全都是奥巴马政府区域安全战略中立场最为鲜明、内容最为具体的组成部分。这不仅是军事指令简明扼要特性的表现，更是奥巴马政府亚太军事利益稳固、权责明确的直接反映。美军在东北亚地区驻军的兵种配备齐全，基础设施完备，装备先进。美国与东北亚地区盟国的军事合作历史悠久，合作规模较大，而且经过了实战的考验。由于美军在东北亚的既有军事部署资源具有足以压制区域国家的能力，因此，奥巴马政府将扩大美军部署的方向放在了东南亚地区以及南太平洋地区。在东北亚地区其侧重点在于落实小布什时期制定的兵力部署调整计划，加速装备更新速度，强化前沿遏制能力，表现出传承性与创新性并重的特性。

一、调整美军区域兵力部署

奥巴马政府对东北亚兵力部署调整是其军事内容中传承性较为突出的部分。美军在日本、韩国驻军 6. 45 万人，加上邻近的关岛地区驻军，总人数应在 7 万以上。其中驻日美军的规模在亚太地区首屈一指，拥兵近 4 万人。其兵种配备如下：陆军约2000人、海军陆战队1.8万人、海军6000人、空军约1万人。[①] 以东京都横须贺为母港的第七舰队（约1.3万人）也会游弋于日本周边海域。此外，驻日美军的外围人员还包括4.3万名保障人员，5000名美国国防部雇员，2.5万名日籍工作人员，以及数以千计的美军眷属。以海军陆战队、空军为主体的驻日美军具有极强的进攻性，可以随时介入朝鲜半岛、台湾海峡的军事冲突，是美国在亚太前沿部署的机动性力量。

表1　驻日美军主要基地一览表[②]

所在地区	名称	所属兵种
东北地区	青森县三泽空军基地（Misawa Air Base）	空军
关东地区	东京都横田空军基地（Yokota Air Base）	空军（驻日美军司令部）
	东京都横滨港口（Yokosuka Port）	海军
	神奈川县座间兵营（Camp Zama）	陆军
	神奈川县厚木海军航空基地（NAF Aftsugi）	海军
	神奈川县横须贺港（Yokosuka）	海军（第七舰队母港）
	神奈川县相模补给站（Sagami Depot）	陆军
东海地区	静冈县富士海军陆战队军营（Camp Fuji）	海军陆战队

① 参见驻日美军官方主页，其中美军总人数为3.85万人，而美国国会研究所表述驻日美军总人数为3.6万人。这里采用美国国会研究所的驻日美军总人数。http：//www. usfj. mil/.

② Ian E. Rinehart and Emma Chanlett-Avery：The U. S. Military Presence in O-kinawa and the Futenma Base Controversy，Congressional Research Service，August 3，2012，p. 6. http：//fpc. state. gov/documents/organization/196930. pdf. 与 Emma Chanlett-Avery：The U. S. -Japan Alliance，Congressional Research Service，January 18，2011. p. 9. http：//fpc. state. gov/documents/organization/155561. pdf.

续表

所在地区	名称	所属兵种
本州地区	山口县岩国空军基地（MCAS Iwakuni）	空军
九州地区	长崎县佐世保海军基地（Sasebo）	海军
琉球群岛	北部训练地区（Northern Training Area）	海军陆战队
	伊江岛辅助机场（Ie Jima Auxiliary Airfield）	海军陆战队
	施瓦布基地（Camp Schwab）	海军陆战队
	汉森基地（Camp Hansen）	海军陆战队
	中央训练地区（Center Training Area）	海军陆战队
	宇流麻市港口（Tengan Pier）	海军
	谷村辅助机场（Yomitan Auxiliary Airfield）	（未知）
	鸟居通讯站（Torri Station）	陆军
	考尼特军营（Camp Courtney）	海军陆战队
	怀特训练海滩地区（white beach）	海军
	福斯特军营（Camp Foster）	海军陆战队
	嘉手纳空军基地（Kadena Air Base）	空军
	普天间机场（Marine Corps Air Station Futenma）	海军陆战队
	那霸军事港口（Naha Military Port）	陆军

在布防方向上，驻日美军基地主要集中于关东地区以及琉球群岛。关东地区是日本政治中心，地貌平坦，可供使用的机场、港口众多。所以，该地区驻日美军主要由海军、空军、陆军构成，是美军在东北亚地区的指挥中枢与腹地。琉球群岛的驻日美军则主要由海军陆战队第三远征军组成，是美国监视台湾海峡，保障东北亚与东南亚交通的战略威慑力量。此外，驻日美军还依托本州岛南端的岩国空军基地与九州的佐世保港控制对马海峡，利用三泽空军基地监视俄罗斯海军在宗谷海峡的活动，从而与日本自卫队构筑起完整的防御体系。

冷战后，美国持续提高海军陆战队、空军在驻日美军中的比例，兵种配备上日趋进攻性，兵力部署进一步向西南倾斜。总体而言，驻日美军布防呈现出的“南攻北守、重西轻东”的战略布局，契合了奥巴马政府区域军事防御重点，对其战略目标的实现具有重要意义。借助琉球群岛突出的战略位置，近2/3的驻日美军驻扎在这个土地面积尚不足日本总国土的1%的岛屿上。[①] 重兵部署之下的冲绳成为美国防御中国向大洋渗透的重要环节，为奥巴马政府压制中国海上力量提供了稳固的战略支点，其地缘重要性将会进一步增加。

驻韩美军为美国东北亚军事部署的前哨，是美军唯一正面接触东北亚大陆地区的武装部队，其规模在亚太地区仅次于驻日美军。由于朝鲜半岛的安全局势始终处于紧绷状态，美国陆军第八军、空军第七航空队自朝鲜战争以来一直驻扎韩国，直至21世纪初驻韩美军仍以陆军、空军为构成主体。拉姆斯菲尔德担任国防部长期间，曾计划将驻韩美军的人数由3.7万人削减到2.5万人。2008年这一计划被继任的盖茨中止。因此，驻韩美军总人数维持在2.85万人的水平。[②] 是美国部署在东北亚陆地前沿的防御性力量。

在布防方向上，驻韩美军主要布防于韩国的京畿道附近，与韩军共同守备“三八线”（位于北纬38度附近的军事分界线），其中仅驻扎首尔龙山基地与朝韩非军事区的美军就有

① Emma Chanlett-Avery：The U. S. -Japan Alliance，Congressional Research Service， January 18， 2011. p. 7. http：//fpc. state. gov/documents/organization/155561. pdf.

② Mark E. Manyin，Coordinator and Emma Chanlett-Avery and Mary Beth Nikitin：U. S. -South Korea Relations，Congressional Research Service，May 15，2012. p. 21. http：//fpc. state. gov/documents/organization/191602. pdf.

近2万人，是驻韩美军的一线作战部队。驻韩美军的空军则驻防在京畿道最南部的乌山基地，配备了70架F-16S战斗机以及20架A10攻击机，[①] 具备短时间内从空中压制朝鲜陆军的能力。韩国南部的镇海、釜山也驻有部分美国海军、海军陆战队成员，形成与驻日美军南北呼应之势，共同控制对马海峡。在美韩联合司令部的指挥之下，驻韩美军与韩军构成一个有机的作战整体，形成了对北方强大的军事压力，以期达到预期目标。

伴随着美韩同盟合作范围的不断扩大，驻韩美军“侧重陆军、前沿部署”的战略布局已无法满足美国全新战略目标的要求。一方面朝韩军事实力对比的失衡，朝鲜更多依靠“核威慑能力”制衡美韩常规装备优势，美国陆地前沿部署所发挥的边际效应正在递减；另一方面中国海军实力增强，要求美国强化对陆海浅纵深的控制力度，提高驻韩美军对黄海一线的威慑能力。因此，新世纪以来驻韩美军首当其冲，成为美国调整东北亚地区兵力部署的切入点。

小布什执政末期，美国就已着手调整在东北亚的兵力部署，其具体调整计划如下：

（1）削减驻韩美军规模，将部分陆军调往伊拉克前线。

（2）驻扎于龙山的美国陆军9000人迁往首尔以南40余公里外的汉弗里兵营；驻扎在非军事区的美军第二步兵师1万人调往汉江以南。

（3）分散美国海军陆战队的部署，将驻在冲绳地区的8000余名队员迁往关岛，扩大东北亚地区的战略纵深。

---

① 参见利物浦大学全球安全组织网页上有关美军第七航空队的说明。http：//www.globalsecurity.org/military/agency/usaf/7af.htm.

（4）关闭驻日美军普天间机场，其功能将由冲绳县的施瓦布军营机场承担。

这些调整计划对于美国东北亚的兵力部署有着重要的意义。首先，它将使驻韩美军脱离与朝鲜的正面接触。除了一个美韩联合作战司令部外，美军主要作战部队将全部撤至汉江以南，成为美韩反击“朝鲜进攻”的机动部队。其次，驻在乌山的美国空军第七航空队成为驻韩美军的一线作战部队，为美国提高空军、海军在驻韩美军中的作用奠定基础。再次，它会提高驻韩美军在美国战略规划中的地位，使之与驻日美军在人数上趋于平衡，并可借助加强其机动性，更多地参与美国的区域军事行动。最后，驻韩美军的南迁提高了它与驻日美军的协调能力。南迁后的驻韩美军将在韩国形成以乌山空军基地、汉弗里兵营为主的西南集团，和以大邱、镇海、釜山基地组成的东南集团，[①] 从而与隔海相望的驻日美军岩国空军基地、驻在佐世保的海军基地强化美国对黄海、东海结合部的介入力度，形成对中国海军的近距离压制。

然而，由于该计划耗资不菲，执行未及一半便因美国的财政困难而陷于停滞。奥巴马政府实际上承担起了实践这一调整计划的重任，根据推进情况酌情对既有计划进行部分修正，寻找新的资金来源。奥巴马政府中止削减驻韩美军人数的计划，同时将调离冲绳的美军人数提高到9000人，分别转往夏威夷、关岛、澳大利亚，使美军在亚太“地缘分布更加

---

① Mark E. Manyin, Coordinator and Emma Chanlett-Avery and Mary Beth Nikitin: U. S. -South Korea Relations, Congressional Research Service, May 15, 2012, p. 21. http://fpc. state. gov/documents/organization/191602. pdf.

广泛，行动更为灵活，政治上更具持续性”①。因此，美国新政府总体上承袭了小布什执政末期的兵力调整计划。

从计划的落实状况审视，奥巴马政府面临的最大难题在于美军搬迁的费用远远超出预期，增加了美国与日本、韩国的协调难度。驻韩美军搬迁原有估量成本就超过100亿美元，由韩国支付其中的40%。根据美军2010年的评估，这一项目的花费将超过130亿美元，而韩国已经完成了所承担的资金支付，② 其余资金的落实将有待美韩进一步协商。更为重要的是资金的巨大缺口导致搬迁项目迟迟不能完工，原计划2008年完成的部署只能一拖再拖。驻日美军调整方面，根据2006年美日签署的协议，日本将承担驻日美军搬迁所需资金的60%。③ 奥巴马军事调动规模的扩大是否会引发新的美日军事成本分担争议有待观察。

此外，奥巴马政府维持驻日、驻韩美军日常开支的难度也有所增加。奥巴马执政前美国在东北亚驻军年花费约为70亿美元，其中日本、韩国承担了六成以上的花费。根据日本民主党政府的要求，从2010年起日本每年承担的驻日美军花

---

① Mark E. Manyin, Coordinator and Stephen Daggett and Ben Dolven and Susan V. Lawrence and Michael F. Martin and Ronald O' Rourke and Bruce Vaughn: Pivot to the Pacific? The Obama Administration's "Rebalance" Toward Asia, Congressional Research Service, March 28, 2012, p. 1, http://fpc.state.gov/documents/organization/187389.pdf.

② Mary Beth Coordinator and Mark E. Manyin: Coordinator and Emma Chanlett-Avery, U. S. -South Korea Relations, Congressional Research Service, November 28, 2011, p. 19.

③ Emma Chanlett-Avery , Cooedinator and William H. Cooper and Mark E. Manyin, Japan-U. S. Relations: Issues for Congress, Congressional Research Service, January 13, 2011, Vol. 8 http://fpc.state.gov/documents/organization/155623.pdf.

费减少到22亿美元。仅此一项，美国就要多花费18亿美元以维持驻日美军的日常开销。[①] 尽管2009年韩国同意自2011年起逐步将己方承担的驻韩美军花费比例从原有的42%提高到50%，也只能为美国增加1.57亿美元的收入，[②] 盟国资金支持力度的下滑对苦于财政压力的奥巴马政府而言无异于雪上加霜。

美国东北亚兵力部署的资金缺口，大部分只能从美国政府的军事开支中加以填补。奥巴马政府对亚太军事部署资源的优先保障固然有助于缓解资金困难，但在大陆力量崛起的背景下，美国仅依靠既有的军事部署维护军事优势显然力不从心。因此，奥巴马政府在总体维持既有军事部署的同时，将注意力投放于新式装备与新战术应用上，依靠军事领域的创新推进军事目标的高效能实现。

二、更新军事装备与作战理念

军事装备更新与新战术应用是奥巴马政府区域军事战略内容的创新性所在。冷战时代东北亚就成为美国新式装备的试用场所，美国驻军及其盟友都大量武装先进的美制装备。就战斗机而言，早在20世纪80年代，美国就在驻日、驻韩美军中大量装备第四代战斗机，此后20余年美国先后对日本、韩国、台湾地区出口了600余架第四代战斗机。需要注意的是与美国对欧洲盟国空军出口装备相比，美国东北亚盟友所获得的战斗机不仅数量浩大，且装备了大量用于争夺区

---

① 原本日本每年支付40亿美元用于驻日美军花费，参见本书第一章。

② Mark E. Manyin, Coordinator and Emma Chanlett-Avery and Mary Beth Nikitin: U. S. -South Korea Relations, ongressional Research Service, May 15, 2012. Vol. 23. http://fpc. state. gov/documents/organization/191602. pdf.

域制空权并拥有强大对地攻击能力的 F-15J、F-15K 重型战斗机，美国甚至对日本、韩国出口了 F-16 战斗机的生产线，赋予其自行改造战斗机的能力。其维持东北亚地区军事装备优势的“良苦用心”可见一斑。

表 2　东北亚地区装备的美制第四代战斗机一览表

国家/地区	战斗机型号	装备形式及其数量	列装时间
日本	F-15J	出口 213 架	20 世纪 80 年代初
韩国	KF-16	授权制造 180 架	20 世纪 90 年代初
台湾地区	F-16A/B	出口 150 架	20 世纪 90 年代初
日本	F-16	合作设计，衍生机型为 F-2 战斗机，98 架	20 世纪 90 年代末
韩国	F-15K	出口 61 架	2012 年全部入役
台湾地区	F-16C/D	计划出口 60 架	（未知）
此外，美国部署在东北亚地区的第五、七航空队（分别隶属驻日、驻韩美军）约有 150 余架 F-16、F-15 战斗机，美国海军在该地区也部署有百余架 F-18 战斗机。			

冷战结束后，美国开始为在信息时代打赢局部战争“量身定做”新式装备。奥巴马执政时期正值此类新式装备的研制及生产结出累累硕果之时，美国迫不及待地将大量新式装备投放东北亚地区，检验其实际效能，彰显其护持军事优势的决心。与克林顿、小布什时期部署于东北亚地区的装备相比，奥巴马政府对东北亚驻军及盟友的装备更多地体现出信息时代的科技特征，具有技术含量高、针对性强、配套性好三大特点。

应对中国海上力量的崛起是美国东北亚军事安全战略中着墨最多的内容。现代海战中制空权的作用尤为关键，马岛战争的经验显示，缺少空中力量的掩护，远洋舰队将如待宰羔羊任人鱼肉。中国的舰载航空力量尚处于起步阶段，形成战斗力有待时日。借助于大陆边缘地带星罗棋布的岛屿，奥巴马政府加快了部署第五代战斗机的进程，强化美国对东北亚海域的空中优势。该机型数量不多，主要布防于夏威夷、阿拉斯加等东北亚外围地区。

2009 年以来，F-22 战斗机已多次出现在冲绳的嘉手纳空军机场与关岛的安德森空军机场，该机型是第五代战斗机的翘楚，集多用途作战能力与隐身功效于一身，一经问世便成为各国新一代战斗机研制的“摹本”。部署 F-22 战斗机的战略意义在于它会大大提升美军的空中优势，令其时隔 20 年后再次与中国空军拉开代际差距。以 F-22 为首的高技术装备有助于美国巩固在陆海浅纵深地区的制空权，实现其维持对中国海军的优势的战略目标。尽管冲绳地区的驻日美军人数减少，但对中国的威胁力度却在增强。

为压制朝鲜核威慑能力，奥巴马政府着力提高美国及其盟国反弹道导弹的能力。针对朝鲜政策突变性强、地缘纵深狭小、防空力量薄弱、核武器运载工具单一等特点，美韩推进名为“杀伤链”（Kill Chain）的合作项目。具体由美方提供情报支持，驻韩美军与韩国空军协同行动，实现“两分钟发现、三分钟决断、二十五分钟内摧毁”的打击效果，[①] 可快速、高效、根本性地扼杀朝鲜核威慑能力。同时，奥巴马政府继续推进区域导弹防御计划，携手日本开发“标准”高层拦截工具，推进太空监视体系工程，从发射前、发射中两

① Korea Policy Institute：“Mapping the Future of the U. S. -South Korean Military Alliance”，http：//www. kpolicy. org/documents/interviews-opeds/121204 gregoryelichmappingthefutureussk. html.

个阶段着手，纲目并举地实现对朝鲜发射装置、运载工具的精确打击。反制朝鲜核威慑装备针对性的提高减少了美国对导弹防御系统的依赖，有助于奥巴马政府高效能地实现战略目标。

对盟友的装备出口一向是美国争取盟国支持联盟的重要途径。美国早在冷战时期就根据盟友的战略重要性、战场环境等综合因素，出售不同型号的装备，其军事装备的销售呈现出鲜明的层次性。技术的发展提高了美制武器的战场适应性，丰富了新式装备的功能，奥巴马政府得以部分突破了东北亚地区的驻军、盟友装备的层次限制。2011 年美国正式向日本出售 F-35 闪电战斗机。[①] 该型飞机已被美国国防部确定为取代 F-22 执行常规战斗任务的机型，是未来美国空军、海军普遍装备的主力机型，将逐步替代美国及其盟友的 F-16、F-15、F-18 等多种机型。统一机型将会提高东北亚地区美国装备的配套性，为美国与盟国的深度融合奠定了坚实基础。

美国及其盟国的装备更新为奥巴马政府实现军事安全目标提供了充分的物质保障。为了应对中国海上力量崛起，美国不仅需要提高装备的科技含量，更需对头脑中既有战争模式进行更新，以便适应新时期的作战条件，抢占作战指导意识的制高点。美军“头脑风暴”集中地体现在“空海一体战”这一新概念之上。2010 年“空海一体战”首次出现在美国的四年防务报告中，被美国国防部定义为由“美国空军和海军正在共同开发的，以击败拥有反介入和区域拒止能力的

① 中国新闻网：《美日讨论出售 F35 战机问题　日方希望 2016 年交货》，2012 年 2 月 24 日，http：//www. chinanews. com/gj/2012/02 –24/3696577. shtml。

国家为目标的一体化作战概念”。[①] 这一新概念使美国在东北亚的兵力部署、装备更新转变为实际的作战效能，是奥巴马政府东北亚安全战略军事内容中创新性的精华所在。

首先，“空海一体战”是美军在信息化条件下作战的探索。“空海一体战”突破了传统空间概念范畴，将网络、航天空间的攻防纳入美军整体作战体系，突出空天侦查、电磁压制、网络攻防能力。其实质正在于倚仗美国在这些领域的优势，引领未来作战模式，抵消美军在东北亚地区“客场作战”的劣势，实现对威胁的“早期预警”与对敌方指挥中枢的成功渗透。由此可见，“空海一体战”的诞生是美国抢占信息时代军事革命制高点的必然产物。

其次，“空海一体战”是美军推进多兵种协同作战的最新努力。现代海战中制空权与制海权互为依托。突破兵种界限，推进多兵种协同作战始终是美国国防部的重要目标。“空海一体战”打破了美国前沿空军、海军的兵种界限，统一战略目标、整合战略资源，实现美军两大最具攻击力兵种的“强强联合”，赋予美国更为强大的陆海浅纵深突破能力。从此维度审视，“空海一体战”的问世是美国军事战略体制横向协作能力提升的成果。

再次，“空海一体战”是美国巩固与东北亚盟国合作的新动作。“空海一体战”要求美国进一步挖掘与盟国的合作深度，整合自身与盟友的军事资源。一方面，美国驻盟国基地是“空海一体战”展开前沿打击的基本平台，而盟国的情

① U. S. Department of Defense：Quadrennial Defense Review Report，February 2010， p. 32， http：//www. defense. gov/qdr/QDR% 20as% 20of% 2029JAN10% 201600. pdf《四年防务报告》。

报支持、支援保障也是这一作战理念得以实践的前提。另一方面，“空海一体战”将加深日本、韩国对美国对外打击能力的依赖度，削弱两国单独执行作战任务的能力。从联盟合作视角观察，“空海一体战”的出笼是美国进一步捆绑盟友的新手段。

最后，“空海一体战”是美国有明确指向性的战术创新。“空海一体战”以战胜“反介入作战”与“区域拒止”国家为目标，以捍卫美国在陆海浅纵深地带军事优势为其最终目的。中国海军实力提升及“非对称作战能力”的提高使美国如芒在背。从静态实力对比着眼，“空海一体战”令美国得以借助在东北亚前沿海军、空军力量整合威慑中国；在动态战术层面，“空海一体战”使美国联结多维空间优势，借助由此所产生的强大势能控制中国“非对称作战”对美国军事优势的冲击；从威胁来源的方向审视，“空海一体战”的出世是美国借助全方位优势压制中国局部优势突破的尝试。

“空海一体战”是奥巴马政府为适应时代要求，推进美军体制变革，强化联盟合作，应对地区军事威胁的必然选择。尽管这种观念解放对美军区域军事战略所产生的实际效果尚有待观察，但其深层战略影响已然扩散。“空海一体战”概念的问世，彰显美国在实力相对下滑阶段捍卫大陆边缘地带军事优势的决心。让日本、韩国体会到美国的强大控制力，使中国、俄罗斯感受到来自大洋的压力，令东北亚各国皆以“顺从”美国的战略意志，避免与美国发生正面冲突作为本国对外战略的上策，达到大战略“不战而屈人之兵”的最高境界。从这个意义上讲，“空海一体战”对实现奥巴马政府区域军事安全目标的作用不容小视。

“奇正相合”构成了奥巴马政府安全战略军事内容的精

神内核。奥巴马政府对美国驻军、盟友的装备更新构成了美国在维持东北亚地区强大攻击能力的必要条件，“空海一体战”概念出笼则让美军攻击能力化为实际的威慑能力，压制了该地区各国甩开美国的企图。以此观之，美国新政府东北亚军事战略的创新内容确如制胜的“奇兵”，“势如彍弩，节如发机”。奥巴马政府对东北亚战略布局的继承虽然困难重重，却凭借其坚定的战略意志，循序渐进地解决调整中出现的难题，总体上保持了前沿压制之势。美国驻军形同直面“威胁”的“正兵”，以“不动如山”之势吸引盟国投入更多资源维系与美国安全关系，为美国巩固地区优势创造有利条件。“奇正相合”较好地指导了美国区域军事战略的实践，为美国其他领域战略内容的展开提供了镜鉴。

从战略手段的基本形式层面审视，奥巴马政府东北亚军事安全战略内容上做到了进攻与防御的有效结合。其继承性内容主要针对军事联盟内部问题的解决，兵力部署调整使美军在东北亚地区的布防更为均匀，是巩固大陆边缘地带防御体系的防御性手段。而其战略中的创新性内容则以应对来自大陆地带的威胁为主，突出美军的战略威慑能力，是奥巴马政府应对大陆纵深威胁的进攻性手段。攻防手段的协调使美军在东北亚做到了“以正合、以奇胜”的有利态势，“以攻代守”有力地推进了其军事目标的高效能实现。

从战略手段的资源投入力度方面审视，奥巴马政府的东北亚军事安全战略内容侧重同时投入装备资源，辅之以逐步投入人力资源。由于美国认为中、俄、朝对美国构成的“威胁”有所增加，因此奥巴马政府区域军事战略着重以威慑应对威胁，加大美军装备与战术的更新力度，在集中投入战略资源、培育美军进攻能力方面毫不犹豫。而在人力资源、财力资源投入方面，在遵循循序渐进原则的基础上按部就班地推进美军的部署调整，避免造成战略目标与战略资源之间的紧张。急、缓两种资源投入手段的承接令美军得以在短时间内稳定美国在东北亚地区的军事优势，为奥巴马政府其他领域战略内容的展开争取了时间。

第二节　经济内容

维护国家经济安全是冷战后各国孜孜以求的夙愿。苏联的土崩瓦解揭示了经济基础对国家战略诉求实现所起到的支撑作用，美国相对衰落则昭示着任何国家都无法规避肆意挥霍经济资源所带来的危害。作为对小布什执政时期全球战略的调整，奥巴马政府投入更多精力夯实美国经济安全的基础。美国与东北亚地区经济联系紧密，合作关系臻于成熟，对该地区经济战略的实践结果将直接影响美国实现经济复苏的进程。受此影响，奥巴马政府东北亚安全战略的经济内容的创新性最为引人注目。这不仅是美国顺应国际经济结构重心东移趋势的体现，更是奥巴马调整美国对外经济整合路线，重塑国内经济结构的必然结果。

一、主导“跨太平洋伙伴关系协议”（TPP）谈判

“跨太平洋伙伴关系协议”前身是2005年由文莱、智利、新西兰、新加坡发起的“跨太平洋战略经济伙伴协议”（The Trans-Pacific Strategic Economic Partnership），其初衷在于推动各成员国之间的自由贸易和经济合作，其实质是由亚太

地区的中小国家组成的自由贸易区。2009 年 11 月 14 日，奥巴马总统宣布美国加入“跨太平洋战略经济伙伴”谈判，并推动该协议更名为“跨太平洋伙伴关系”。在美国的带动下，澳大利亚、秘鲁、越南、马来西亚、墨西哥、加拿大先后宣布加入 TPP 谈判进程。2011 年底野田佳彦首相在前往 APEC 峰会前宣布日本开始研究加入该组织谈判的可能性。一时之间“跨太平洋伙伴关系协议”风头正劲，大有取代 APEC，成为亚太经济整合新框架之势。

美国加入“跨太平洋伙伴关系协议”的实质是奥巴马政府与中国、日本争夺亚太经济整合主导权的战略行为，协议本身只是美国政府在这场竞争中的一个工具。

第一，“跨太平洋伙伴关系协议”对美国的依赖程度较高。倡导 TPP 的中小国家缺乏推动亚太地区经济整合的实力。尽管该协议一直以推动该地区自由贸易为己任，但创始初期难以打破乏人问津的尴尬局面，没有雄厚实力支持令其发展举步维艰。这一局面直到美国的加入才获得改观。该组织其他成员国只有接受美国的战略诉求才能换取美国对该协议的长期支持。由此，美国战略意志潜移默化地存在于这一协议的字里行间，成为“跨太平洋伙伴关系协议”的精神内核。

第二，签署“跨太平洋伙伴关系协议”对美国产生的经济塑造效果有限。国家行为主体参加既有国际经济组织，意味着它某种程度接受了该组织对其经济的重塑。在加入“跨太平洋伙伴关系协议”国家中，新加坡、智利已与美国签署了自由贸易协定；具有参加 TPP 意向的国家中，加拿大、墨西哥、澳大利亚、秘鲁原本就是美国自由贸易伙伴，其余文莱、新西兰、越南、马来西亚经济规模有限，无法对美国的各产业构成重大威胁。2010 年美国自与 TPP 各成员国的贸易中获得了 40 亿美元的顺差,[①] 美国加入该协议不会对本国经济的复苏产生不利影响。美国与“跨太平洋伙伴关系协议”的互动关系实质上是美国对该协议的单向塑造关系。

第三,“跨太平洋伙伴关系协议”的转型为美国将自身战略意志灌输其中提供了机遇。在美国加入的引领作用之下,参与“跨太平洋伙伴关系协议”谈判的国家迅速增多,各国合作领域也开始突破传统自由贸易协定的局限,向投资、服务业贸易、知识产权自由贸易等方向扩展。在奥巴马政府的推动下,该协议确立“建设高标准自由贸易区”目标,为美国利用气候、食品安全、政策透明度等议题将发展中大国排除在外打开方便之门。另一方面,“跨太平洋伙伴关系协议”以建立“亚太自由贸易协定”(FTAAP)为最终目的,为美国主导亚太经济整合框架积累了必要的经验。

因此,加入“跨太平洋伙伴关系协议”成为奥巴马政府“主动影响地区经济整合的重要途径”。[②] 美国的加入使该协议迅速地蜕变为其构筑亚太经济霸权的工具。“跨太平洋伙伴关系协议”的异军突起对亚太地区经济整合走向产生了巨

① 参见美国国会研究报告,2010 年美国自 TPP 成员国进口总额为 851.17 亿美元,对 TPP 成员国出口总额为 892.15 亿美元。Brock R. Williams:Trans-Pacific Partnership (TPP) Countries: Comparative Trade and Economic Analysis, Congressional Research Service, February 8, 2012, p. 34. http://fpc.state.gov/documents/organization/185941.pdf.

② Mark E. Manyin, Coordinator and Stephen Daggett and Ben Dolven and Susan V. Lawrence and Michael F. Martin and Ronald O' Rourke and Bruce Vaughn, Pivot to the Pacific? The Obama Administration's "Rebalance" Toward Asia, Congressional Research Service, March 28, 2012, p. 22, http://fpc.state.gov/documents/organization/187389.pdf.

大的冲击作用。

首先，它打破了亚太地区贸易自由框架建设的沉闷氛围。TPP的“开放”特征诱使部分国家相信尽早加入有利于保护本国在国际经济整合中的话语权。美国加入由中小国家缔造的“跨太平洋战略经济伙伴协议”，提高了该地区各国对亚太宏观区域整合的信心，增进了对美国区域经济领导地位的认同。东南亚、南太平洋国家的纷纷加入，烘托出一种“亚太自由贸易框架呼之欲出”的氛围，分散了东北亚各国对本地区经济整合的注意力。

其次，它打乱了亚太各国推进自由贸易的顺序。美国加入“跨太平洋伙伴关系协议”所产生的挤压效应促使各国将巩固与美国的贸易联系放在区域经济整合的首要位置。TPP是美国加入的规模最大、参与国家最多的自由贸易协定。美国是亚太各国传统的消费市场，巨大的产品需求令各国趋之若鹜。产业结构相似导致亚太各国产品在美国市场面临着激烈的竞争。美国加入TPP后，东北亚各国商品的竞争压力会有所增加，不得不调整区域经济整合的方向，适应新的跨太平洋资源配置结构。

最后，它增加了亚太各国经济整合途径的选项。冷战结束后，亚太经合组织成为各国推动经济整合的主要平台，然而APEC在经济整合方面乏有建树，广大中小国家纷纷转入微观区域层次着手推进区域经济一体化进程，却又惧怕自身利益受到域内大国的侵害，在推进经济整合方面瞻前顾后。TPP的崛起为“宏观区域经济整合”提供了新的途径，增加了各中小国家的选择空间，从而对东北亚微观区域经济整合造成一定程度的负面影响。

奥巴马政府参加“跨太平洋伙伴关系协议”谈判标志着

美国的经济整合战略发生了根本性变化。一方面，美国推进经济整合的方向由南下转为西进。奥巴马政府搁置“美洲自由贸易区”的建构，推进亚太经济整合进程，顺应全球经济重心东移的进程，抢占亚太经贸规则、框架制定的先机。另一方面，美国调整与亚太地区的经贸联系结构。原有的跨太平洋经贸结构是由美国市场需求驱动的美国与其他国家单线经济联系构成的“轮辐结构”。美国加入 TPP 后，这一结构转变为由多边需求驱动，多国普遍联系的“网络结构”，为美国巩固太平洋两岸经济联系提供了稳固的结构基础。

然而，“跨太平洋伙伴关系协议”性质的突变也限制了其对亚太经济整合推进的实际效果。第一，“跨太平洋伙伴关系协议”与其他经贸制度框架重叠。参加该协议的国家多数已与美国缔结了双边自由贸易协定，各国之间多数也签订了相关一体化协议。“跨太平洋伙伴关系协议”扩大对各国强化彼此经贸联系的边际效用递减。第二，“跨太平洋伙伴协议”对域内经济大国吸引力有限。中国、印度、俄罗斯短期内没有参加该协议谈判，甚至韩国、印尼、泰国这些中等国家在初期也持观望态度。一定时期内，“跨太平洋伙伴关系协议”仍是美国的“独角戏”。第三，“跨太平洋伙伴关系协议”对巩固太平洋两岸经济联系的作用有限。美国与东北亚各国的经济联系是其与亚太经济联系的主要组成部分，2010年美国与 TPP 成员国贸易总额只占到其全球贸易总额的5%，只与美日贸易总额相当。没有东北亚地区国家的参与，TPP 无法承担巩固美国与亚太经济联系的重任。从长远来看，TPP 兴起对亚太经济整合的实际推动作用有待观察。

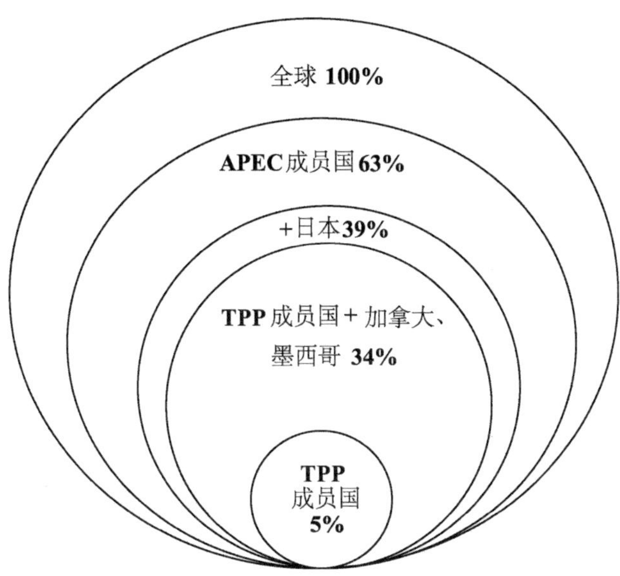

图1　2011年美国与主要国家、贸易集团的贸易结构图[①]

短期内“跨太平洋伙伴关系协议”对东北亚各国的影响集中于为美国主导的区域离散型整合“造势”。在东北亚地区外围营造出一种有利于美国影响各国经济整合方向的“氛围”，进而改变各国既有的经济整合路线。尽管东北亚一些国家和地区尚未正式加入TPP谈判，但该地区的经济整合已经感受到其所带来的负面影响。其中“跨太平洋伙伴关系协议”对日本、台湾地区的影响最为显著。日本调整了区域经济一体化的推进顺序，优先研究加入TPP，继而开启中、日、韩自由贸易区谈判进程；台湾地区领导人也公开表露出加入

① William H. Cooper and Mark E. Manyin, Japan's Possible Entry Into the Trans-Pacific Partnership and Its Implications, Congressional Research Service, August 24, 2012, p. 11, http://fpc.state.gov/documents/organization/198100.pdf.

“跨太平洋伙伴关系协议”谈判的意向。[①] 一些国家和地区一方面回避与美国签署双边自由贸易协定，另一方面又大张旗鼓地倡导加入TPP，本质上是其政治精英构筑与美国经济联盟的战略行动。由美国“虚张声势”地推进宏观区域经济整合所带来的注意力的转移，将使东北亚地区的经济整合陷入驱动乏力的尴尬境地，间接地实现美国维持跨太平洋资源配置模式的意图。

二、缔结“美韩自由贸易协定”

从酝酿到获得立法机构的认可，美韩自由贸易协定的缔结可谓几经波折。20世纪90年代，韩国政府着力推动美国考虑与韩国签署该协议，以规避北美自由贸易区形成针对韩国对美出口的影响，克林顿政府对此未予积极回应。进入新世纪后，在欧洲、韩国自由贸易协定研究工作开启的压力之下，小布什政府转而积极推进美韩自由贸易谈判进程，并在2007年与卢武铉政府签署了美韩自由贸易协定。然而民主党主导下的美国国会不断地抛出“劳工标准”“环保标准”议题，迫使布什政府一再延长谈判进程，导致该协议的批准延宕至奥巴马就职仍未解决。

梳理这一漫长的过程不难发现，美国的利益需求决定着美韩自由贸易协定的谈判进程。韩国与其他自由贸易框架的构建所引发的“外溢效应”是引导美国加快谈判进程的重要

---

① “我们要尽快完成《两岸经济合作架构协议》的后续协商，加速与新加坡、新西兰等重要贸易伙伴洽签经济合作协议，并在未来八年内做好加入‘跨太平洋经济伙伴协定’的准备，以掌握融入国际经贸体系的历史机遇。”参见台湾地区领导人官邸：马英九先生就职演说，http://117.56.6.1/Default.aspx?tabid=131&itemid=27200&rmid=514。

影响因素，美国对与韩国这样一个制造业强国达成自由贸易协议始终有所顾虑。2007 年美、韩达成自由贸易协议是小布什政府在全球贸易自由化受挫后，推进“竞争性区域经济整合战略”的重要组成部分，其本意就是要通过与部分国家签订相关贸易协定带动其他国家推进与美国的自由贸易框架建设。这一战略终因未能获得民主党的认同而收效甚微，如何处理上届政府遗留的美韩自由贸易协定成为考验奥巴马政府的重要课题。

奥巴马政府执政之初着眼应对全球金融危机，并未关注美韩自由贸易协定的最终解决，缺乏解决该问题的紧迫感。这位“被动的自由贸易主义者”[①] 沿袭竞选时对美韩自由贸易协定的反对态度，在汽车、牛肉等问题上继续对韩国政府施压。奥巴马政府并未重视美韩自由贸易协定的战略作用，将这一协议的缔结视作一个纯粹的经济问题，执着于保护国内汽车、牛肉产业获得更多的经济利益。[②] 对该协议战略重要性认知的不足导致 2009 年美韩自由贸易协定未取得进展，使奥巴马政府错失了执政党控制参、众两院的大好机遇。美国新政府对美韩自由贸易协定的冷淡态度，揭示了奥巴马政府保护主义贸易政策的本质，显示出单纯的经济因素并不足

---

① 孙玉红：《“美韩自由贸易协定”的新变化及其背后的动态博弈》，载于《当代亚太》2012 年第 1 期，第 77 页。

② 参见美国国会研究报告，2009 年底奥巴马总统接受福克斯电视台采访时称：“总体而言，我认为这项协议对于我国的出口商颇为有利。但是也有一些产业尚无法有效应对协议（所带来的冲击），这就是我要与李明博总统沟通的话题。” William H. Cooper，Coordinator and Mark E. Manyin and Remy Jurenas Michaela D. Platzer：The Proposed U. S. – South Korea Free Trade Agreement (KORUS FTA)：Provisions and Implications，Congressional Research Service，August 9，2011，p. 3. http：//fpc. state. gov/documents/organization/171373. pdf.

以吸引美国从根本上推进跨太平洋自由贸易框架建设。

2010年，东北亚安全局势急转直下，韩国对美国巩固陆海浅纵深地带优势的战略作用凸显。美韩军事、政治合作全面加强，带动奥巴马政府重新思考美韩经济合作的战略价值，为美韩自由贸易协定的峰回路转营造了良好的氛围。

一方面，奥巴马政府对两国自由贸易协定的认识突破了经济领域的局限。长期以来美韩同盟始终是两国军事、政治的联盟。冷战时期两国虽经济往来频繁，但以美国单方面援助与韩国对美国货物出口为主要形式，没有形成制度性的保障框架。冷战后韩国经济对东北亚地区内部的经济依赖度超越了对美国的依赖。避免经济依赖削弱引发联盟的离心，要求美国政府必须在加强美韩经济联系上有所作为，“‘美韩自由贸易协定’的签订及实施是一个美国对联盟进行修正和弥补的过程——修正了长达几十年的经济、安全失衡，弥补双边联盟在经济方面的缺憾”。[①] 对美韩自由贸易协定影响领域的认识突破，解除了奥巴马政府对推进美韩自由贸易协定的顾虑，促使其加快了缔结该协议的进程。

另一方面，奥巴马政府对美韩自由贸易协定的认识突破了双边经济合作的局限。小布什政府原本就是从推进“竞争性自由贸易整合”的区域战略高度着眼，推进美韩自由贸易协定。奥巴马政府逐渐认识到“美韩自由贸易协定的命运关

① 崔荣伟：《联盟转型与“美韩自由贸易协定”》，载于《国际论坛》2010年第5期，第23页。

系到美国将在东亚地区经济存在制度化努力的成败”。[①] 美韩自由贸易协定的久拖不决，引发各盟国对美国融入亚太决心的质疑。不断追加的谈判使韩国执政当局倍受国内在野力量的批评，透支了美国政府的国际信用，增加了其他国家与美国缔结经济合作协议的顾虑。原本作为美国加强与东北亚经济联系样板的美韩自由贸易协定失利，所引发的连带效应势必提高美国吸引各国采取合作政策的难度。对美韩自由贸易协定影响层次认知的突破，促使奥巴马政府下大力气平息国内对该协议的质疑，彰显美国推动跨太平洋经济整合的战略决心。

最终，在韩国做出较大幅度让步的前提之下，2011 年底美韩自由贸易协定终于获得美国国会、韩国国会的批准，结束了长达近 6 年的谈判进程。该协议的缔结对美国政府在东北亚地区的安全战略起到了积极的推动作用。

首先，美韩自由贸易协定的缔结增加了东北亚各方巩固与美国经济联系的紧迫感。美韩自由贸易协定生效后，两国贸易中 95% 的产品将实现零关税。韩国是东北亚各国中颇具代表性的新兴工业化国家，其产业与周边国家、地区重合性较高。其中机电产品在韩国对美国出口品种中所占比例最大，而台湾地区是韩国机电产品在美国市场的主要竞争对手。美韩自由贸易协定生效后的 2012 年上半年，台湾地区对美国的

① William H. Cooper, Coordinator and Mark E. Manyin and Remy Jurenas Michaela D. Platzer, The Proposed U. S. - South Korea Free Trade Agreement (KORUS FTA): Provisions and Implications, Congressional Research Service, August 9, 2011, p. 51. http://fpc. state. gov/documents/organization/171373. pdf.

机电出口同比下降 24.2%。[①] 美国市场份额的萎缩无形之中加大了对台湾当局的压力，令其把加强与美国的经济联系作为未来一定阶段内的重要议题加以审视，而日本也出现了类似的情况。美韩自由贸易协定的缔结一定程度上激活了沉寂已久的东北亚各国与美国自由贸易的制度框架建设。

其次，美韩自由贸易协定的缔结减少了东北亚各方对美国推动自由贸易诚意的质疑。长期以来，美国构筑自由贸易框架的主要对象集中于周边国家以及新加坡等中小国家，对与制造业强国签订相关协定意兴阑珊。自 20 世纪 90 年代北美自由贸易区建立后，美国在推进与主要国家的贸易框架建设方面少有建树。面对东亚地区如火如荼的经济整合热潮，美国对该地区的自由贸易框架建设的踯躅不前难免有“叶公好龙”之嫌，而“跨太平洋伙伴关系协议”的落实有待时日，美国迫切需要取得自由贸易框架建设的进展，以显示自身推进区域离散型整合的诚意，美韩自由贸易协定适时地充当了这一关键角色。美韩自由贸易协定的缔结部分充实了美国主导的跨太平洋自由贸易框架的内容。

再次，美韩自由贸易协定的缔结为美国抢占了东北亚地缘经济整合的先机。东北亚地区的现代化进程由海洋向陆地逐次推进，韩国无论在经济发展水平与地理位置上都介于中国、日本之间。美韩自由贸易协定如同为美国在东北亚的中心打入了楔子，为美国进一步推进与东北亚国家的经济整合找到了立足点。既有的经济整合案例显示，各国主要是从经

---

① 参见中华人民共和国商务部综合司、商务部国际贸易经济合作研究院：《国别贸易报告·2012 年 1—6 月中国台湾省货物贸易及两岸双边贸易概况》，表 11：“中国台湾省五大类出口商品的国别/地区构成”。http://countryreport.mofcom.gov.cn/record/view110209.asp?news_id=30690.

济要素互补的角度出发，抑或从经济发展水平相似角度出发，寻找签订自由贸易协定的对象。对美国而言，中国、日本恰好符合这两个要件。尽管现阶段美国更加青睐与日本推进自由贸易关系的研究工作，但仍会在未来亚太经济自由贸易框架内为与中国贸易制度化安排保留空间。美韩自由贸易协定的缔结为美国下一步的经济关系制度化进程占据了主动的位置，无论美国选择与中、日任何一方优先确立自由贸易关系，都会使另一方陷入被动局面。美韩自由贸易协定的缔结强化了美国对中国、日本的经济优势。

最后，美韩自由贸易协定的缔结为美国提供了调试与东北亚各国自由贸易关系的机遇。与美国既有的自由贸易伙伴相比，东北亚地区与美国的贸易联系的突出特征就是制成品出口占据了各国对美国的贸易的主要份额。其中美国自中、日进口的机电设备占其全年进口量的42.9%，自日、韩进口的运输设备占到其全年进口总量的31%，① 贸然开启与东北亚国家的自由贸易进程无疑会对美国国内产业产生难以估量的冲击。而韩国的经济规模适中，美韩自由贸易协定对美国国内的影响作用尚在美国政府可控范围之内，与韩国的自由贸易经验有助于美国积累与东北亚制造业大国加强经贸联系的经验。美韩自由贸易协定的缔结奠定了美国推进与东北亚

① 其中美国自中国进口机电设备价值976亿美元，占其全部进口量的33.3%。美国自日本进口机电价值272亿美元，占其全部进口量的9.3%。美国自日本、韩国进口运输设备分别价值为277亿美元、77亿美元，占其同期进口比例为21.3%、6%。参见中华人民共和国商务部综合司、商务部国际贸易经济合作研究院：《国别贸易报告·2012年1—6月美国货物贸易及中美双边贸易概况》，表11：“美国五大类出口商品的国别/地区构成”。http://countryreport.mofcom.gov.cn/record/view110209.asp?news_id=30506.

地区贸易框架建设的基础。

总之，美韩自由贸易协定的缔结是奥巴马政府扩展与东北亚各国自由贸易关系的“投石问路”之举。驱动奥巴马政府完成该协议缔结工作的动力来自于美韩自由贸易协定所带来的后续战略影响，而不仅仅是两国经济合作的收益。如果说“跨太平洋伙伴关系协议”为东北亚各国提供的是一种氛围、一种选择，那么美韩自由贸易协定的缔结则为这些国家提供了一个“范例”，一个中等制造业强国强化美国经济联系获得更多利益的“典范”。从这个意义上讲，美韩自由贸易协定缔结的实在意义超过美国加入“跨太平洋伙伴关系协议”，成为奥巴马政府东北亚战略中经济领域由“虚”向“实”转化的过渡内容。

三、调整贸易政策与国内产业结构

奥巴马政府贸易政策的思想内核脱胎于2007年众议院议长南希·佩洛西发布的“美国新贸易政策”。其主要内容包括“确保自由贸易协定提高生活水平，为美国产品开辟新市场；支持美国工人、农民和工商业，特别是倍受打击的制造业；为美国工人、农民、工商业打开主要市场；创设战略工人援助和培训计划，增进教育、培训、便携式医疗和养老金方面的福利；通过扩大贸易项目和对外援助促进贫穷国家发展，扩展美国的外交和加强美国的国家安全”。[①] 这些内容着眼于管控自由贸易扩张对美国国内产业带来的冲击，是对小布什政府“竞争性自由贸易战略”的修正。其中有关支持美

① 崔荣伟：《“新贸易政策”对〈美韩自由贸易协定〉的影响》，载于《美国研究》2010年第4期，第85页。

国制造业的内容对美国与东北亚国家的经贸往来影响最为突出。在这种思想指导下的奥巴马政府的对外贸易政策不可避免地带有浓重的“保护主义”色彩。

奥巴马政府的贸易政策集中于应对全球贸易体系对美国国内产业带来的挑战。二战后美国主导了既有国际贸易体系缔造、修正进程，并成为这一体系中获益最大的国家，反过来美国凭借强大实力为国际贸易体系扩大、深化发展提供了必要的安全保障。然而国际贸易体系与美国并不是单向塑造关系，“市场力量的解放和发展需要有利的政治环境，但是国际市场往往按照其自身的逻辑运行。”① 市场的扩张依据各国资源配置分配各国在贸易体系中的角色，实现利润的最大化。角色的再分配不可避免地会对美国的一些产业产生影响，甚至是冲击。因此，奥巴马政府把应对国际贸易体系带来的挑战作为美国对外贸易战略的重要任务。②

国际贸易体系角色再分配对美国最大的挑战在于国内制造业的衰落。20 世纪 50 年代美国已经完成工业化进程，步入后工业化时代，其经济的核心特征在于服务业占国民经济生活的比重日渐增高，制造业在国民经济中所占比重萎缩。由第三次技术革命引发的物质需求由境外制成品供应加以补充，美国逐渐从国际贸易体系的制成品生产者转变为制成品消费者。东北亚各国、地区适时承接新的角色，成为国际贸

① 【美】罗伯特·吉尔平：《国际政治经济学》，上海人民出版社 2006 年版，第 73 页。

② 参见 2012 年美国总统经济报告第 139 页，“确保美国工人与企业通过创造更为开放的全球贸易与投资体系获得最多的机遇”。White House：Economic Report of The President，Transmitted to The Congress February 2012，http：//www. whitehouse. gov/sites/default/files/docs/erp_ 2012_ complete. pdf.

易体系新的制成品生产者。东北亚递进性的现代化进程，使日本、韩国、中国形成完整的高、中、低制造业配套生产体系，加速了跨太平洋产业转移进程。对奥巴马政府东北亚经济战略来说，调整贸易政策与其修正产业政策是一个密不可分的整体。

产业结构的调整加剧了美国与国际贸易体系的矛盾。国际贸易体系的分工所带来的角色分配要求每个国家都要最大程度地服从市场的安排，发挥彼此资源禀赋的优势，减少生产成本，提高单位产品的利润。然而，现实经济生活中任何国家都不可能完全服从于这一体系安排，美国亦不能自外。这种矛盾主要体现于全球、地区、国家、个人层次之内。

首先，国际贸易体系与美国全球霸权的矛盾。国际贸易体系分工之下，美国成为国际服务贸易发展的主要推动力量，而东北亚成为国际制成品生产中心。然而，强大制造业是美国全球霸权的基础，国内制造业的持续萎缩不可避免地会影响美国的技术研发能力，波及其强大的军事工业体系。更为重要的是伴随着国际产业转移美国高新技术外溢，导致跨太平洋两岸技术差距缩小，令美国丧失信息革命时期积累的技术优势。因此，管控国际贸易体系所带来的产业转移是奥巴马政府护持美国全球霸权的必要手段。

其次，地区贸易分工与美国区域平衡的矛盾。在国际贸易分工的推动之下，太平洋两岸分别成为全球服务贸易重心与全球制造业贸易重心。然而“相对于货物，服务参与国家贸易的程度较低”，[1] 这就意味着太平洋两岸的财富呈现出自

① 蔡兴、刘子兰：《美国产业结构的调整与贸易逆差》，载于《国际贸易问题》2012 年第 10 期，第 72 页。

西向东单向流动的运转态势。美元大量涌入东北亚使该地区经济总量迅速接近美国的经济规模，不利于美国维持对其他地区的规模优势。因此，美国构筑与东南亚国家、拉美国家的自由贸易关系含有分散对东北亚各国制成品依赖的意味。管控地区贸易分工是奥巴马政府维持美国对各区域经济优势的重要途径。

再次，产业比例变化与美国国家利益的矛盾。美国的产业规模表现为三、二、一的排序结构，农业在国内生产总值中所占比例总体稳定于1%左右，而服务业的扩张基本是以制造业的萎缩作为代价的。截至2010年，制造业在美国国内生产总值的比例只占20%，这一数字在所有发达国家中仅仅高于卢森堡，与澳大利亚持平。[①] 制造业是农业、服务业的中介，使三大产业构成整体的中枢。任何大国都不可能对本国制造业的衰落无动于衷，势必会采取一系列措施反制国际分工对本国产业造成的负面冲击。加大对制造业的投入力度是奥巴马政府保持美国产业平衡的战略措施。

最后，制成品进口与奥巴马政权基础的矛盾。2008年、2012年的美国总统大选显示，奥巴马竞选团队获胜的关键在于取得了太平洋、大西洋沿岸以及五大湖地区各州的支持。这些地带是美国的传统工业基地，也是东北亚地区制成品进口冲击最为严重的地区。以美韩汽车贸易为例，“2007年韩国出口到美国市场的乘用车达到66.8万辆，而从美国进口的

① 参见世界银行统计数据，http://data.worldbank.org/indicator/NV.IND.TOTL.ZS/countries?order=wbapi_data_value_2011+wbapi_data_value+wbapi_data_value-last&sort=asc。

却只有6500辆”。[1] 因此，奥巴马执政团队的贸易政策不可避免地对密歇根这些汽车工业中心的利益加以照顾。而医疗改革、税赋调整这些有争议的国内政策也需要奥巴马政府获得各州持续的支持，进一步缩小了当选政府执政后放宽对外贸易限制的空间。从此层面审视，保护制成品产业是奥巴马政府回报国内工业，换取各州对新经济政策支持的酬劳。

因此，美国新政府从产业、贸易两大政策着手，推进美国产业结构和对外贸易的“双平衡”。在产业结构方面，奥巴马政府有选择地加大对新兴制造业的扶持力度。清洁能源产业、高速铁路运输产业、生物技术产业成为美国政府扶植的“新宠”。在每周对民众的讲话中，奥巴马多次提及中国在高速铁路、太阳能产业、超级计算机等产业取得的新成就，试图激发美国上下对发展新兴制造业的紧迫感，显示美国维持制造业规模的雄心壮志。

由此可见，奥巴马政府扶植制造业和保护性的贸易政策是美国实力相对衰退，推进自由贸易力度下滑的表现。值得注意的是奥巴马政府推进两大经济政策的同时，其对外经济战略着重顺应新兴国家市场扩大的趋势，着力强化美国对外出口能力，推动美国的对外出口在2009年的基础上在五年内实现翻一番。[2] 它的全球经济战略仍然以推动全球经济增长与市场开放作为宏观目标。从这个意义上说，奥巴马政府虽然无力在现阶段推动亚太经济实质性整合，但却通过调整美国产业结构，为迎接下一轮囊括东北亚地区的经济整合养精

① 孙玉红：《“美韩自由贸易协定”的新变化及其背后的动态博弈》，载于《当代亚太》2012年第1期，第73页。

② White House: National Security Strategy, May 2010, p. 32, http://www. whitehouse. gov/sites/default/files/rss viewer/national security strategy.

蓄锐。因此，扶植制造业的产业政策与保护性的贸易政策并不单纯是美国政府防御性经济措施，更是奥巴马政府在全球经济重心东移的宏观格局之下维护美国经济优势的战略行为。

“虚实相间”构成了奥巴马政局安全战略经济内容的精神内核。高调加入“跨太平洋伙伴关系协议”、完成“美韩自由贸易协议”缔结、调整贸易政策与国内产业结构，共同组成了奥巴马政府东北亚安全战略的经济内容。三项战略举措构成了美国区域经济战略的虚实转变，是奥巴马政府扭转美国经济资源紧张不利局面的战略谋略。美国加入“跨太平洋伙伴关系协议”起到了“虚张声势”的正面效果。缔结美韩自由贸易协定，是美国为掌握东北亚经济制度框架建设的先机，抓住了韩国这个地缘经济整合的支点。而“虚实结合谋略的最终落脚点是内在虚实”[1]。正如美国《国家安全战略》所说，“美国的领导地位根基在于其经济的繁荣。”[2] 保护主义贸易政策与提高制造业在产业结构中比例的着眼点在于培育美国国内经济战略资源。三项战略内容的有机组合，为奥巴马政府区域经济战略起到了“以虚隐实”的理想效果。

从战略手段、时间角度审视，奥巴马政府东北亚经济安全战略内容做到了激进路线与渐进路线的结合。对外，奥巴马政府采用激进路线借助已有多边合作框架，通过高调宣布加入 TPP，坐收“反客为主”之效，在短时间内夺回了亚太经济整合主导权。对内，奥巴马政府则不急收一时之效，采用渐进路线逐步设置绿色贸易壁垒、蓝色贸易壁垒，并利用

---

① 周丕启：《大战略分析》，上海人民出版社 2009 年版，第 222 页。

② White House：National Security Strategy，May 2010，p. 28 http：//www. whitehouse. gov/sites/default/files/rss viewer/national security strategy.

世贸组织规则不断对东北亚各国制造业产品提出贸易诉讼，为国内制造业的重新崛起争取时间。激进路线、渐进路线的结合令美国在抢占战略先机的有利条件下从容夯实国内经济基础，实现区域经济战略的张弛有度。

从战略手段角度审视，奥巴马政府东北亚经济安全战略内容侧重于采用自助手段实现经济利益的护持，以合作手段为辅诱导、迫使东北亚各国参与区域离散型整合。以美韩自由贸易协定为例，即使美国需要韩国配合跨太平洋资源配置模式，奥巴马政府也不会放弃对谈判议程的主导。美国当局根据制造业要求不断追加条款，迫使韩国接受美方要求，这意味着在奥巴马政府战略视野中，保证国内产业结构协调的战略地位远比推进国际经济合作重要，自助手段获得了比合作手段更高的战略地位。自助为主、合作为辅的战略手段配置有助于奥巴马政府将自身战略意志融入区域经济框架的建设，为美国掌控东北亚地区经济整合脉络提供了路径保障。美国的政治优势对诱导盟友配合奥巴马政府的区域经济战略起到了不可忽视的推动作用。

第三节　政治内容

政治安全是传统安全领域的重要组成部分。美国作为一个东北亚区域外国家，保持与日本、韩国联盟关系是制衡该地区大国，维持自身优势的基本前提。进入 2010 年后，奥巴马政府以东北亚岛屿争端升级为契机，强化与日本、韩国的联盟关系。随着权力政治取代集体安全再次成为各国维持安全的主要手段，东北亚地区海陆对峙结构得到强化，美国牢牢控制了联盟投放资源的方向。同时，奥巴马政府利用各国处于社会转型的重要阶段，从削弱中、俄、朝战略实力的高度，强化对三国的意识形态渗透。由软、硬实力组成的“巧实力”外交成为奥巴马区域政治安全战略的重要补充。

一、介入东北亚岛屿争端

进入新世纪以来，东北亚岛屿纠纷呈现出全面升级、争端双方对峙长期化的新趋势。东北亚地区岛屿争端是中国、俄罗斯、韩国与日本，围绕钓鱼岛、南千岛群岛（日称“北方四岛”）、独岛（日称“竹岛”）产生的主权争议，具有相同的历史、现实内涵。[①] 东北亚岛屿争端激化的历史内涵是日本未能对近代侵略历史进行全面反省，不断挑战第二次世界大战后确立的国际秩序，导致与周边国家的主权对立。东北亚岛屿争端激化的现实内涵是东北亚各国为在新形势下争取区域结构中有利地位而展开的战略博弈。值得注意的是在东北亚岛屿争端的历史、现实内涵中，美国的作用都不容小视。历史内涵中，二战后美国单方面占领日本并擅自划定军事占领分界线是东北亚岛屿争端缘起的直接原因；在现实内涵中，冷战结束后美国不断强化美日同盟，为日本提供了与周边国家对抗的心理暗示。美国在东北亚岛屿争端的历史、现实内涵中发挥的作用使它实际上介入了这些争端，引导着这些纠纷朝着服务于自身利益的方向发展。

① 除三大岛屿争端外，朝韩就海上军事分界线尚有分歧，朝鲜不承认韩国对延坪岛等江华湾岛屿的占有。由于朝韩的特殊关系，双方皆不将分界线视为主权边界，相关岛屿纠纷不属于主权争议范畴。此外，中韩双方就苏岩礁问题拥有共识，即该礁不具有领土地位，中韩双方不存在领土争端（见中国外交部发言人刘为民 2012 年 3 月 12 日答记者问）。

通过对美国政府对东北亚岛屿争端立场的整理，不难发现其差异性内容多于共同性内容。奥巴马政府的立场差异可以概括为“五个是否”：是否承担相应岛屿“防御义务”；是否配合争端方采取措施激化矛盾；是否采用倾向性的岛屿称呼；是否直接协调矛盾双方；是否承认相关岛礁的主权归属。奥巴马政府介入岛屿争端立场的相同之处则可以被概括为“两个避免、两个支持”，即避免谈及东北亚岛屿争端历史内涵，避免卷入争端双方执法、军事力量正面对峙；支持日本“修正”战后东北亚海上边界诉求，支持争端双方缓和危机的努力。总体而言，奥巴马政府立场差异内容更为明显，而共同性内容则较为隐蔽。

是否承担对相应岛屿“军事义务”是奥巴马政府对岛屿争端立场的核心差异。三大岛屿争端只有钓鱼岛处于美军“保护”范围之内。承担对钓鱼岛“军事义务”意味着美国保留了以战争手段干预中日岛屿争端的行动自由，并将凭借自身雄厚军事实力为日本对钓鱼岛的非法占有保驾护航。尽管当代国际关系中，采用战争手段解决纷争的案例已不多见，但战争依然以其绝对性、暴力性特征成为各国表现战略决心和划定战略底线的重要手段。奥巴马政府对美国军事责任的高调宣示，“是迄今为止美国承担防护‘尖阁列岛’（钓鱼岛）协定义务最为明确的声明，提高了中、美在钓鱼岛发生正面军事对抗的可能性。”[①] 美国的姿态调整表明其介入钓鱼岛争端的重点已经从控管中日危机转向巩固美日联盟。奥巴马政府甚至为此不惜冒与中国发生直接军事对抗的危险，其

---

① Emma Chanlett-Avery：The U. S. -Japan Alliance，Congressional Research Service，January 18，2011. p. 6. http：//fpc. state. gov/documents/organization/155561. pdf.

捍卫联盟的战略决心可见一斑。与之相比，独岛虽也处于美军保护范围，却因美国在韩日之间的“模糊立场”而丧失了“军事义务”蕴含的宣示意义。而美国拒绝承担对日本“北方四岛”的“军事义务”，实际上包含着约束日本以和平手段解决俄日岛屿争端的涵义。因此，奥巴马政府是否承担对东北亚岛屿纠纷的“军事义务”是其宣示区域战略底线，拉拢日韩、分化中俄的重要途径。

是否配合争端方激化矛盾是奥巴马政府对岛屿争端立场的主要差异。其主要表现形式在于是否针对具体争端布置、实施相应的军事威慑措施，如军事演习、军事布防调整等。如果说承担“军事义务”象征意义大于实际意义，那么军事演习、布防调整就是战略主体采用军事手段中的非战争方式迫使对方就范的战略威慑行动。由于现今大国之间爆发直接军事冲突的可能性已大为缩小，所以军事威慑比战争手段更具实际意义。更为重要的是奥巴马当局拥有决定是否采取具体的激化矛盾措施的裁量权，可以灵活地选择介入争端的地点、时机。因此，是否配合争端方激化矛盾是判断奥巴马政府战略重心投入方向的重要指标。2010 年钓鱼岛争端激化以来，美日在冲绳周边的军事行动更趋频繁，军事演练项目针对性更加明确。与之相比，奥巴马政府并未在南千岛群岛周边采取具有军事威慑意味的大规模行动，这种异乎寻常的克制与俄罗斯对日本全方位军事威慑形成鲜明反差。[①] 此种反差说明奥巴马政府是否配合日本采取激化

---

① 参见日本防卫省 2012 年 7 月发布的《防卫白皮书 2012》文摘部分，俄罗斯空军对日本列岛全境进行战略巡航。Japan Ministry of Defense: Defense of Japan 2012, Digest, Part Ⅲ, Measures for Defense of Japan, http://www.mod.go.jp/e/publ/w_paper/pdf/2012/02_Digest.pdf.

矛盾的措施是其调节美日同盟战略资源投放方向，激化中日矛盾的重要砝码。

是否采用具有倾向性的岛屿名称是奥巴马政府对岛屿争端立场的基本差异。除独岛以外，美国官方对钓鱼岛、南千岛群岛均采用日方名称。而在20世纪50年代，美国国务院为了支持日本对独岛的主权要求，也曾采用“竹岛”(Takeshima) 称呼独岛。[①] 因此，采用何种称呼并不是简单的语言习惯问题，而是美国潜在倾向的体现。即使同样采用日方名称，美国对中日、俄日争议岛屿的表述也存在着微妙差异。为了表现美国对钓鱼岛主权“归属”不持立场，美国官方文件除采用日方称呼外，还以括号形式将钓鱼岛的中文名称补充进去。而在俄日岛屿争端中，美国回避使用更具中立色彩的南千岛群岛称呼，直接采用“北方四岛”表达对日本的主权支持。可见，采用日本对争端岛屿的名称隐含着美国倾向于日本立场的信息，是美国调节对日本政治支持力度的有效手段，是其默许日本“主权声索”的变相表达。

是否直接参与纠纷协调是奥巴马政府对岛屿争端立场的一般差异。在奥巴马执政前，美国政府几乎从未表达过协调东北亚岛屿争端双方的意愿。东北亚岛屿争端全面激化促使奥巴马政府考虑直接协调岛屿争端双方的可能性，这说明美国协调争端双方的初衷在于控管危机、避免局势失控，缺乏

① University of Wisconsic Digital Collection: Undated Memorandum by Mr. Robert A. Fearey of the office of Northeast Asia Affairs, in FRUS, October 26, 1950, FRUS volume Ⅵ, FOREIGN RELATIONS, 1950, http: //digicoll. library. wisc. edu/cgi-bin/FRUS/FRUS idx? type = turn&id = FRUS. FRUS1950v06&entity = FRUS. FRUS1950v06. p1342&q1 = TAKESHIMA.

从根本上解决争端区域内岛屿争端的动力。没有美国的支持，日本不具备与俄罗斯展开军事对峙的条件，奥巴马政府对协调俄日岛屿纠纷兴趣索然，主要注意力放在协调中日、韩日岛屿纠纷之上。为此，2010 年希拉里国务卿曾一度提出组织中、日就钓鱼岛争端展开对话的倡议，终因未获双方认同而告终。[①] 美国转而通过双边管道介入中日岛屿争端。现阶段，奥巴马政府正着力通过美日韩三边框架控制独岛争端对美国同盟体系的影响，为日后协调其他争端积累必要经验。是否直接协调争端双方是美国防止岛屿纠纷引发局势失控，保持东北亚地区总体稳定的进一步尝试。

是否承认岛礁主权“归属”是奥巴马政府对岛屿争端立场的边缘差异。尽管美国不同程度地介入到东北亚地区的岛屿纠纷，但只在南千岛群岛争端中明确支持日本主权要求。主权作为“一定领土范围内出现的一种集中的权力……高于该领土范围内的其他力量”。[②] 主权的排他性、让渡的不可逆性导致任何国家都不可能轻易放弃领土主权，同时谨慎处理其他国家之间的主权纠纷。虽然与日本的联盟关系是美国建构东北亚霸权的基础，奥巴马政府依然慎重对待这些纠纷岛屿的主权归属问题。如“承认”日本对这些岛屿拥有“主权”，不仅意味着美国被日方的立场所绑架，丧失了灵活处置危机的弹性空间，更意味着美国与中国、韩国这些新兴国家的关系将突生波澜。同样，奥巴马政府即使承袭前任政府

---

① 参见希拉里国务卿 2010 年访问越南的讲话，U. S. Department of State: Remarks With Vietnamese Foreign Minister Pham Gia Khiem, http: // www. state. gov/secretary/rm /2010/10/150189. htm。

② 【美】汉斯·摩根索：《国家间政治：权力斗争与和平》，北京大学出版社 2006 年版，第 342 页。

立场，支持日本对“北方四岛”的主权诉求，也会尽量选择低调的方式表达这一立场。美国政府是否承认岛礁主权归属立场差异的实在意义已被淡化。

奥巴马政府介入东北亚岛屿争端立场与以前历届政府的共同点表现在如下几方面：

避免谈及东北亚岛屿争端历史内涵是奥巴马政府区别对待三大岛屿争端的前提。美国是战后国际秩序的缔造国之一，是《开罗宣言》《波茨坦公告》直接参与方，负有维护大战成果的历史责任。而构建东北亚地区霸权秩序的现实需求，又要求美国必须主导美日联盟优势。否认东北亚岛屿争端历史内涵将颠覆美国对日本的领导地位；而承认历史内涵又会使美国无法采用不同立场区隔各个争端，丧失灵活介入争端的弹性空间。所以，避免谈及东北亚岛屿争端成为奥巴马政府在两难困境之下的次优选择。回避历史内涵实质上是美国回避岛屿争端中历史责任的战略行为。

避免卷入争端双方执法、军事力量直接对峙是奥巴马政府防止岛屿争端影响美国与中、俄、韩关系的重要措施。现阶段日本在使用海上力量介入韩国、俄罗斯的岛屿纠纷问题上相对谨慎，主要动用海上保安厅的力量维持对钓鱼岛的非法占有。近期已经出现军事力量介入钓鱼岛海域的趋势，但这种趋势能否长期保持尚有待观察。卷入日本与周边邻国的执法、军事对峙意味着美国的军事力量取代日本海上保安厅、自卫队成为对峙的主角。此举不仅会导致争端的军事对抗意味更为浓重，也会严重损害中美之间业已脆弱的战略互信。因此，奥巴马政府迄今在参与中日海上力量对峙问题上相对克制。避免卷入争端双方的直接对峙是美国防止岛屿纠纷对自身与新兴国家关系产生负面影响的“防波堤”。

支持日本“修正”东北亚海上边界诉求是奥巴马政府充当东北亚“离岸平衡手”的历史“遗产”。即使日本学者也承认“尖阁问题、竹岛问题和北方领土问题同根同源，均源于美国冷战格局下的亚洲战略。通过在日本和其可能加入反美阵营的邻国之间留下领土问题，美国建立了可一直在日本拥有立足点的格局”。[①] 随着中国、俄罗斯战略实力的快速积累，奥巴马政府迫切需要日本加大对两国的战略牵制力度，岛屿争端就成为激化日本与中、俄矛盾的关键节点。即使在韩国实际占有独岛情况下，奥巴马政府仍然采用“利扬库尔礁岩”这种中立的岛屿名称，并争取在三边框架下协调岛屿争端，实则有利于日方凸显“独岛地区存在主权争议”。支持日本“修正”东北亚海上边界的诉求是美国笼络日本，制衡中、俄的重要筹码。

支持争端双方缓和危机的努力是奥巴马政府缓解岛屿争端对区域稳定威胁的必要姿态。东北亚地区爆发全面军事冲突与美国的国家利益相悖，不利于奥巴马政府借助东北亚地区的经济繁荣修复国内经济基础的努力。东北亚岛屿纠纷双方缓和危机的努力可以设置危机升级的瓶颈，减少了美国外交压力，成为奥巴马政府保障东北亚地区总体稳定的辅助措施。

总之，奥巴马政府对东北亚岛屿争端立场差异是新时期美国利用岛屿纠纷区隔东北亚各国的战略行为。通过划定战略底线、引导日本对外战略方向、调节对日支持力度、协调

① 新华网：日本《朝日新闻》10月8日文章：《美国所谓“中立”的背后打算》，2012年10月10日，http://news.xinhuanet.com/mil/2012—10/10/c_123802525.htm。

纠纷双方凸显美国在东北亚的前沿存在，实现规制中国、排挤俄罗斯、拉住韩国、笼络日本的多重战略构想。奥巴马政府的立场共同之处则是美国操弄争端、控管争端的思想内核，从而令争端激化服务于美国维持东北亚地区的冷战框架和巩固美国优势地位的战略目的。

东北亚岛屿争端激化对奥巴马政府的东北亚安全战略实践的助益如下：

首先，岛屿争端激化有利于奥巴马政府夯实与东北亚盟国的政治基础。美国借助岛屿争端强调“中国不断扩大核心利益的范畴，‘尖阁列岛’（即中国钓鱼岛）也成为它的新兴利益……（美日）联盟对中国的战略应采取接触与防御并重之策，应对中国选择使用综合国力的不确定性”。[①] 东北亚岛屿争端激化有助于美国渲染地区紧张局势，将美日、美韩单纯军事联盟转变为域内既得利益国家抵御新兴大国崛起带来不确定性的政治和军事联盟。东北亚岛屿争端激化成为奥巴马政府拓宽域内盟友的合作领域，扭转政治联盟弱化趋势的战略支点。

其次，岛屿争端激化有利于奥巴马政府引导日本战略资源投放方向。奥巴马政府在东北亚的安全战略侧重于借助中日战略竞争关系，消化中国崛起对美国区域霸权秩序建构的冲击。因此，美国全力推动日本向西南方向投入战略资源，一味破坏中日既有的战略默契。日本投入战略资源方向与其在岛屿争端中攻守方向的错位是美国对日本影响力的体现。东北亚岛屿争端激化，成为美国胁迫日本服从自身霸权，增

① Richard L. Armitage and Joseph S. Nye, The U. S. -Japan Alliance , Anchoring Stability in Asia, Center For Strategic International Studies, p. 9.

强对美日联盟控制力度的战略资本。

再次，岛屿争端激化有利于奥巴马政府区隔东北亚新旧两大伙伴体系。美国协调两大伙伴体系的前提在于新兴大国与美国传统盟友之间存在着无法调和的嫌隙，缺乏自行组织解决国际问题能力。中国、日本分别是美国新、旧两大伙伴关系的代表，东北亚岛屿争端的激化冲垮了东亚共同体的构想，令中、日、韩自行构筑域内合作框架，应对经济危机的倡议成为空想，令美国尽收反客为主之效。东北亚岛屿争端激化，成为奥巴马政府强化自身优势，打入新、旧两大伙伴体系的战略楔子。

最后，岛屿争端激化有利于奥巴马政府渲染中国向海洋发展的“威胁”。美国通过淡化俄日纠纷、模糊韩日争议，凸显了钓鱼岛争端，并将该争端与内涵截然不同的南海争端混为一谈。这些举动意在烘托所谓“中国在海上纠纷中咄咄逼人”的紧张气氛，增加周边各国对中国的不信任感，为美国鼓动伙伴分担“安全责任”，配合“亚太再平衡”战略营造有利氛围。经过奥巴马政府对东北亚岛屿争端采取分而治之的策略后，俄日、韩日岛屿争端呈现出缓和之状，而中日岛屿纠纷却始终无法走出困局，诱使各国将争端激化归罪于中国维权行动。岛屿争端激化为奥巴马政府提供了扮演“地区安全维护者”，宣扬“美利坚治下和平”（Pax America）的战略平台。

由此可见，东北亚岛屿争端激化既是奥巴马政府推进区域安全战略的机遇，又为其带来了挑战。从美国介入争端立场异同审视，奥巴马政府更加侧重于利用岛屿争端为实践区域战略鸣锣开道，对控管岛屿危机带来的挑战重视不足。随着岛屿争端的持续升级，美国已经部分实现了战略构想，而争端对其区域战略产出的红利日渐萎缩，未来岛屿争端对美国区域战略的挑战性将更为突出。控管东北亚岛屿争端将成为奥巴马政府第二任期在该地区战略的重要内容。

二、强化意识形态渗透

作为对新保守主义思维的修正，奥巴马政府全球战略蕴含着浓郁的古典自由主义色彩。自由主义基本信条是“信奉民主和个人自由，确信政府的存在以保护个人权利作为首要目的”。[①] 在“天定命运”思维熏染下，美国将自身意识形态信条视为“放之于四海皆准”的真理，并将其包装成“普世价值”。受此影响，推动美国主导的意识形态扩张是历届美国政府外交战略的重要使命。作为美国霸权战略传统在新时代的延续，在全球推进“普世价值”也成为奥巴马政府全球战略中的政治利益。为此，“美国坚信既有的价值观是普世性的，并将致力于将其在全世界加以推广。”[②]

早在冷战时期，东北亚地区就是美国意识形态渗透的重点。然而，在东北亚地区各国政治生活中，国家和政府始终扮演着经济、社会生产组织者的重要角色。这与自由主义把政府视为“守夜人”身份界定有着深刻的鸿沟。即使是完全接受了西方式选举民主的日本、韩国也会时常被美国挂上“重商主义国家”的标签。普京、梅德韦杰夫强化俄罗斯联盟政府权力的行为也被美国指责为“民主的倒退”，而中国、朝鲜因坚持自己的发展道路而成为美国推行“普世价值”的

① 周琪：《意识形态与美国外交》，上海人民出版社 2006 年版，第 15 页。

② White House: National Security Strategy, May 2010, p. 35, http://www. whitehouse. gov/sites/default/files/rss viewer/national security strategy.

"异端"。以此审视，东北亚地区可谓美国推行意识形态渗透的难点。

正如前文所述，经济危机对美国国家实力的影响并不均衡，美国政治领域的战略实力依然雄厚。尽管中国、俄罗斯的战略实力积累有助于两国提高抵御美国意识形态进攻的能力，但至今仍未在政治领域形成与美国抗衡之势。因此，奥巴马政府对东北亚地区意识形态渗透的难度虽然有所提高，但总体上仍保持着对该地区意识形态的攻势。

第一，保持原则性接触。所谓"原则性接触"特指美国在与一些国家保持重大问题沟通的同时，也会对其施加意识形态压力。针对东北亚各国政府对美国"人权压力"的反制，奥巴马政府强调应建立"双轨"接触模式。在通过政府间沟通渠道，敦促对方遵守"个人权力""个人机遇"的同时，扩大美国政府与各国民间团体、采取和平方式的反对派接触，鼓励美国的非政府组织也投身于扩大接触的事业。此举意在借助美国已有的网络状社会沟通结构，突破政府层面的沟通限制，构筑美国与这些国家内部社会的直接沟通渠道。保持与一些国家的"双轨"接触是奥巴马政府扩散美国政治影响力的"尝试"。

第二，建立旨在推进"普世价值"的更为广泛的多行为体联盟。奥巴马当局突出多边论坛、政府间合作、非政府组织在"支持民主、法制、人权方面"的作用，从结构、国家、国内三个层面服务于美国意识形态的传播。其中，奥巴马政府特别强调"如联合国人权理事会等既有国际制度并没有发挥其潜能”。[①] 要求联合国、地区组织加大对“侵犯人权行为”的监管力度。值得注意的是2012年7月希拉里国务卿利用参加蒙古主办的“民主政府共同体会议”期间，攻击俄罗斯监管国内非政府组织与国外的资金流动，影射中国政治改革“滞后”于经济开放。[②] 建立多行为体的推进“普世价值”联盟是奥巴马政府搭建对东北亚各国意识形态渗透多层次管道的战略举措。

第三，编组新技术并促进信息接触权利。奥巴马执政期间恰逢互联网时代步入成熟阶段，无线网络、智能移动手机的普及赋予了普通民众更多接触信息的机会。美国政府借此机遇将这些技术发展视为“推进民主、人权的强而有力的新机遇”。[③] 中东变局显示，借助新兴沟通工具所传播的信息，使原本孤立的个体可能汇聚为足以颠覆政权的洪流。美国片面强调新型通讯工具的传播，却有意忽视民众是否具有理性分析工具传播信息的能力。几十年信息革命的推动使人类接触到的讯息呈几何数字增长，而人类对这些讯息的处理、分析能力却远远滞后于信息的增长速度。对中国、俄罗斯这种处在社会转型期的国家来说，新式通讯工具既是加速发展的利器，处置不当也会造成严重的社会问题。如何在信息时代

---

① White House: National Security Strategy, May 2010, p. 35, http://www.whitehouse.gov/sites/default/files/rss viewer/national security strategy., Vol. 39.

② 参见希拉里参加2012年7月“民主政府共同体会议”演讲。U. S. Department of States: Remarks at the Community of Democracies governing Council, June 9, 2012, http://www.state.gov/secretary/rm/2012/07/194784.htm.

③ White House: National Security Strategy, May 2010, p. 39, http://www.whitehouse.gov/sites/default/files/rss viewer/national security strategy.

妥善处理新式通讯工具的传播与社会稳定的关系是考验这些国家的重要课题，而美国的介入导致这一课题更趋复杂。编组新技术并促进信息基础权力是奥巴马政府推进意识形态渗透最具时代特征的内容。

这些新时期美国对东北亚地区的意识形态渗透，凝聚着美国自由主义价值观改造该地区传统价值观念的战略意志。其核心特征在于利用东北亚地区社会转型、信息技术扩散机遇扩大渗透对象，以美国网络状的社会结构越过政府层级直接影响这些国家的社会内部。正如约瑟夫·奈所讲，“新时期两大权力变动形式在于国家间的权力转移；国家内权力的分散，即政府权力分散到各非政府组织手中”[①]。如果说前者是美国区域霸权建构的不确定因素，那么后者就是美国借助各国社会转型最大程度消化其实力的战略机遇。因此，新时期美国对东北亚地区的意识形态渗透已经突破了单纯价值观对立，成为奥巴马政府扬长避短，转变被动局面的战略攻势。

在渗透对象方面，奥巴马政府侧重与东北亚地区社会多行为体的直接沟通。正如其《国家安全战略》中所说“美国价值、利益最好的使节正是美国人民本身”,[②] 非政府行为体正是自由主义倡导的“软实力”使用主体与施用对象。利用“软实力”影响对方民众，进而迫使对方在内外压力下采取

① Brad Glosserman Rapporteur ed. A Year of Surprise: The 17th Japan-U. S. Security Seminar Conference Report, Jointly Sponsored by The Consulate General of Japan in San Francisco The Japan Institute of International Affairs and the Pacific Forum of Center For Strategic International Studies, March 2011. p. 16. http://csis. org/files/publication/issuesinsights_ v11n11English. pdf.

② White House: National Security Strategy, May 2010, p. 12, http://www. whitehouse. gov/sites/default/files/rss viewer/national security strategy.

妥协、合作行为。“软实力”渗透与政府“硬实力”压迫有机结合，构成了奥巴马政府倡导的“巧实力外交”（Smart Diplomacy）。而其东北亚安全战略的政治内容正是这种“巧实力外交”的精华所在。政府层面沟通的刚性表态与对非政府组织层面的柔性诱导令东北亚各国精英、民众对美国的引向呈现两极分化趋向，降低了各国汲取社会资源对美国采取对抗性行为的可能性。

因此，“刚柔相济”成为奥巴马政府东北亚安全战略政治内容的精神内核。一方面，在东北亚岛屿纷争中，美国操弄、控管争端，凭借“硬实力”优势约束盟国、伙伴政府按照其划定的轨道使用战略实力，坐收渔人之利；另一方面，对该地区意识形态渗透则借势信息革命深入、各国社会转型，减少政府间意识形态对抗，以自身强大、成熟的现代社会体系对接对方有待成熟的社会体系，熏染乃至影响对方社会转型轨迹。“硬实力外交”是美国介入东北亚地区事务的基础，而“软实力外交”则是美国针对东北亚地区政府力量强大、社会力量薄弱的具体情况，避实击虚挟制对方就范的权力形式。因此，新时期美国对东北亚安全战略的政治内容修正了布什时代对“硬实力”的路径依赖，体现出“外柔内刚”的新特点。

从战略手段的领域角度审视，奥巴马政府东北亚安全战略政治内容有侧重地使用军事手段、非军事手段。在岛屿争端中美国通过是否使用军事手段的立场差异，维护“争端岛屿现状”，引导日本战略重心转移。其中，美国军事手段的使用又包括：保留介入战争权力、采取非战争军事威慑行动等。使用军事手段赋予了奥巴马政府对钓鱼岛问题政治表态以实际意义，而不采用军事手段介入其他岛屿争端则保证了岛屿纠纷不会对既有区域格局产生颠覆性的影响。以军事手段确保战略要点、非军事手段缓解紧张局势，有利于美国政治实力、军事实力“强强联合”，共同压制各国服从美国的战略安排。

从战略手段的路径看，奥巴马政府东北亚安全战略政治内容主要采用间接路线推进战略目标的实现。“通过影响对手的国家意志，进而改变或使其战略实力丧失作用，这就是间接路线。”[①] 间接路线有别于国与国之间战略实力直接较量的直接路线，间接路线将建构主义强调的意志因素纳入战略较量考察范畴。奥巴马政府对钓鱼岛承担“军事责任”，划定战略底线，实则就是依托战略实力影响中国意志的过程。而奥巴马政府强化对东北亚地区的意识形态渗透，也是着眼于从国家内部动摇其制衡美国区域霸权意志的体现。正如李德·哈特所说“最远和最弯曲的路线，常常也就是一条真正的捷径”。[②] 选择间接路线有助于美国在避免发生大规模对抗的同时稳定东北亚既有权力框架，对奥巴马政府东北亚安全战略政治目标的高效实现有着不可低估的促进作用。

小结

奥巴马政府东北亚安全战略军事、经济、政治内容协调性较好。其中，美国军事战略传承性内容与创新性内容并重。

① 周丕启：《大战略分析》，上海人民出版社 2009 年版，第 32 页。

② 【英】李德·哈特：《战略论：间接路线》，上海人民出版社 2010 年版，第 5 页。

整体沿袭前任政府既有调整计划；酌情利用技术、战术更新，控制来自中国、朝鲜的“威胁”，实现军事战略的“以正合，以奇胜”。美国经济战略则以创新性内容为主导，突破了传统面向美洲的经济整合方向迷思。奥巴马当局通过主导“跨太平洋伙伴关系协议”谈判、缔结美韩自由贸易协定为区域离散型经济整合“造势”，架空东北亚区域经济整合，掩护国内贸易政策、产业结构调整，达到“以虚隐实”的理想效果。美国政治战略则在传承性内容基础上挖掘其新的战略意义。奥巴马政府在前任政府介入岛屿争端立场上，通过姿态调整引导地区力量走向，借助信息技术扩散、各国社会转型强化对东北亚大意识形态的渗透，“刚柔相济”地消化各国战略实力，瓦解各国制衡美国霸权的意志。与小布什时代相比，新时期美国东北亚安全战略内容实现了军事、经济、政治三大领域的均衡发展。因此，其战略格局更加宏大、议题更为广泛、领域更趋全面、手段更为多样、内容承接更为连贯。这些战略内容将会对奥巴马政府对东北亚各国的战略产生宏观性的指导作用。然而，这些战略内容在中国崛起的大背景下并不足以捍卫美国的区域优势，奥巴马政府第二任期如何调整实践值得关注。

第四章　奥巴马政府对东北亚各国战略的多维透视

东北亚各国国情迥异，与美国的关系较为复杂，因此美国难以制定统一的区域战略对接针对各国的微观战略。在对日、韩的战略上，奥巴马政府强调巩固美国对盟友战略的塑造能力，软硬兼施地约束日本对外战略调整方向，潜移默化地引导韩国“全方位外交”转向，推动三国共同应对中国崛起。在对中国的战略上，奥巴马政府则注重区分全球、地区层次等问题，吸引中国参与全球秩序建设，同时维持在东北亚地区的对华优势。对朝战略则是利用全球制度平台施加压力，回避朝方的安全需求。对俄罗斯、蒙古战略则以“怀柔”为主，分化、削弱大陆国家。约束日本、诱导韩国、规制中国、遏制朝鲜、淡化俄罗斯、拉拢蒙古成为奥巴马政府东北亚安全战略的基本内容。

第一节　针对大陆边缘地带国家的战略透视

与日韩的联盟关系是美国构筑东北亚霸权秩序的先决条件。在美国国家实力日渐萎缩的情况下，奥巴马政府尤其重视强化对日、韩的战略，巩固合作关系，引导联盟发展。其中，奥巴马政府对日本战略通过压制“鸠山外交”挑战，引导、驾驭菅直人、野田佳彦内阁战略调整等内容，在夯实联盟基础的同时促成联盟形态，完成目标的调整。奥巴马政府对韩国战略则利用诱导联盟转变，迎合李明博政府的“北方政策”，以推动韩国配合美国规制中国的区域战略。奥巴马政府对日韩战略的成功实践有力地维护了美国在东北亚地区的优势地位。

一、对日约束战略

2009 年执政的奥巴马政府恰逢日本政坛巨变。8 月 30 日日本民主党取得众议院选举胜利，终结了自民党的长期执政。日本政坛的变化促使其调整对外战略，控制日本政局变动对美日联盟关系产生的影响，成为奥巴马政府对日战略所要解决的核心问题。自民党政权是美日同盟在日本国内的基础，60 余年来“自民党始终坚定地支持着美日安保条约，并致力于双边合作的进一步展开”[①]。民主党却长期呼吁对美奉行“自主”外交，在执政前该党主要针对美军驻日基地部署、日本支付“驻在国援助金”、《驻日美军地位协议》条款等议题屡屡发难。日本是奥巴马政府构筑东北亚霸权秩序的依托力量，美日联盟瓦解意味着美国在东北亚地区优势的终结。有鉴于此，奥巴马政府软硬兼施，引导日本民主党政权重归美日联盟轨道。所以，新时期美国对日本的战略包括压制鸠

① Weston S. Konishi: Japan's Historic 2009 Elections: Implications for U. S. Interests, Congressional Research Service, September 8, 2009, p. 2, http://fpc. state. gov/documents/organization/130263. pdf.

山外交，驾驭菅直人、野田佳彦政权外交路线，调整美日同盟的目标、形态、价值三部分组成。

（一）压制“鸠山外交”

在野期间，日本民主党曾长期呼吁对美国奉行“自主”外交，批判美日同盟的强化，致力于加强日本与亚洲各国的关系，积极参与以联合国为中心的外交行动。执政伊始，民主党干事长小泽一郎就率庞大代表团访华，[①] 并获中国国家领导人接见。此前不久，鸠山由纪夫在《纽约时报》发表文章批判美国模式，提出建立“东亚共同体”的倡议。这些举动在很大程度上反映出日本精英阶层对区域结构认识的变化。

一方面，美日联盟强化与东亚局势持续缓和极不协调。20 世纪 90 年代以来，东亚地区冷战格局持续松动，但冷战产物——美日同盟关系却在不断强化。受此影响，日本外交缺乏应有的灵活性，制约了其国际地位的上升以及与周边国家寻找共同语言的能力。鸠山提出面对亚洲的“友爱外交”就是日本精英对这一困局的反思。另一方面，日本国内调整美日不平等关系的呼声日渐高涨。美日同盟关系是建立在二战后美国单方面占领日本，并自行宣布结束对其占领及改造的基础之上。这种不正常关系使日本始终得不到周边国家谅解，同时不得不长期依附美国。日本经济持续低迷，美国却在不断要求日本加大对联盟的资源投入力度，同时罔顾日本的“安全要求”[②]。美日不平等关系势必会引发日本民众、精

① 其中包括 143 名国会议员，占民主党当选议员 1/5 强。

② 小布什执政末期美日关系屡经波澜，美国先后拒绝对日出售 F-22，在韩日岛屿争端中做出有利前者的表态，不支持日方在六方会谈中加入“朝鲜人质问题”的提议，令这一阶段成为美日关系的萧条期。

英的不满，鸠山“平等伙伴”的诉求亦是日本精英希望提升本国在联盟中地位的体现。

对美国而言，最为重要的是民主党推动“亚洲外交”，有可能促成中日之间历史性和解。“由于美日伙伴关系日趋紧张，日本正在倒向中国。鸠山呼吁建立排除美国的东亚共同体就是这种转变的进一步体现。”① 中日战略竞争关系是美国维持对两国战略优势的基础，中日和解不仅意味着美国优势的消失，更代表着日本调整美日关系的企图与中国崛起的冲击合流，对美国全球霸权造成致命的打击。尽管民主党调整美日关系并非有意颠覆两国联盟，但在全球力量格局巨变的时代，此举动依然触及了美国的敏感神经。在这种情况下，奥巴马政府把压制“鸠山外交”作为美国对日战略的阶段性课题。

日本民主党执政后，美日关系迅速因普天间机场搬迁问题陷入僵局。日本国内政治力量将鸠山内阁推向了与美国对立的前线。执政联盟内的社民党、国民新党坚持普天间机场应朝着“县外搬迁”方向发展，鸠山在竞选时也曾对此做出过相关保证。② 2009 年下半年，普天间搬迁问题成为日本民众检验民主党政府能否推动“变革”的标杆。尽管奥巴马政府以怀疑的态度审视“鸠山—小泽”组合，但机场搬迁问题

---

① Emma Chanlett-Avery; Mark E. Manyin; William H. Cooper: Japan-U. S. Relations: Issues for Congress, Congressional Research Service, February 24, 2010, p. 6, http: //fpc. state. gov/documents/organization/139350. pdf.

② 鸠山曾保证“如果民主党获得政权，将朝着至少也要把普天间机场迁至县外的方向努力，如果与美国政府进行彻底的讨论，没有事情是不可能的。”参见张彤：《日美普天间基地搬迁争端及前景》，载于《国际资料信息》2010 年第 4 期，第 9 页。

的迅速凸显还是出乎其意料之外。[1]显然鸠山希望利用新生政权的声势，促使日美就此问题达成妥协。但是在美国实力的相对衰退、极力维持既有国际体系大背景下，这种想法不无侥幸之意。在奥巴马政府看来，“这一问题已经引起外界对美军在该地区重新全面部署的困惑，引发对东京与华盛顿长久安全关系的根本质疑。”[2] 为此，美国坚持按既有计划执行“县内搬迁”，不断对日本政府施加压力。“普天间基地搬迁”问题成为奥巴马政府压制鸠山外交的关键点。

此后美国高官持续对日方施压。2009 年 10 月 20 日，美国国防部长盖茨作为民主党执政后首位到访的美方高官出使日本。在与外相冈田克也的会谈中，盖茨希望日方遵守 2006 年达成的协议，将基地转移至冲绳南部的史瓦布营区而未果。两天后，参谋长联席会议主席马伦访问日本，在否决其他提案的同时，敦促日方在奥巴马 11 月访日前夕在该问题上做出让步。11 月 13 日奥巴马总统访问日本，会见鸠山首相后匆忙离开。而他的这次亚洲之行却在中国停留了四天三夜，对日方的不满溢于言表。美国的强硬姿态无疑触动了日本民主党政府，促使其态度发生转变。

与美国强硬态度形成对比的是鸠山政权在普天间搬迁问题的立场逐渐软化。10 月 24 日，冈田外相试探性地提出将

---

① 日本新政府诞生之初，美国曾认为“民主党面临着众多国内政治、经济挑战，调整美日同盟结构的动议似乎只能暂时搁置”。参见 Weston S. Konishi：Japan's Historic 2009 Elections：Implications for U. S. Interests，Congressional Research Service，September 8，2009，p. 13，http：//fpc. state. gov/documents/organization/130263. pdf。

② Emma Chanlett-Avery；Mark E. Manyin；William H. Cooper：Japan-U. S. Relations：Issues for Congress，Congressional Research Service，February 24，2010，p. 7，http：//fpc. state. gov/documents/organization/139350. pdf.

普天间基地并入嘉手纳机场的县内搬迁计划，因未获美方认可而无果而终。12 月，鸠山内阁决定将在半年后最终敲定搬迁计划。对此，美国国防部副部长弗努瓦语带威胁地强调“没有任何变更计划的可能”，[①] 要求日本政府务必在 2010 年 5 月底前做出回应。2010 年 3 月，美国务院宣布取消副国务卿坎贝尔的访日之行，表明美国已不再与日方就此问题纠缠。日方的妥协并未获得美国的认同，双方关系仍处僵局。出于维持执政联盟的目的，鸠山政府不得不与美国继续周旋。4 月，日本财政审核结束后，鸠山开始清除对美国妥协的政治障碍。5 月 28 日，鸠山内阁接受了 2006 年美日有关普天间基地搬迁计划，三天后社民党党首福岛瑞穗宣布退出执政联盟，6 月 2 日鸠山由纪夫宣布辞去首相职务。奥巴马政府取得了美日博弈的最终胜利，稳定了“美主日从”的基本关系框架。

值得注意的是在捍卫美国区域优势原则，强势回应日本要求的问题上，奥巴马外交团队注重借助弹性互动避免美日关系的全面僵化，以免成为日本民众、精英认定的“改革障碍”。美国主要从结构、政府、社会三个层面分散日方注意力，营造“美日合作”的大氛围。

在结构层次，奥巴马政府这一阶段着力将日本注意力吸引到全球层次，忽略地区框架的充实。美国迎合民主党政府“以联合国为中心”的外交方针。推动日本分担美国的“全

① 张彤：《日美普天间基地搬迁争端及前景》，载于《国际资料信息》2010 年第 4 期，第 13 页。

球责任”,[①] 美日全球层次合作有助于奥巴马政府把握美日合作的大方向。在政府层次，奥巴马政府不时放低美方姿态，稳定“美主日从”的既有框架。为此，奥巴马政府削减了日本“驻在国援助金”。在阿富汗战场上同意民主党政府撤出自卫队。[②]两国政府间合作为奥巴马政府冲淡普天间争议对美日关系的负面影响提供了有利条件。在社会层次，奥巴马政府注重与日本社会直接交流，改善美国在日本的国家形象。美国外交团队深耕美日民间外交，将以往高高在上的军事同盟内化为日本民众的心理载体。其中，2009 年 2 月希拉里访日期间接见“朝鲜绑架人质”家属尤为引人瞩目。[③] 涉及朝鲜“绑架问题”时，日本政府、媒体、民众十分敏感，希拉里此举虽无助于问题的解决，却使日本民众体会到两国“福祸相依”的合作关系。与日本的多层次合作，为奥巴马政府缓解了普天间争议对美日关系的冲击，削弱了鸠山内阁与美国周旋的民众基础，掩盖了美国的强硬态度，避免了因两国关系冷却而引起日本民意的反弹。

---

① 美方认为“尽管这一转变（日本转向以联合国为中心外交）引发日本外交的重新定位并会导致与美国的疏离，但不意味着与美国宏观目标与长远利益对立”。参见 Weston S. Konishi：Japan's Historic 2009 Elections：Implications for U. S. Interests，Congressional Research Service，September 8，2009，p. 7，http：//fpc. state. gov/documents/organization/130263. pdf。

② “鸠山终止参加由美国领导的自由行动……作为交换，宣布日本投入 50 亿美元援助阿富汗重建，2011 年 1 月日本将提供 5000 万美元用于启动促使民众放弃暴力，重新融入主流社会的计划。”参见 Emma Chanlett-Avery；Mark E. Manyin；William H. Cooper：Japan-U. S. Relations：Issues for Congress，Congressional Research Service，February 24，2010，p. 15，http：//fpc. state. gov/documents/organization/139350. pdf。

③ 张彤：《奥巴马“巧实力”外交及其对美日同盟的影响》，载于《国际资料信息》2009 年第 5 期，第 42 页。

总之，奥巴马政府从多层次着手，抵御住了鸠山“自主、平等关系”的外交冲击。“美国（对日）政策首要关注点在于民主党政府对美日同盟的最终定位。”[①] 只要维持同盟依旧是日本外交的基点，这种先天不平等关系自然无从调整，美国在亚洲的梦魇“中日联合”就不会出现。然而，普天间搬迁问题的进一步解决仍有待两国商榷。随着鸠山黯然离去，“民主党党员、日本精英、公众会在多大程度上将鸠山的下台归罪于奥巴马政府”[②] 成为奥巴马对日本战略的另一个关注点。受此影响，美国需要限定日本反思方向，使之重新思考周边环境与“安全需求”。引导日本后任政府外交路线成为奥巴马政府对日本战略的第二个课题。

（二）引导、驾驭菅直人、野田佳彦政府的外交路线

鸠山政权的“友爱外交”是日本反思美式自由主义经济与感知东亚新兴力量崛起融合的产物。[③] 日本经济持续低迷，唯有依托勃勃生机的东北亚地区才能使日本经济获得新的战略纵深发展。然而，东北亚地区长期积累的安全矛盾也是无法回避的问题，安全问题叠加导致各国政府互信缺乏，阻碍

---

① Weston S. Konishi: Japan's Historic 2009 Elections: Implications for U. S. Interests, Vol. 12 http: //f pc. state. gov /documents/organization/130263. pdf.

② Emma Chanlett-Avery; Mark E. Manyin; William H. Cooper: Japan-U. S. Relations: Issues for Congress Vol. 1, June 11, 2010, http: //fpc. state. gov /documents/organization/145114. pdf.

③ 参见鸠山由纪夫：《日本的新道路》，新华网 2009 年 9 月 1 日，“我们不能忘记我们的身份：我们是一个亚洲国家。我认为，正在日益显现出活力的东亚地区必须被认定为日本的基本生存范围……美国主导的全球主义时代正在走向终结，我们正迈向多极化。” http: //news. xinhuanet. com/world/2009-09/01/content_ 11976563. htm.

本地区合作的进一步深化。然而，安全问题的存在却给美国进一步介入地区事务带来了可乘之机，促使日本改变对周边环境的认识，重归安全困境。奥巴马政府主要依托“天安舰事件”、“钓鱼岛撞船事件”、福岛危机、“购岛事件”四个关节，引导和驾驭菅直人、野田佳彦政府的外交路线。

“天安舰事件”成为奥巴马改变日本对周边安全认知的突破口。僵硬的对朝政策是民主党与自民党外交路线的共同特征。“即使是作为反对党，出于公众对平壤的义愤，民主党也不愿对自民党对待朝鲜的强硬方式提出质疑。”[①] 2009 年 6 月，鸠山还对美国将朝鲜重新列入“支持恐怖主义”黑名单表示支持，日朝关系并未随着日本国内政权变动而出现转机。半岛紧张局势打破了东北亚地区的合作氛围，令日韩重新服从于美国既定框架内。鸠山“友爱外交”已似“水中捞月”。大环境的改变为民主党调整外交路线，重新接受美日不平等关系提供了外在理由。紧张的安全局势成为有利于美国营造菅直人内阁调整外交路线的氛围。

“钓鱼岛撞船事件”成为奥巴马政府凸显同盟对日本价值的制高点。就在美日不断发出“钓鱼岛属于美日安保条约第五条适用范围”的声明时，希拉里却要求日本释放扣押多日的中国船长。[②] 显然，美国希望通过撞船事件巩固美日关系，进一步介入中日关系走向。奥巴马政府的介入体现在如下三个阶段：第一阶段，美国政府主要通过承担对钓鱼岛的“军事义务”，重塑美国对日本的“保护者”形象。第二阶

① Weston S. Konishi：Japan's Historic 2009 Elections：Implications for U. S. Interests，Congressional Research Service，September 8，2009，p. 8，http：//fpc. state. gov/documents/organization/130263. pdf.

② 《参考消息》2010 年 9 月 25 日。

段，美国将普天间机场引起的美日纠纷与所谓中国对日政策的强硬相联系，[①] 引领菅直人政府反思疏远美国的外交路线。第三阶段，美国开始表露出全面介入中日关系的动向。[②] 以两国在“钓鱼岛撞船事件”的合作为契机，2010 年后美日关系迅速转暖，两国不平等关系的调整问题被再次搁置，菅直人政府已经在实质上放弃了建立“东亚共同体”的倡议。[③] 中日现状使美日联盟再次成为日本外交路线的基轴。

参与日本东北大地震救援工作成为奥巴马政府表现联盟建设性作用的舞台。2011 年日本大地震及随后的福岛核泄漏事件显示非传统安全问题已经成为东北亚各国不可忽视的重要课题。美国政府利用援助日本灾区的契机，大力彰显驻日

① 10 月 6 日，美国会发布的研究报告认为“美日关系整体经历了一个富有挑战性的阶段，当时民主党在鸠山领导下执政……日本周边的安全忧虑，特别是朝鲜的挑衅及中国在日本周边水域强硬海上活动，令美日同盟保持了活力基础”。Emma Chanlett-Avery; Mark E. Manyin; William H. Cooper: Japan-U. S. Relations: Issues for Congress, Congressional Research Service, October 6, 2010, p3, http://fpc. state. gov/documents/organization/150752. pdf.

② 参见希拉里 2010 年 10 月 30 日在河内的演讲“我们已经建议中日参加由美国主持的三方会谈，可以使中日两国外长共同讨论一系列问题”。U. S. Department of State: Remarks With Vietnamese Foreign Minister Pham Gia Khiem, http:// www. state. gov/secretary/rm /2010/10/150189. htm.

③ 2011 年 1 月，菅直人在“处在历史分水岭的日本外交”的演说中认为，“同时，亚洲现有的安全环境仍然面临着极大的挑战性风险，包括朝鲜的核技术发展，为了保障日本的国家安全，我认为我们务必遵守美日安保条约，美国军事基地的存在对日本而言也是必要之举。”Ministry of Foreign affairs of Japan: Address by H. E. Mr. Seiji Maehara, Minister for Foreign Affairs of Japan, on the occasion of the Japan-U. S. Business Conference October 7, 2010, http:// www. mofa. go. jp/region/n-america/us/ address1010. html. Prime Minister of Japan and His Cabinet: “Japanese Diplomacy at a Historic Watershed” Lecture Presentation on Foreign Policy by Prime Minister Naoto Kan, January 20, 2011, http:// www. kantei. go. jp/foreign/kan/statement/201101/20speech_ e. html.

美军在救灾、援助的作用。仅在大地震发生两天后，五角大楼就启动了名为“Tomodachi”（日语“朋友”）的援助计划，并出动罗纳德·里根号航母横跨太平洋参与救援。尽管这些举动的象征意义大于实际意义，但美国积极参加救灾以及善后工作的背后是奥巴马政府在新的安全形势下寻找联盟立足点的尝试。借此机会奥巴马政府可以展现美军应对非传统安全的能力，树立驻日美军在日本社会的正面形象，加强联盟的民众基础。参与日本东北大地震、福岛核危机救援使美国迅速巩固了美日联盟在日本的国内基础，并为联盟注入了新的活力因素。

“购岛事件”则是奥巴马政府强化美国对日本领导优势的抓手。野田内阁在日本右翼势力的鼓噪下，做出了由日本中央政府“购买”钓鱼岛“所有权”的决定，激化了中日矛盾。中日围绕“购岛”展开的博弈是东北亚三大岛屿争端激化的组成部分，也是“撞船事件”的延续。“购岛事件”完全是日本政府在国内右翼势力推动下采取的攻势行为。2012年上半年日方在争端中步步紧逼时，美国的沉默态度正是其引导日本向西南方向投放资源的集中体现。正如本书第三章所述，日本政府不断激化钓鱼岛争端与奥巴马政府高调承担对相关岛屿的“军事义务”有着直接联系。至此日本民主党外交路线已与自民党对外战略并无二致，11月日本政党再次轮替，而奥巴马政府对日本战略已完成了它的阶段使命。

（三）调整美日联盟的目标、形态、价值

与美国其他国家战略相比，奥巴马政府对日本战略所实现的成就最为突出。尽管日本成功地实现了两大保守政党的轮替，但与美国的联盟关系依然是其外交基轴。经此轮回美国对日优势更为突出，日本的政党、派系都将调整美日不平等关系视为政治危途，即使曾经对美国多有指责的日本极右势力，为夺取政权也缓和了对美的批评语调。从历史上看，“日本国家模式四次转型都与美日关系直接联系”。[1] 2009 年至 2012 年日本的政党轮替不过是这种历史联系的重演，经过奥巴马政府软硬兼施的战略操弄，“美主日从”结构不仅没有动摇反而愈加巩固。“平成维新”后日本政坛乱局依旧，只有美国对日本的控制更趋严密。

然而，奥巴马政府对日本战略并非是被动应对日本民主党的外交挑战，而是对美日联盟的的主动塑造。打造后的美日联盟在目标、分工、形态、价值上都表现出新的特征，具体如下。

首先，美日联盟规制中国的战略目标更为清晰。早在 2007 年约瑟夫·奈与阿米蒂奇合著的《美日同盟：让亚洲正确迈向 2020 年》中，就曾强调“中国的发展方向必然影响美日国家利益，而两国对中国方向选择最具影响力”。[2] 时隔五年后，两人在新的《美日联盟报告》中明确指出美日应以“塑造”中国崛起的国家环境为目标。从某种意义上讲，2009 年至 2012 年美日关系的峰回路转正是联盟对规制中国目标的“再统一”进程。而钓鱼岛争端的持续激化则加速了两国达成应对中国崛起的共识。美日联盟统一“规制中国”目标，对奥巴马政府控制中国崛起对美国霸权建构的冲击作用有着积极作用。

---

① 刘江永：《国际格局演变与未来的中美日关系》，载于《日本学刊》2010 年第 1 期，第 16 页。

② Richard L. Armitage and Joseph S. Nye：The U. S. -Japan Alliance：Getting Asia Right through 2020，Center For Strategic International Studies，January，2007. p. 24.

其次，美日联盟防御方向分工日趋协调。冷战时期，驻日美军与日本自卫队分别主要负责日本西南、东北两个方向的防御，在中部的关东平原屯驻战略机动部队。冷战结束后，美国不断推动日本向西南方向转移军事力量，强化对朝鲜半岛、台湾海峡的干预力量。民主党执政期间，日方部署调整获得较大进展。2011 年 11 月，野田政府指导日本陆上自卫队第七师团自北海道横跨本州岛，参与在九州大分县举办的军事演习。[①] 该部是日本陆上自卫队的精锐部队，本是日本应对苏“入侵”的战略反击力量。该部参与演习说明日本整体防御力量愈加向西南方向倾斜。美日军事力量同时集中于西南方向将有助于奥巴马政府弥补美军自冲绳转移的力量空白，进一步巩固对中国的海军优势。

再次，美日联盟合作领域扩张，功能更加多样。美日联盟曾是冷战时期两国应对中苏“威胁”的军事、政治联盟。步入新世纪后，美日在维持军事联盟的同时深化联盟政治涵义，使之成为域内既得利益国家抵御新兴国家崛起所带来不确定性的政治联盟。奥巴马政府不断敦促日本加入“跨太平洋伙伴关系协议”谈判，意在将两国的政治和军事联盟扩展为政、军、经全方位盟友关系。尽管日本加入 TPP 谈判对其本国经济推动意义无法与中日韩自由贸易协定比拟[②]，民主

① 谭利娅：《日本将首次征用高速客轮运送军车跨南北演习》，新华网 2011 年 11 月 7 日。http://news.xinhuanet.com/mil/2011—11/07/c_122244410.htm.

② “据野村证券的估算，日本加入 TPP 对其经济增长率的拉动只有 0.54 个百分点，签订中日韩 FTA 将拉动 0.74 个百分点，而签订东盟加中日韩 FTA 可拉动 1.04 百分点。”参见张季风：《野田内阁面临经济问题及经济政策探析》，载于《现代日本经济》2012 年第 2 期，第 7 页。

党政府依然迈出了构筑美日经济联盟的第一步，并试探性地启动了与加拿大的自由贸易协定谈判。美日经济联盟关系的开启，有利于奥巴马政府巩固跨太平洋经济整合，扩大对东北亚各国的经济优势。

最后，美日联盟的社会价值更为突出。美日联盟在冷战时期主要是两国政府间的战略合作，联盟关系与日本社会互动较少。尽管两国精英发展联盟的意志坚决，却无法掩饰日本民众对联盟的抵触、反感情绪。即使在后冷战时代，这种情绪依然未能消减，甚至有激化的趋向。长期经济萧条导致日本社会情绪低迷，民众对外部世界关注热情削弱。奥巴马政府推动美日联盟扩大、加强与日本社会的直接交流均有助于重塑美国形象，鼓励日本民众的“对外进取心”。虽然这种交流活动背后蕴含着美国鼓动日本持续与中国展开战略竞争的祸心，却有助于日本打破因接连重创而弥漫于社会的消极情绪。美日联盟社会价值的凸显有助于奥巴马政府夯实美日联盟在日本的国内民众基础，在日本政局变动时代稳定两国联盟关系。

综上所述，奥巴马政府基本上完成了对日战略引导民主党政权重归美日联盟轨道的目标，同时还在联盟的目标、分工、形态、价值等层次都有所发展。美日联盟在经历一番波折后联盟基础更加稳固，日本对参与美国规制中国崛起战略的积极性更高。从结果审视，奥巴马政府完成对日战略所投入的战略资源较少，更多依赖与日本官民的沟通、硬实力的柔软展示推动日本的战略调整，其战略效能较高。从长远观察，日本政治瘫痪固然有助于美国强化对其优势，但也会导致日本对美国战略价值的流失，干扰美国建立与日本经济联盟关系的努力。总体而言，日本国内因素仍是影响奥巴马政府对日乃至区域战略的重要变量。

二、对韩诱导战略

与日本政坛变动造成对美日联盟负面影响相比，2009 年至 2012 年，美韩联盟总体保持稳定。李明博总统奉行“亲美外交”路线，对美韩合作关系的稳步发展起到了积极作用。韩国调整全方位外交路线是其“阳光政策”难以奏效，转而巩固与美国联盟，强化对朝鲜优势的必然结果。早在任职之前，李明博总统就曾强烈抨击卢武铉政府疏远美国的外交路线，强调对美外交是韩国外交的核心、关键。大国家党执政后，韩国政府迅速着手修复美韩关系。2008 年 4 月，美韩建立面向 21 世纪的战略同盟关系。作为交换，小布什政府随后停止了削减驻韩美军的计划。[①] 美韩关系修复有利于两国合作的进一步开展，为奥巴马政府推行新的对韩战略奠定了坚实基础。然而，韩国始终将本国视为东北亚整合的中心，在推进与美国合作的同时，避免影响自身与中国、俄罗斯的战略合作关系。因此，如何诱导韩国参与美国规制中国的区域战略是奥巴马政府对韩战略的首要课题。

（一）推动美韩联盟转变

美韩确定建立新型战略同盟关系正值小布什当局已近执政尾声，奥巴马政府实际承担起推动美韩联盟转变的历史使命。美韩联盟始建于朝鲜战争结束之时，形式上是两国应对北方“威胁”的军事、政治联盟，其实质是美国保护日本的战略外延。随着韩国经济腾飞以及外交“自主”性加强，韩国国际地位迅速提升，对外交往更加活跃，从美国联盟体系

① 具体调整计划参见第三章第一节。

的边缘地带一跃成为推动东亚经济整合的核心力量之一。美韩联盟关系虽未曾动摇，却在韩国对外战略规划中日渐边缘化。推动美韩联盟转型成为两国政府为联盟注入活力，使之适应新时代要求的必然之举。

首先，美韩联盟合作的分工有所变化。根据驻韩美军的调整计划，美韩军事分工将更为明确。主要表现在如下几方面：第一，随着美军全部撤往汉江南岸，韩国军队将会全面承担起朝韩军事分界线的防御责任，韩军负责一线防御、美军负责纵深反击将成为未来美韩陆军分工的主要范式。第二，随着驻韩美军空军、海军数量的增加，韩国陆上防御责任将会有所增加，美韩跨兵种协调作战将成为未来美韩联合作战的趋势。第三，随着驻韩美军向韩国南部、西南方向转移，美韩防御重点将由防守军事分界线转向陆海均衡，侧重发展对黄海、东海海域的军事威慑力量。美韩军事联盟分工的变化将有利于奥巴马政府推动两军深度融合，为美国交还军事指挥权后继续保持对韩国武装力量的影响打开局面。

其次，美韩联盟合作的地域范围有所扩大。根据 2008 年 4 月美韩元首联合声明，美韩军事合作范围将突破朝鲜半岛的局限。这一调整与 1996 年美日重新定义联盟关系有异曲同工之效，两国防御性军事合作由此转变为美国构筑区域霸权的进攻性同盟。与日本相比，韩国在东北亚、乃至亚太地区没有历史包袱，国家形象较好，美韩扩展军事合作地域范围引发域内各国抵触的可能性较小。在美日关系屡现波折、日本国家实力有所下降的大背景下，美韩联盟合作地域扩大有助于奥巴马政府稳固美国在东北亚陆海交错地带的存在，弥补美日联盟功能的不足。

再次，美韩联盟合作的领域有所增加。美韩联盟已经突破了政治、军事联盟的局限，成为两国全面合作的制度框架。此时，美韩自由贸易协定的缔结无疑意义重大。从奥巴马政府积极构筑与日本、欧洲的自由贸易协定的举动审视，缔结自由贸易协定已经成为美国依托传统联盟框架构筑经济联盟的重要手段。美韩自由贸易协定缔结，意味着韩国成为首个自由进入美国市场的制造业强国，占据经济先机，协定的实质是美韩联盟在经济领域的延伸。构筑经济联盟关系，有利于奥巴马政府限制经济因素对韩国配合美国区域战略的干扰作用。

最后，美韩联盟合作的机制有所创新。在双边合作机制层面，2010 年美韩时隔四年后恢复了双边部长级战略对话，并在同年启动了美韩外长、防长“2 + 2”会谈机制。这些机制的修复、创立对推进两国战略协调有着重要作用。在多边合作机制层面，2010 年 12 月美日韩三国外长举行首次会谈并发表联合声明，明确“美日、美韩同盟与韩日伙伴关系是维系亚洲和平与稳定的必要条件”。[①] 美国在东北亚区域的联盟体系多边化趋向日益明显。美韩联盟合作机制创新对奥巴马政府强化对韩国战略引导力度提供了更多的制度保障。

总之，美韩联盟的转变成为奥巴马政府诱导韩国参与其区域战略的重要组成部分。推动两国联盟转型是奥巴马政府利用韩国日渐增加的国家实力参与美国区域霸权秩序构筑的战略行为。调整后，美韩联盟在韩国对外战略的核心位置更加突出，有利于美国减少韩国“全方位外交”对两国关系造

① U. S. Department of State：Remarks with Japanese Foreign Minister Seiji Maehara and South Korean Foreign Minister Kim Sung-hwanDecember 6，2010，http：//www. state. gov/secretary/rm/2010/12/152443. htm.

成的疏离感。其中奥巴马政府主要通过软性诱导手段，以提高韩国在联盟的地位为钓饵，吸引韩国接受两国联盟的转型。而对李明博政府“北方政策”的支持则是奥巴马政府推动联盟转型的重要契机。

（二）迎合李明博政府的“北方政策”

“北方政策”是李明博政府有别于前任对外战略的核心差异。对朝强硬政策既是韩国保守力量对10年“阳光政策”的清算，也是韩国精英对南北关系不切实际幻想破灭后的一种急躁表现。李明博政府强硬对朝政策表现为韩国重新评估南北《6.15共同宣言》《10.4共同宣言》，对朝执行“弃核、开放、人均3000美元”三段式政策。[①] 该政策的内涵在于利用韩国具有的力量优势，迫使朝鲜放弃强硬立场，打开国门缩小朝、韩经济差距，为韩国对朝鲜实行“吸收式统一”奠定基础。在朝鲜交接权力，着力巩固既有政治制度的情况下，很难期望如此强硬的“北方政策”能够获得朝鲜的积极回应。

奥巴马当局迎合韩国新政府的“北方政策”，导致朝韩关系雪上加霜。2008年底朝鲜进入领导权力过渡时期，李明博政府迫不及待地将“强势统一”付诸实践，寄望在朝鲜权力交接之机寻得缝隙，以南北实力差距冲击扰乱朝鲜政局稳定。半岛力量失衡的根源在于美国对韩国、日本的同盟的强化，在追求对朝鲜优势的问题上美韩拥有一定共识，即“理

① 即由朝鲜“主动放弃核武器，开放国门”，以此交换韩国帮助朝鲜经济恢复，使之达到人均国内生产总值3000美元的经济水平。

想结果仍是半岛在稳定民主治理下实现统一”。[①] 因此，奥巴马政府强化美韩联盟，实际为韩国投机性“统一蓝图”起到了推波助澜的作用。为了回击美韩的战略攻势，保障本国稳定，朝鲜于2009年再次举行核试验以划定战略底线，拉开了半岛对抗的序幕。

奥巴马政府通过展示军事力量表现对韩国政策的支持。正如前文所述，军事威慑是一种具有实际功效的非战争军事手段。驻韩美军在低调推进部署调整的同时，高姿态地频繁展开军事演习对韩国战略冒进的鼓动作用可想而知。

然而，推动半岛统一并不是奥巴马政府迎合韩国“北方政策”的目的。一方面，半岛分裂的根源未曾动摇。朝韩对立仅仅是半岛对峙结构的表象，其深层根源在于“朝鲜半岛是陆海强国利益交汇、碰撞的狭路。早在19世纪末20世纪初，各大国就曾讨论过肢解半岛的问题”。[②] 在己方无法占据半岛绝对优势的情况下，维持半岛现状是包括美国在内所有大国都能接受的“次优选择”。即使韩国对朝鲜拥有绝对的实力优势，没有中、俄、美、日的支持依然无法改变半岛分裂的现状。对此，奥巴马政府比韩国当局有着更为清醒的认识。

另一方面，韩国缺乏统一半岛的战略实力。在对峙结构

---

① Emma Chanlett-Avery：North Korea：North Korea：U. S. Relations，Nuclear Diplomacy，and Internal Situation，June 17，2011，Vol. 4，http：//fpc. state. gov/documents/organization/167870. pdf.

② 此处应指1903年俄日谈判中，俄罗斯提出以北纬39度线划分两国势力范围的动议。Sung-Chool Lee：The ROK-U. S. Joint Political and Military Response to North Korean Armed Provocations，Center For Strategic and International Studies，Vol. 4，October 2011. http：//csis. org/files/publication/111006_ Lee_ ROKUSJointResponse_ web. pdf.

中掌握实力优势与具备吞并对方的实力是两个完全不同的问题。冷战后德国的统一经验表明，即使具有相同民族属性，实现两个国家完全融合仍是一个系统性工程，需要主导统一的国家投入大量战略资源消弭制度隔阂。韩国不仅国家实力与联邦德国相差甚远，且朝、韩经济差距悬殊。以此推断，韩国实现半岛统一的难度更高、成本更为高昂。李明博政府向韩国社会征收“统一税”，正是有鉴于此的未雨绸缪之举。纵观历史，朝鲜半岛分分合合的背后无不存在着列强活动的身影。没有大国的倾力支援，韩国很难依靠自身实力完成统一，而现阶段美国政府的经济资源紧张，对韩国推进“统一”的支持力度有限。

显然，奥巴马政府对韩国“强势统一”政策的迎合另有所图。2011 年底朝鲜领导人去世，美国迅速与周边大国就稳定半岛局势达成默契，在朝鲜公布领导人去世消息当天举行的美日外长会谈中，希拉里强调“朝鲜实现和平、稳定过渡是两国的共同利益”①，此言对倾心“强势统一”的李明博政府无异于釜底抽薪。在周边大国缺乏共识的情况下，美国对韩国“强势统一”的“形式支持”，有助于凸显美韩联盟对韩国的特殊价值，令韩国将民族分裂的悲情转嫁他国。通过把韩国的注意力吸引到中朝传统关系之上，奥巴马政府对李明博当局“北方政策”的迎合实际成为美国换取韩国参与规制中国战略的重要筹码。

---

① U. S. Department of State, Hillary Rodham Clinton, Remarks With Japanese Foreign Minister Koichiro Gemba After Their Meeting, December 19, 2011, http://www.state.gov/secretary/rm/2011/12/179127.htm.

（三）诱导韩国参与规制中国的区域战略

中韩关系自1992年建交以来总体发展势头良好，堪称后冷战时代不同制度国家关系健康发展的楷模。进入新世纪后，中韩战略合作突破了经济领域，两国在岛屿争端、历史认识问题上反制日本拥有一定默契，中韩对推动东北亚冷战格局终结也有共同语言。因此，中韩关系历经韩国两次政党轮替发展势头依然强劲，李明博政府更认为与中国的合作关系对稳定半岛局势、推进朝韩关系有着重要的影响作用。[①] 中韩战略合作的拓展无形之中削弱了韩国对美国安全保障的依赖。

中韩关系的茁壮成长是中国奉行睦邻外交与韩国推进“全方位外交”精心培育的成果。而美国始终以怀疑的态度审视中韩关系，认为“中国崛起影响了韩国外交、经济政策的方方面面”。[②] 较之日本，韩国对参与美国规制中国战略的兴趣不高，谨慎地游走于中、美两大强国之间。在卢武铉时代，韩国对驻韩美军部署调整而引发中美对抗心有余悸，进而限制驻韩美军对半岛外事务的介入。美日、美韩联盟关系虽然同属非对称联盟，但美韩联盟历史包袱较轻，韩国没有依靠美国优势问鼎东北亚霸主地位的政治野心，所以韩国涉及联盟时立场相对洒脱，不愿完全绑在美国战车上。所以，

---

① Chenong Wa Dae The Office of President The republic of Korea: Global Korea: The National Security Strategy of the Republic of Korea, June 2009, Vol. 23. http: //english. president. go. kr/government/golbalkorea/globalkore _ eng. pdf.

② Mary Beth Coordinator and Mark E. Manyin, Coordinator and Emma Chanlett-Avery, U. S. -South Korea Relations, Congressional Research Service, November 28, 2011, Vol. 17. U. S. -South Korea Relations, Congressional Research Service, http: //fpc. state. gov/documents/organization/179542. pdf.

奥巴马政府依靠联盟关系约束韩国对外战略的难度较高，只能通过凸显中朝传统联系，潜移默化地诱导韩国服务美国规制中国的区域战略。

2010 年 3 月爆发的“天安舰事件”成为美国影响韩国对华战略认知的重要节点。事件发生之初各方尚能谨慎应对，却在朝鲜领导人访华前夕因美韩联合发布调查报告而激化。奥巴马政府通过将“天安舰事件”与中朝传统关系相联系，起到了巩固美韩联盟、干扰中韩合作的双重战略作用。早在当年 4 月，美国国会研究报告就认为“朝鲜的咄咄逼人促使美日韩紧密联合，北京则因意图在国际与地区场合‘庇护’朝鲜而遭到了孤立”。[①] 美国借助朝韩危机，诱使韩国参与规制中国的战略意图溢于言表。

随着美韩在黄海海域展开联合军演，美韩军事合作针对中国的指向性愈发明显。值得注意的是两国军事演习区域与中国近在咫尺，美韩已经进入白翎岛等海域进行演习，无形之中加大了对中国的战略压力。尽管美韩声明无意以中国为威慑对象，演习依然产生了威慑的实际效果，而这正是金大中、卢武铉治下韩国极力避免的局面。尽管朝韩海上冲突互有胜负，但韩国在“北方分界线”的军事对峙中占据优势却是事实。奥巴马政府利用朝韩海上对抗局势升级的契机，引导韩国向黄海投放更多战略资源，增加美国东北亚前沿军事力量。美韩联盟的加强已经成为奥巴马政府强化对中国海上优势的重要一环。

① Emma Chanlett-Avery: The U. S. -Japan Alliance, January 18, 2011, Vol. 5, Congressional Research Service, http: //fpc. state. gov/documents/organization/155561. pdf.

美韩联盟针对中国不只体现在两国海上军事合作推进上，而且反映于美国对韩国对外战略影响力度的加强上。美国就朝鲜问题与韩方展开密切沟通，诱使李明博政府将对朝鲜强硬政策与中国崛起的大背景相联系。2011 年美国国际战略研究中心发布了由李明博总统安全顾问李宠荪（Lee Chool Sung）撰写的报告《美韩对朝鲜武装挑衅的政治、军事应对》，建议美韩强化军事措施削弱中国对半岛的影响力。[①] 从李明博政府的后续作为审视，这类意见对韩国对外战略产生了较大影响，韩国参与美国规制中国区域战略的主动性有所增加。

奥巴马政府允许韩国提高导弹射程就是美国诱导韩国对外战略转变的范例。韩国原有导弹射程约为 350 公里，基本覆盖了除咸镜北道以外的所有朝鲜领土。韩国为了反制朝鲜开发远程运载工具向美国提出增加本国导弹射程的动议，美国则同意将导弹射程大幅提高到 800 公里。[②] 以此距离计算，不仅朝鲜全境连同渤海湾、山东半岛、长三角地区也被纳入韩国的战略威慑范围内。这样的战略动作意味着韩国首次获得区域威慑能力，对中韩关系发展产生的影响不容小视。

奥巴马政府在诱导韩国参与规制中国的地区战略方面取得了一定程度的进展。针对韩国参与美国区域战略积极性不

---

① The ROK-U. S. Joint Political and Military Response to North Korean Armed Provocations, Center For Strategic and International Studies, Vol. 20, October 2011. http：//csis. org/files/publication/111006 _ Lee _ ROK-USJointResponse _ web. pdf.

② 《韩国导弹射程猛增朝鲜半岛军备竞赛更激烈吗》，新华网 2012 年 10 月 12 日，http：//news. xinhuanet. com/world/2012—10/12/c _ 123812507 _ 2. htm。

高的状况，新时期美国政府对韩战略的重要特点在于以两国实际合作带动韩方思维转变，“行先于言”，注重对中国威慑的实际效果。与对日战略相比，奥巴马政府与韩国的沟通方式注重循循善诱，不以强势威压，避免触发对方的抵触情绪。在战略谋划上，通过“移花接木”迎合韩国的“北方政策”，换取李明博政府服从美国的战略安排。从长远审视，美国诱导韩国对外战略转变主要依赖于半岛的紧张局势，中韩冲破东北亚冷战格局的战略共识仍未动摇。韩国以自我为中心的对外战略与美国亟需盟友支持的区域战略之间的矛盾仍会困扰美国对韩国战略。这一时期韩国对外战略的倾向性将是影响奥巴马政府东北亚安全战略的重要因素。

通观奥巴马政府对日、韩的战略，可以发现美国为规制中国，对盟国的依赖程度有所增加，但依然掌控着对联盟的主导权。两大战略成功地驾驭、诱导盟国战略重心调整，日本战略重心向西南方向集中，韩国战略重心向西部转移，不同程度地缓解了美国在东北亚前沿规制中国的资源紧张情况。对盟友施展兼具软硬力量的“巧实力外交”，令奥巴马政府维持对两国领导作用的同时，解决了布什时期与日、韩沟通不畅的问题。对盟友战略的成功实践有利于奥巴马政府挟实力优势展开对中国、朝鲜的规制与遏制战略。

第二节　针对陆海交错地带国家的战略透视

管控中国、朝鲜的“安全挑战”可谓后冷战时代美国东北亚安全战略的传统议题。在全球力量大变动时代，这一传统议题的影响突破了区域层次，成为足以影响奥巴马政府全球战略的重要课题。所以，奥巴马政府的东北亚对外战略徘徊于全球层次与地区层次需求之间，试图在维持对两国战略压力的同时，维持一定规模的合作机制与对话渠道。新时期美国的战略共性特征在于通过施加压力，改变两国对外战略成本核算，促使其“自觉地”控制对美国霸权建构的负面作用。

一、对中国规制战略

中、美都是具有全球影响力的大国，中美关系是当今世界最为复杂的外交关系，其影响规模之大、领域之广世所罕见。塑造有利于和平崛起的安全环境与构筑东北亚霸权秩序分别是中、美对东北亚战略的最终目标。因此，两大国虽然可以从维持地区稳定的高度上就朝核等地区问题展开合作，但在东北亚微观区域层次两国更多是一种矛盾关系。然而，中美都是既有国际体系中的重要国家，在驱动全球经济复苏、解决环境问题、推广新能源等全球问题上拥有共同利益。因此，奥巴马政府对华战略主要是根据美国在全球、地区层次的需求，设置议程规制中国崛起，避免影响美国区域霸权建构。

（一）奥巴马政府对中国的战略认知

如何认识中国在美国全球战略的角色是历届美国政府制定对华战略、政策必须回答的问题。对美国而言中国是一个复杂的多面体，它既是既有国际体系的组成部分，又是该体系主导者——西方世界的“异己”力量；既是美国解决全球问题不可获取的合作伙伴，又是美国在东北亚地区强有力的竞争对手。对习惯明确界定敌人、对手、伙伴、盟友的美国来说，全面认识中国的确是一个难题。且建交30余年来中国的发展日新月异，无疑增加了美国政府认识中国的难度。因此，建交以来历届美国总统只能在与中国的交往实践中调整对华认知，进而制定相应的对华战略和政策。

奥巴马政府对华战略认知经历了同样的调整过程，总体而言，冷战后美国对中国的认知介于伙伴与对手之间游移。奥巴马政府执政之初承袭克林顿时代对华战略方针，将中国视为美国解决全球经济危机的“战略伙伴”，2009 年中美就金融合作、新型国际合作机制建设等一系列全球问题展开了卓有成效的合作。然而，对华关系毕竟是“美国有史以来必须加以管理且最具挑战性和影响力的关系”。[①] 随着 2010 年东北亚紧张局势升级，中美区域对立格局再次浮现，奥巴马政府对华认知滑向了“竞争对手”方向。与克林顿、小布什政府对中国认识由对手修正为伙伴不同，奥巴马政府对华战略认知呈现出“高开低走”的新特点。这种现象是中国崛起后美国对中国需求多样化的体现。

从中美关系正常化进程启动开始，美国始终从东亚区域层次审视中国扮演的角色。随着中国全球影响力的增加以及中美经济相互依赖程度的加深，美国战略视野的中国形象更趋多元化。诸如推动世界经济复苏、构筑新型国际合作机制、控制气候变化等全球问题需要奥巴马政府与中国建立稳固的合作关系。对华战略已经突破了地区博弈的层次，成为影响美国对外战略全局的重要课题。对于临危受命的奥巴马政府而言，其执政的核心使命在于领导美国走出经济危机的阴云。

---

① The U. S. Department of States: Remarks of Secretary Clinton: America's Pacific Century, Foreign Policy Mag azine, October11, 2011, http: //www.state. gov/secretary/rm/2011/10/175215. htm.

因此，就职之初美国新政府排除了意识形态干扰，[①] 着眼于解决全球问题，构筑中美关系的良好开局。美国力量的相对萎缩导致奥巴马政府在全球问题上对北京的依赖有所增加，中美全球问题合作成为影响奥巴马政府东北亚安全战略的重要因素。

然而，中美全球合作无法掩盖两国在东北亚地区竞争日趋激烈的事实，问题的关键在于中美对东北亚安全环境认知存在着根本性分歧。美国将维护占据优势的战略布局视为本国重要利益，而中国则受制于东北亚冷战格局延续，不仅国家发展受到地区安全问题威胁，连本国统一也尚未实现。中国不可能将既有地区格局视为“理想状态”，也不可能把美国在东北亚的军事存在看成是“地区稳定的基石”。虽然，奥巴马政府将对台军售、延续美国在钓鱼岛争端的立场装扮为“维持地区既有格局”之举，但仍会引发中国的抵触。在中国积极支持美国控管全球问题的情况下，这些有损中国利益的行为理所当然地激起中国政府的回击。奥巴马政府则将中国回击视为“有意改变地区结构、构建中国对东北亚地区领导地位”的战略举措，2010 年后中美关系进入竞争与合作并存的新阶段。

中美竞合关系是奥巴马政府在全球层面维持与中国的伙伴关系、在地区层面将中国列为遏制对象的必然产物。这种两手战略是冷战后美国对华“接触 + 遏制”政策在新时期的延续。对于全球层面，中美拥有的共同利益较多，双方合作

① 新华网：《希拉里访华：经济先于人权，合作重于分歧》。2009 年 2 月 20 日，希拉里·克林顿抵达北京首都机场后，对记者表示：“我希望人权、台湾和西藏问题不会妨碍其他更广泛问题的解决。”http：//news. xinhuanet. com/world/2009—02/23/content_ 10875221. htm.

意愿较为强烈。而对于地区层面，中美核心利益交错，可供双方妥协的空间较小。奥巴马政府不断要求中国承担解决全球问题的“责任”，却在东北亚地区操弄罔顾中国国家利益的行为，其实质是美国对中国“全球合作伙伴”、“地区竞争对手”双重战略认知混合的结果。夹在全球、地区需求之间的美国政府必须有选择地突出对华战略的阶段主题。因此，与其对其他国家战略相比，奥巴马政府对华战略阶段差距较大，其构成也最为复杂。

奥巴马政府对美国利益顺序的认识决定了其对华战略阶段主题的选择倾向。上台伊始，美国新政府的当务之急在于迅速熟悉战略环境，尽早打开对外合作的局面，以便为刺激国内经济复苏创造良好的外部条件。与中国的合作关系对实现这一战略目标有着至关重要的作用，2009 年美国政府延续了布什时期的对华合作战略。而 2010 年前后，奥巴马政府对国际经济复苏进程做出了相对乐观的判断，美国对中国的需求有所降低。自此开始，美国对华战略日趋强硬，注意力向地区竞争方面集中。随着欧债危机与国内经济萧条作用的发酵，美国政府对此次危机的认识也日趋深入。奥巴马政府对华战略始终徘徊在两大主题之间，根据不同主题采取直接、间接沟通方式影响中国对外战略决策，实现从主观上规制中国崛起的理想效果。

（二）调整“接触 + 遏制”战略

接触、遏制是冷战后美国对华战略的两大手段。如果说二战的惨痛教训使列强排除了发动世界大战变革国际格局的选项，那么冷战的险象环生则令各国都不愿重回紧张的对峙格局。即使中国迅速崛起为仅次于美国的世界第二大经济体，军事、政治上表现出极大的独立性，美国也无法将遏制苏联的战略套用于对华战略上。与苏联相比，美国遏制中国的最大难题在于中国不仅融入了国际体系，本身也正处在变革中。因此，保持接触、遏制双重战略成为冷战后美国对华“两面下注”的必然选择。

奥巴马执政期间美国对华两手战略都有所发展。一方面，美国对华接触战略侧重于提高与中国直接沟通的层级，主导战略对话议题。另一方面，对华遏制战略着眼于美国盟友对中国崛起的防范心理，鼓动东北亚盟友充当遏制中国的前锋，间接影响中国崛起的路径选择。奥巴马政府对华战略的核心课题在于如何促使中国“自觉限制”对美国霸权构筑的冲击，与中国的直接沟通及营造外部压力成为解决这一难题的途径。

在对华直接接触方面，奥巴马政府承接布什执政时期构筑的中美战略和经济对话，并于2009年7月将其提升为中美战略与经济对话机制。两国战略沟通的内容突破了经济领域的限制，涉及各种全球问题。以第四轮中美战略与经济对话成果清单为例，在应对地区与全球性挑战部分，双方谈及朝鲜、伊朗的核问题；对欠发达国家提供援助的问题；南北苏丹和平问题。[①] 以此审视，牵扯两国核心利益的东北亚地区安全并没有成为对话的主要内容。对中国而言，东北亚地区是其崛起的根基。与美国相比，本地区安全问题理应成为中国关注的主要对象。从相对利益的视角审视，全球议题主导中美战略对话显然更有利于美国国家利益的实现，是奥巴马

---

① 《第四轮中美战略与经济框架下战略成果清单（全文）》，新华网2012年5月5日。http：//news. xinhuanet. com/2012—05/05/c_ 123080811_ 2. htm.

政府推动中国承担更多“国际义务”的有效途径。

在对华间接遏制方面，奥巴马政府调整了美国与盟友扮演的角色，通过渲染“价值观”的多边对话机制处理东北亚地区问题，避免发生与中国的直接对峙。冷战时期，英国、日本往往在中美处于紧张对峙时主动采取措施，缓解两国矛盾，扮演着中美冲突中起“刹车皮”作用的关键角色。伴随着中国崛起进程的加速，东北亚各国对中国防范心理有所加强。在与中国的争端中，日本既有立场有所强化，导致东北亚海洋争端日趋激化。奥巴马政府借机宣扬与美国的联盟关系是东北亚地区稳定的基础，美日韩军事、政治领域合作皆有进展。同时美国当局进一步吸引印度、澳大利亚等域外国家参与东北亚安全事务，[①] 进一步稀释中国崛起的作用。间接遏制战略有利于奥巴马政府回避与中国政府的正面冲突，影响其他国家对外战略间接制约中国的战略选择。历史经验表明美国直接左右中国走向的难度较大，间接遏制战略是奥巴马政府影响中国崛起进程的又一尝试。

维持与中国直接接触的同时，在地区问题上奥巴马政府巩固与各国联盟，间接保证对中国的竞争优势，成为新时期美国对遏制战略的新发展。正如约瑟夫·奈强调的那样，

① 坎贝尔助理国务卿曾强调“连结印度与太平洋将是美国战略思维的下一个挑战”，参见 Mark E. Manyin, Coordinator and Stephen Daggett and Ben Dolven and Susan V. Lawrence and Michael F. Martin and Ronald O' Rourke and Bruce Vaughn, Pivot to the Pacific? The Obama Administration's "Rebalance" Toward Asia, Congressional Research Service, March 28 2012, Vol. 5, http://fpc.state.gov/documents/organization/187389.pdf。

“美日联盟的目的并不在于遏制中国，而是塑造其崛起的环境”。[①] 中国的崛起进程刚刚起步，与美国的合作关系不仅有利于中国营造良好外部环境，也是中国避免成为既有国际体系“挑战者”，防止“木秀于林”的有效策略。通过全球、地区层次议题的区分，奥巴马政府得以在诱使中国支持美国维持既有国际秩序努力的同时，又不必在地区层次做出妥协。奥巴马政府对华直接接触、间接遏制增加了中国反制美国两手战略的难度，有助于其实现规制中国崛起的意图。

（三）“外松内紧”的两岸战略

台湾问题是中美关系中最为敏感的话题。中国政府将捍卫领土完整作为本国核心利益，而美国也将延续“两岸现状”视为既定方针，台湾问题依然是可能引发冲突的“引爆点”。与前任政府相比，奥巴马政府介入海峡两岸事务的方式更为低调。在执政的第一个任期内，奥巴马当局谨慎处理布什政府遗留的对台军售问题，形式上支持两岸缓和紧张关系的努力。受此影响，台湾问题在中美关系中所占比重呈现出持续下降的趋势。

然而，台湾问题作为美国遏制中国棋子的本质并未改变，隐藏在奥巴马政府低调涉台行为背后的是美国对台湾当局影响力的持续上升。台湾当局的多边战略为奥巴马政府对其施加影响提供了便利条件，并与美国的沟通更趋被动。有鉴于此，美国不断利用非官方渠道影响台当局决策，控管两岸和

① Richard L. Armitage and Joseph S. Nye, The U. S. -Japan Alliance: Anchoring Stability In Asia, Center For Strategic International Studies, A Report Of The CSIS Japan Chair August, 2012. Vol. 8. http://csis.org/files/publication/120810_Armitage_USJapanAlliance_Web.pdf.

平发展进程。

在经济领域，美国适时提出掣肘方案防止台湾完全依赖大陆经济。奥巴马政府形式上支持《海峡两岸经济合作框架协议》的签署，同时针对台湾经济对大陆依赖加强的情况，推动与其他贸易伙伴构筑经济合作制度框架。2012 年岛内领导人选举期间美、台沟通密切，马英九在获胜后宣布台湾地区将在 10 年内加入 TPP,① 这些迹象表明美台存在着利益交换的可能。尽管该组织其他成员国能否接受台湾地区的加入申请尚有待观察，但美台经济合作制度化建设呼之欲出已然是不争的事实。美国推动台湾地区分散经济依赖导致两岸经贸合作的前景趋于复杂化。

在政治领域，美国不断阻挠两岸合作捍卫中国领土主权的努力。钓鱼岛及其附属岛屿本属台湾省宜兰县管辖，海峡两岸在捍卫钓鱼岛主权问题上负有共同的使命。应当承认马英九及其团队对保护钓鱼岛主权积极性较高，也采取了诸如保护渔民权益、寻找钓鱼岛属于中国依据等实际行动。然而，这些历史依据强化的不仅是中国对相关岛屿的所有权，也有两岸同属一个中国的事实。这些行为不免与美国隔离两岸、操弄岛屿争端的动机发生矛盾。美国传统基金会等研究机构多次提醒台湾当局不要因岛屿争端偏离“安全威胁”的认知，更不要与大陆就相关争端展开合作。② 这些信息导致台

---

① 台湾地区领导人官邸：“总统”接见美国致贺特使团，2012 年 5 月 20 日，http：//117. 56. 6. 1/Default. aspx? tabid = 131&itemid = 27208&rmid = 514&sd = 2012/05/09&ed = 2012/05/31。

② 《美国前高官向台湾喊话：不要与大陆串通一气》，新华网 2013 年 3 月 12 日。http：//news. xinhuanet. com/cankao/2013 - 03/12/c_ 132228267. htm.

湾当局对两岸合作护持岛屿争端意兴阑珊，甚至刻意驱赶大陆相关船只。美国反对立场无疑是促使台湾当局消极应对两岸合作的重要因素。

在军事领域，奥巴马政府更加注重对台军售的实际效果，深化美军与台军的合作。尽管奥巴马政府谨慎处理 F-16C/D 等敏感交易，美国依然在马英九“执政”3 年中出售了价值 187 亿美元的军事商品，其数额远超李登辉“执政”12 年、陈水扁“执政”8 年美台交易的总量。与以往对台军售相比，奥巴马政府对台军售不再一味强调维持台军海、空优势，而是侧重于在既有装备基础上提高台军火力。销售导弹、升级军事产品、培训军事人员构成新时期美台军事交易的主体，有助于台军装备配套性的提高，为美国对台出售新一代军事装备奠定基础。

综上所述，奥巴马执政期间美国维持了对台湾当局的有效影响，在经济、政治、军事领域皆有收获。与高调介入东北亚其他争端相比，奥巴马政府介入两岸事务的姿态异常低调。奥巴马政府采取这种方式的原因在于中国台湾是连结东北亚、东南亚交通的枢纽，是美国规制中国不可放弃的战略要地。美国实力下滑势必要求奥巴马政府从能够激发盟友积极性的议题着手，吸引各国配合美国的区域战略。显然，台湾问题对美国盟友的吸引力不足，美国只能单独承担对台湾地区的“安全责任”。“外松内紧”地控管两岸走向正是美国在两难境地下对台政策的战略性调整。

美国维持对中国台湾影响力是其在东北亚前沿维持对中国优势的又一佐证。对奥巴马政府区域战略的“核心挑战在于包容中国举起战略姿态的同时发出明确的信号：美国不会给中国留下任何地缘政治真空来填补”。[①] 为此，奥巴马政府一方面倡导与中国发展伙伴关系，宣扬太平洋足以包容中美两大国；另一方面不肯放弃对中国的压力，通过巩固在东北亚地区的前沿存在胁迫中国服从美国霸权秩序。以此审视，新时期美国对华“接触”战略着重建立与中国的支配性合作关系；“遏制”战略着眼于遏制中国的“威胁意图”，而非对中国实力的削弱。能否规制中国的崛起关乎奥巴马政府区域战略的成败，中美全球层次合作则对美国地区战略的实践产生了重要影响。

二、对朝鲜遏制战略

奥巴马上台伊始，正值朝核问题陷入僵局，在不发生战争的前提下促使朝鲜放弃核武器成为奥巴马政府对朝战略的核心课题。由于美、朝均不愿让步，朝核“六方会谈”始终处于停滞状态。对此，奥巴马政府提出“战略忍耐”路线，所谓“忍耐”就是在朝鲜实现完全放弃核武器之前不展开相关国际谈判。该路线是美国当局试图依仗己方雄厚实力，拉长美、朝博弈战线的战略攻势行为。意在强化遏制力度，增加朝鲜维持强硬立场的成本，迫使其主动放弃核武器研发。新时期美国对朝战略从全球、地区两个层次着力，加大对朝鲜的战略压力。

（一）多层次运作“战略忍耐”路线

在全球层次，奥巴马政府侧重利用联合国等集体安全组

---

① Emma Chanlett-Avery; Bruce Vaughn: Emerging Trends in the Security Architecture in Asia: Bilateral and Multilateral Ties Among the United States, Japan, Australia, and India, Congressional Research Service, January 7, 2008, Vol. 17 http://fpc. state. gov/documents/organization/99487. pdf.

织的力量，加大对朝鲜发展战略核威慑力量的制裁力度。为此，美国奥巴马政府强调促使朝鲜放弃核武器是所有国家的共同责任与国际防扩散成功的关键。[①] 针对朝鲜第二、第三次核试验，美国推动联合国分别通过了1874、2087号决议，提高了对朝鲜奢侈品出口以及金融的监控力度。考虑到朝鲜与国际市场、金融体系的联系处于中断状态，这些决议主要限制中朝贸易往来。[②] 防止大规模杀伤性武器扩散符合国际主流意见，借助这一大势美国不仅孤立了朝鲜，并且限制了中国、俄罗斯影响半岛事务的途径。尽管来自全球制度平台的压力对促使朝鲜放弃核武器的效果有限，但战略迂回增加了奥巴马政府孤立朝鲜的合理性。

在东北亚地区层次，奥巴马政府搁置集体安全机制建设，凸显联盟对朝鲜核武器的阻遏作用。对于六方会谈，奥巴马政府认为“朝鲜已经被证明精于利用其余五方的分歧或利用华盛顿变化而中止谈判”。[③] 因此，奥巴马执政期间消极应对中国重启会谈呼吁，不随朝鲜态度变化而变化。与此同时，美国不断强化与韩国的联盟关系，希拉里国务卿在上任伊始接见朝鲜绑架人质家属，修复美日分歧推动日本介入半岛事

---

① White House: National Security Strategy, May 2010, Vol. 23, http://www.whitehouse.gov/sites/default/files/rss viewer/national security strategy.

② 截至2008年，中朝贸易已占朝鲜全年进口总量的49%，出口总量的26%。Dick K. Nanto and Emma Chanlett-Avery, North Korea: Economic Leverage and Policy, Congressional Research Service, August 14, 2009, Vol. 34, http://fpc.state.gov/documents/organization/130212.pdf.

③ Emma Chanlett-Avery: North Korea: U. S. Relations, Nuclear, North Korea: U. S. Relations, Nuclear Diplomacy, and Internal Situation, Congressional Research Service, Vol. 4, June 17, 2012. http://fpc.state.gov/documents/organization/167870.pdf.

务。美日韩联盟取代六方会谈成为美国促使朝鲜放弃核武器的区域制度管道，制度管道调整有利于奥巴马政府掌握朝核议题的出牌权，扭转美国的被动局面。

沿着朝核问题的脉络发展，不难发现美国与朝鲜的沟通经历了双边直接联系、多边参与谈判、三边联盟施压的演变进程。朝鲜不断提高弹道导弹射程形式上是扩大对美国的威慑范围，实质上是意在通过军事压力迫使美国正视朝鲜的安全诉求，建立美朝直接联系渠道。奥巴马政府采用希拉里提出的“战略忍耐”路线，“以必要的耐心等待朝鲜重返谈判，同时借助经济制裁与武器禁运维持对朝鲜压力。”① 随着朝鲜与美韩关系的发展，美国进一步充实“战略忍耐”内涵，将朝鲜放弃挑衅行为和核武器发展计划、停止火箭发射活动作为重启对话的前提条件。奥巴马政府的“战略忍耐”路线不仅回绝了美朝直接沟通的动议，也为多边谈判的恢复设置了障碍。

“战略忍耐”路线是奥巴马政府对朝核问题解决路径的修正，是旨在争夺朝核问题主导权的战略抉择。自 20 世纪 90 年代中期“四方会谈”拉开帷幕后，多边对话就成为美国管控半岛局势的制度平台。尽管“四方会谈”“六方会谈”对维护半岛和平局面的作用不容忽视，但与美国促使朝鲜完全放弃核武器的目标尚有一定距离。地区多边平台发展必然涉及半岛和平的制度化安排，削弱美国在半岛驻军存在的正当性。通过全球机制安排强化对朝鲜的遏制力度既可以胁迫

① Emma Chanlett-Avery: North Korea: U. S. Relations, Nuclear, North Korea: U. S. Relations, Nuclear Diplomacy, and Internal Situation, Congressional Research Service, Vol. 6, January 17, 20126.

中、俄，又可回避美国在东北亚地区和平框架建设中承担的责任。借助美国的联盟体系，在朝核问题上“另起炉灶”，有助于奥巴马政府获得更大的“行为空间”，减少美国对中国倡导的区域多边对话机制的依赖。[①] 因此，“战略忍耐”为奥巴马政府起到了巩固联盟关系、遏制朝鲜核技术发展、降低中国区域影响力的多重功效。

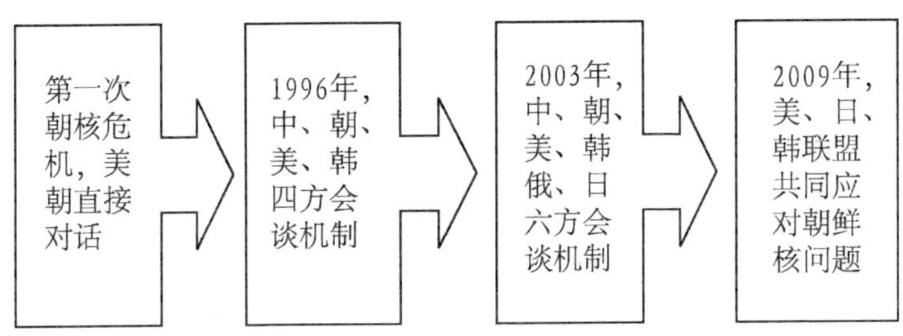

图2　美国参与朝鲜核问题的制度平台演变

奥巴马政府的“战略忍耐”路线，其构想基础在于美国判断朝鲜会在内外压力作用下放弃强硬立场。美国认为，从历史经验审视，单纯依赖外部压力显然不足以迫使朝鲜放弃由核武器带来的“安全保障”；其资源投放模式又会挤压朝鲜发展国内经济的精力，拉大朝鲜与外部世界的经济差距；随着全球化时代的深入发展，朝鲜保持当前状态所付出的成本将会日渐攀升，最终将导致其无法维持原有立场。

（二）谨慎处理权力过渡期的对朝战略

2008 年底，朝鲜开始进入第二次权力过渡时期。与 20

---

① 2010 年首次美日韩外长会议确认“朝鲜的挑衅与好战性的行为威胁到三国，三国将团结加以应对”。参见美国国务院网站 http：//www.state.gov/secretary/rm/2010/12/152423.htm。

世纪 90 年代权力交接不同的是，本次权力交接时间短、内外压力大。这是朝鲜发展核武器以来首次领导权力过渡，因此朝鲜能否实现政权稳定，备受外界关注。如何在保持压力的同时，避免过分刺激朝鲜是奥巴马政府对朝战略的最大顾虑。为此，美国主要采用军事威慑方式回应朝鲜的强硬举动。

2011 年底朝鲜领导人去世，奥巴马政府对朝强硬战略突生波澜。美国连带日本在第一时间表达了谨慎立场，并与中国、韩国取得了保障朝鲜政权平稳过渡的共识。[①] 美国战略调整的原因主要包括以下主观、客观两方面因素。

一方面，奥巴马政府财力紧张，支持韩国实现半岛统一力不从心。朝鲜的稳定与否将会影响周边邻国的发展，而中国、韩国恰恰是东北亚经济腾飞“引擎”，带动美国复苏的动力来源。在这个敏感时刻，奥巴马政府经济资源已经捉襟见肘，这成为美国战略调整的主观动因。

另一方面，朝鲜政治结构高度集中，奥巴马政府没有动摇朝鲜的缝隙可寻。对比冷战后先后被美国推翻的一些政权，朝鲜政治权力高度集中，在此权力结构之下不存在可兹美国利用的“反对力量”、民族纠纷、宗教争端，且朝鲜军事实力、政治体制动员能力远在西亚、北非、近东诸国之上。朝鲜特有的政治体制成为限制美国颠覆手段的客观原因。

因此，在此时，奥巴马政府反而缓和了对朝鲜的遏制力度，肯定朝鲜的平稳过渡。作为回应，朝鲜新任领导人执政伊始有意识地将奥巴马政府与李明博政府区隔，做出了缓和

---

① 参见本章第一节。

美朝关系的姿态。奥巴马政府对朝战略调整证明，朝鲜政权的稳定的确成为影响美国朝核战略的重要因素。美国谨慎调整对朝鲜的遏制力度固然有助于半岛局势的稳定，然而这毕竟是在核震慑之下的间接效果。

美朝关系在东北亚地区中最为紧张，但朝鲜半岛的紧张局势可以使日本、韩国回归美国的联盟体系，疏远与中国的合作关系，有助于奥巴马政府控制经济因素对联盟运作的干扰作用。

与对其他国家的战略相比，个人层面因素对奥巴马政府对朝鲜战略的影响尤为突出。朝鲜新任领袖的领导力将直接影响朝鲜权力过渡走势以及未来对外战略方针。从奥巴马政府目前的表现来看，美国既没有树立弃核国家获得安全保障“范例”的意识，也没有推动彻底解决半岛问题的动力。朝鲜半岛能够成为美国改变地区安全走向枢纽的前提在于其“不战不和”的状态。从全球、地区层面对朝鲜施压，拒绝回应朝鲜安全需求，实质揭示了美国维持“不和”意图；而谨慎处理对朝战略则是美国保障半岛“不战”状态的表露。如何推动朝鲜放弃核武器会是今后一定时期美国对朝遏制战略的主要议题，而这一战略的底线在于不能导致核武器失去控制。对朝战略依然是奥巴马政府区域安全战略的难题。

通过剖析奥巴马政府对中、对朝战略，不难发现新时期美国对中国、朝鲜的战略重点正在发生微妙变化。后冷战时期，美国对待中、朝主要着力于防止两国战略实力增加上。而奥巴马政府则着眼于制衡中、朝对美国霸权建构“威胁意图”，以对方主动放弃对美国“挑战”为最终目的。“威压”与“诱导”构成了新时期美国对中、朝战略的主题。对竞争对手、遏制对象的“双管齐下”战略是美国主导地区事务能力相对下降、务实调整区域战略目标的结果，是一种基于威胁制衡模式的战略布局。“观念影响实力，威胁制衡模式实质上是通过意志与战略实力，甚至是国际道义的结合塑造针对威胁方意图的战略态势的过程。”[1] 规制中国、遏制朝鲜是奥巴马政府徘徊于接受中、朝实力增加的现实与维持美国区域优势意志之间的必然选择。“攻心为上”成为奥巴马政府控制区域安全挑战的战略抉择。

第三节　针对大陆纵深地带国家的战略透视

俄罗斯、蒙古居于东北亚地区北部，是区域安全格局的重要参与力量。俄罗斯地跨欧亚大陆，雄踞太平洋西北海岸，制约了美国区域霸权秩序建构行动。为此，美国自19世纪以来就把扼守对马、宗谷海峡，将俄罗斯远东海上力量限制于日本海作为区域地缘战略目标。奥巴马政府对俄区域战略的核心任务在于区隔俄罗斯复兴与中国崛起，防止两国对美国制衡作用合流。冷战终结后蒙古成为美国区域合作的新伙伴。有史以来，美国第一次获得东北亚大陆纵深观察中俄动向的“战略哨所”。奥巴马政府不遗余力地抬高蒙古国家地位，树立“民主发展”典范，强化对中俄渗透。奥巴马政府对俄、蒙战略拓宽了美国区域战略视野，有力配合了其区域整体战略。

① 周丕启：《大战略分析》，上海人民出版社2009年版，第132页。

一、对俄罗斯“怀柔”战略

奥巴马赢得2008年大选之际，美俄关系正因俄罗斯与格鲁吉亚战争趋向紧张。当选之后，奥巴马政府外交团队致力于强化美俄互信，暂缓欧洲反导系统部署，缓解俄罗斯对美国敌意。在欧亚大陆中部，美俄也就美国撤军后伊拉克、阿富汗局势保持着沟通。总体而言，奥巴马执政时期美国对俄罗斯战略攻势有所收敛，两国关系总体保持平稳，两国全球层次关系改善为美俄东北亚地区合作内容增多营造了必要氛围。

冷战结束后美俄关系虽然波折不断，但影响两国关系的关键点都集中于中东、近东地区，两国在东北亚地区大体相安无事。“随着苏联解体与其对亚太军事威胁消失，20世纪90年代以来美国主要基于跨大西洋联系角度定位对俄政策。”① 其原因主要有以下两个方面。

全球、地区力量对比需要美国将俄罗斯留在东北亚地区。相对于其他东北亚国家，俄罗斯是乘着19世纪工业革命的西风获得对东方的压倒性优势，跻身东北亚国家序列。也是在这一时刻美国打开了日本国门，迈出了构筑“太平洋帝国”的第一步。从这个意义上看，美、俄都是利用全球时代巨变大背景，依托时代赋予的实力差距战胜区域内力量，介入东北亚地区事务的域外力量。随着亚洲国家觉醒，20世纪东西方实力差距日趋缩小，欧洲列强先后退出东北亚，该地区格局由群雄逐鹿演变为两强对峙。美、苏虽然成功渗透东北亚

① Shoichi Itoh. Russia Looks East: Energy Markets And Geopolitics in North-east Asia. [R] Center For Strategic and International Studies. July 2011. p. 55.

走向却又困于域内各国力量崛起，不得不谨慎从事。至21世纪，东北亚各国梯次现代化进程已进入攻坚阶段，美、俄都面临着“边缘化”危险。把俄罗斯留在东方有利于奥巴马政府保持东北亚地区结构的“开放性”特征。

俄罗斯复兴对美国在东北亚地区优势不具有颠覆性威胁。随着苏联解体，俄罗斯远东军事力量已是今非昔比。俄罗斯虽然可以威慑日本，却无法深入太平洋纵深，丧失与美国角逐海上霸主的实力基础。而美、俄经济实力差距悬殊，两国经济实力对比已从昔日的5∶3拉大到10∶1，后者与东北亚诸国经济制度合作也处在草创阶段。对美国而言俄罗斯纵有雄心壮志，奈何国家实力守成有余，攻势不足。奥巴马政府东北亚战略当务之急在于夯实美国优势基础，为在该地区建立完全霸权秩序积蓄力量而非压垮区域制衡力量。因此，奥巴马政府延续了20世纪90年代以来“重南轻北”的区域战略布局，即使俄罗斯加大对日本战略威慑亦不为所动。

因此，奥巴马执政时期，美国在军事领域对俄罗斯强化远东军事存在显示出前所未有的“包容”。美国不仅听任俄罗斯轰炸机恢复对日战略巡航，甚至对其“光顾”关岛也未做回应。奥巴马政府一反常态地邀请俄罗斯参加环太平洋军事演习，降低俄日岛屿争端中对日本支持的调门，透露出美国回避两国区域冲突的真实意愿。在政治领域，美国刻意淡化两国在地区问题上的分歧，奥巴马与梅普组合会晤内容很少提及东北亚地区事务，这与美俄就叙利亚问题的唇枪舌战形成鲜明反差。显然，奥巴马政府在有意识地控制美俄全球矛盾对其东北亚战略的影响。

与对华战略相比，奥巴马政府对俄战略虽也侧重全球、地区层次问题区隔，但着力点略有不同。在全球层次中美共识多于分歧，而俄罗斯国家规模注定它成为美国维持旧大陆均势的防范对象，所以奥巴马政府对俄区域战略的干扰因素在于美俄全球博弈动摇两国在东北亚的“信任基础”，连带美国的地区“包容”战略难收成效。美国必须在东北亚地区找到能够说服俄罗斯接受其区域“善意”的推动因素，中国的异军突起成为奥巴马转移俄罗斯注意力的“标杆”。

21 世纪初，中、俄国家实力对比发生变化。19 世纪、20 世纪俄罗斯始终维持对华战略优势，改革开放赋予中国与世界直接联系的契机与信心，中国比俄罗斯更早融入当今国际体系，俄罗斯在两国互动进程中的位置发生改变。俄罗斯正在调试对华战略，从而为奥巴马政府见缝插针，挑动中、俄互疑创造了空间。

一方面，美国通过不在俄日岛争中给予日本实质援助，撇清自身历史责任，避免美、俄在东北亚正面交锋。同时，奥巴马政府强势介入中日岛屿纠纷，加重对华压力。美国利用制造中、俄对地区安全局势认知的“落差”，阻遏两国协作深入发展。另一方面，美国不断放大中、俄关系中存在的问题，利用人口、资源等非传统安全问题挑动俄罗斯敏感神经，使其对华合作有所保留。从近年的情况审视，美国“见缝插针”的对俄战略并非毫无斩获。例如，俄罗斯曾有意区别中日、俄日岛屿争端的内在联系，揭示了俄罗斯想要回避与美国正面冲突的潜在动机。

当然，美俄全球博弈不可能不对两国在东北亚地区互动产生影响。随着中东变局深入发展，叙利亚问题成为美俄角力的新战场。中俄在联合国阻止西方颠覆巴沙尔政权的种种努力，实质上也是两国战略合作关系价值的再发现进程。普京重新执政后中俄关系再攀新高，两国必然会强化对美国

“亚太再平衡”战略的反制合作。奥巴马政府“包容”俄罗斯的区域战略虽不乏创意，但它毕竟只是美国全球战略的组成部分，无法改变美俄全球博弈的基本框架。俄罗斯对美国区域霸权建构的制衡作用只能缓解，而不会因某位总统的“善意”发生颠覆，奥巴马政府控管全球因素对美俄区域缓和影响的意图恐难收成效，美国“见缝插针”的对俄区域战略难以撼动中俄战略合作的根基。

二、对蒙古国迎合战略

蒙古国地处东北亚一隅，远隔海洋文明，在获得实质独立后表现出与“第三邻国”交往的浓厚兴趣，其中美蒙关系的快速发展尤为引人瞩目。蒙古面向东方，侧重与美国、日本、韩国发展全面关系，“平衡”本国对中、俄的依赖，提高自身国际地位。小布什执政时期美蒙实现国家元首互访，两国正式建立起“全面伙伴关系”，美国正式成为蒙古“第三邻国”。美蒙关系稳健发展成为奥巴马政府延续对蒙战略的重要基础。

蒙古始终寄望利用灵活外交改善不利地缘位置，寻找民族往昔“光辉”。蒙古积极外交政策为美国深入东北亚纵深提供了百年难求的历史机遇，200 余年来美国始终难以找到大陆纵深立足点，蒙古适时充当了为美国观察中俄腹地动向的“战略哨所”。新世纪以来美国以刻意抬高蒙古国家地位为手段，并在 2006 年由美国国会多次通过决议，支持蒙古庆祝“大蒙古国成立 800 周年”，拉拢蒙古目的明显。①

① 娜林：《论蒙古国与美国的双边关系》，载于《当代亚太》2007 年第 2 期，第 5 页。

在此基础上，奥巴马政府继续抬高蒙古地位，并在交往过程中赋予其新的内涵。借访问蒙古参加国际妇女领导论坛之机，希拉里国务卿在演讲中除小部分内容谈及妇女参政问题，其余则大力宣扬“民主价值”，将蒙古与日本、韩国、印尼等国家和地区并称为“民主发展”典范。[①] 奥巴马政府试图将蒙古树立为亚洲大陆“民主标杆”，借助其独特地理位置成为美国软实力渗透、影响大陆纵深的跳板。美蒙构筑“意识形态”联盟的可能性已大幅提高，此举无疑会对中俄内陆地区稳定产生深远影响。

奥巴马政府拉拢蒙古战略的不利因素在于蒙古特殊地理位置限制了两国合作的深入。蒙古地缘位置决定了其对中俄依赖只能平衡，无法消除。蒙古虽然能够参与美国在全球范围的军事行动，却难以给予奥巴马政府区域战略以实质性支持。而蒙古在与美国合作的同时也会注意中俄态度，不会毫无顾忌地与美国展开全面军事、政治合作。因此，奥巴马政府拉拢蒙古的区域战略虽有成效，但其对蒙古对外战略影响的力度依然有限。

小结

奥巴马执政期间美国灵活运用全球、地区层次因素，约束和诱导日、韩服务于规制中国与遏制朝鲜的战略方针。把盟友战略注意力滞留于地区层次成为奥巴马政府在东北亚地

① 相关内容参见本书第三章第三节。

区联盟战略的核心特征[①]。在对中朝战略方面，美国注重地区、全球因素互动引导中国承担“全球责任”，掩盖美国强化地区优势的事实；借助全球集体安全组织力量增加朝鲜的外部压力，回拒朝鲜安全需求。两相对比，前者重在夯实美国地区霸权的根基，后者旨在疏导、控管域内反制力量。奥巴马政府对俄区域战略以“怀柔”为主，利用施加不同压力影响中俄合作。新时期美国对蒙古战略为“拉拢”，发挥其“意识形态桥头堡”作用。“分而治之”构成了奥巴马政府对各国战略的思维内核，“攻心为上”则成为新时期美国对域内各国战略的关注重点。总体来看，奥巴马政府对东北亚各国战略较好地控制了来自各方的干扰变量，对其战略效能的提高起到了重要的推动作用。

① 奥巴马政府将欧洲盟国定义为维持全球秩序的“重要力量”，而将日本、韩国形容为稳定地区的“基石”。参见美国《国家安全战略》，White House: National Security Strategy，May 2010，Vol. 42，http://www. whitehouse. gov/sites/default/files/rss viewer/national security strategy。

第五章　奥巴马政府东北亚安全战略的效能评估及应对策略

奥巴马政府执政至今，其区域战略效果显露。除局部问题外，美国预期战略目标已基本实现，战略执行的目标外效果尚在掌控范围之内。美国区域军事战略能耗总体平稳，上升势头得到遏制；由于善加利用地区地缘矛盾，美国区域政治战略能耗大幅降低；只有经济战略能耗预期有所增加。从区域战略的国际影响来看，奥巴马政府东北亚安全战略总体获得域内多数国家的正面评价。尽管希拉里、帕内塔等高官卸任，奥巴马政府第二任期大体延续既有区域战略，只在局部问题上有所调整。新时期美国区域战略的成功映射出中国坎坷的崛起之路，揭示出中美矛盾已成为东北亚地区主要矛盾。作为矛盾次要一方的中国，只有挖掘战略机遇期的潜在价值，通过思维转变以“自变”带动区域安全主题变化，灵活调整对美国及域内各国战略，才能破解美国设置的地区困局。

第一节　效能评估

效能评估是战略研究的终结部分，是对战略研究客体的总结、评析，主要由战略效果评估、战略能耗评估、战略执行国际影响评价三部分组成。战略效能评估结果既是决定战略主体是否延续相关战略的重要指标，又是影响其战略调整的关键参考因素。总体而言，奥巴马政府东北亚安全战略的正面效果多于负面效果，能耗基本保持平稳，战略获得了域内多数国家的肯定。因此，奥巴马政府加大了对目标外效果控制、战略能耗降低等方面的关注力度，并未大规模调整既有东北亚区域战略。

一、奥巴马政府东北亚安全战略的效果评估

"战略效果评估是指分析大战略实力投入后取得的成果，并通过比较战略实施的实际效果与战略规划的目标，衡量实际达成大战略目标的程度。"[①] 可见，战略目标与战略实践结果的差距构成战略效果的主要组成部分。同时，"在一个系统中，行为对行为体、其他行为以及整个系统有非故意的效应，这就意味着人们不能从愿望和期望中推断出结果，反之亦然。"[②] 战略实施过程中可能触发战略主体目标以外的效果，提高目标外正效果、掌控目标外负效果成为战略主体在

① 周丕启：《大战略分析》，上海人民出版社 2009 年版，第 232 页。

② 【美】罗伯特·杰维斯：《系统效应：政治与社会生活中的复杂性》，上海世纪出版集团 2008 年版，第 58 页。

实践中必须加以重视的课题，以免陷入“弄巧成拙”的尴尬境地。从这个意义上讲，目标外效能也是影响战略评估结果的重要因素。

（一）战略目标内效果评估

新时期美国区域安全战略的军事目标相对庞杂，前三项目标集中控制联盟外部力量对美国军事优势的冲击，后两项则注重夯实美国区域军事优势基础。强有力的资源供给对美国实现区域军事优势的有效护持起到了重要作用。

第一，维持对华海上优势。前文对中美海军资源投入力度比较已揭示依靠现有军事装备、资源投入，美国可以控制东北亚地区陆海浅纵深地带制海权。通过调整区域军事部署、更新装备与作战理念，美国的海上军事优势将愈发明显，这些措施可以弥补驻军人数削减导致的战斗力缺陷，且能强化前沿地带的威慑力度。在此过程中，琉球群岛的作用愈发突出。美日防御重点向西南方向集中，将使东海安全局面进一步复杂化，对中国海军的远洋活动构成压力。因此美国在太平洋海域留给中国海上力量的发展空间十分有限。从既有装备水平、资源投入力度、军事部署调整与技术、战术创新、战略要点控制等五方面审视，奥巴马政府维持对中国海上优势的目标已取得初步成效。

第二，压制朝鲜核威慑能力。美朝核博弈与大国核竞赛有着本质性差别。朝鲜既不具备给予美国毁灭打击的能力，也不具有先发制人打击美国的必要，美国不可能把朝鲜视为核军备竞争对手。朝鲜发展核威慑的根本目的在于改变其小国地位，获得与美国直接沟通的筹码。所以，朝鲜核威慑能力对美国正面威胁作用有限，奥巴马政府主要从稳固与日、韩联盟关系的角度出发，对朝鲜核威慑力量进行遏制。虽然朝鲜于2012年底成功试射了“光明星三号”卫星，但不能从根本上动摇美国对朝鲜的全面军事优势。对奥巴马政府而言，压制朝鲜核威慑能力的难度要比阻止朝鲜拥有核武器的难度小。美国对日、韩的核保护及常规军事力量的屯驻增加了朝鲜使用核武器的成本，令其威慑力无法转化为实际打击能力。奥巴马政府以常规威慑应对核威慑，以弃核作为对话前提。这些战略措施对从能力、意图层面压制朝鲜核威慑能力上都取得了一定成效。

第三，淡化俄罗斯强化远东海上力量的影响。奥巴马执政时期，美俄北太平洋对峙局面获得缓解，其不在南千岛群岛给予日本行动支持、不回击俄罗斯对日本的战略威慑、邀请俄罗斯参加环太平洋军演把美国“改善”两国军事关系的意图表现得淋漓尽致。尽管普京执政后与西方阵营时有摩擦，并在岛屿争端中不断给予日本压力，但东北亚地区并未成为美、俄竞争的主要场所。作为对美国“善意”的回应，俄罗斯虽然巩固了与中国对岛屿争端历史内涵的共识，却不愿承认岛屿争议蕴含美、日强化对大陆力量遏制的现实内涵。[①] 俄罗斯在钓鱼岛纠纷中对中国的“立场支持”与美国对日本的“行动支持”形成鲜明对比。奥巴马政府淡化俄罗斯强化远东力量影响的宗旨在于区隔中俄向海洋进军的努力。从美俄在东北亚地区微妙互动来看，奥巴马当局对俄罗斯的“怀

① “俄罗斯联邦安全会议秘书帕特鲁舍夫在东京表示，俄罗斯在中日钓鱼岛争端中不想‘选边站’。他说：‘中日岛屿争端问题在俄日双方会谈中被提及过。俄罗斯不会站在任何一边。他们彼此之间应该谈判，我们支持通过对话解决问题。’”参见人民网：《俄罗斯不想在中日钓鱼岛争端中“选边站”》，2012年11月2日，http://military.people.com.cn/n/2012/1102/c1011—1947 5972.html。

柔”战略受益匪浅。

第四，如期完成既定部署调整计划。影响美军东北亚区域部署调整的最大变量在于美日、美韩协调难度有所增加。尽管美国可以迫使日本接受普天间基地搬迁的原有计划，但基地选址、配套设施跟进、土地征用无不需要日本中央和地方政府的通力合作。虽然日本中央政府对配合美军部署调整的积极性较高，但困于政治瘫痪无法贯彻其行政意志。政权短命不但导致日本对外战略朝令夕改，连带美军部署调整也迟迟无法落实；日本地方政府则从本地民生出发，抵制美军调整计划。2012 年日本大选昭示了日本地方势力的崛起，地方利益对日本中央政府决策的影响不容忽视。普天间基地搬迁问题经历六届政府至今尘埃未定，而驻韩美军部署调整也久拖未决。显然，既定区域部署调整计划对奥巴马政府而言已是“食之无肉弃之有味”，如期完成的可能性已大幅度降低。

第五，寻找新的战略资源支持联盟。美军在全球广泛部署与美国经济资源紧张之间的矛盾将会成为长期困扰美国对外战略的难题。尽管奥巴马政府灵活的对外战略可减少美国军事行动开支，但依然难以掩盖“巧妇难为无米之炊”的尴尬。美国经济复苏乏力，一定时期内奥巴马政府区域战略的经济基础稳定程度有赖于盟国动员社会财富的力度。2010 年以来东北亚局势持续紧张，日、韩民众对本国安全环境认知趋于恶化，对本国政府增加防务与对联盟经济支持力度具有重要的推动意义。日、韩增加两国防务开支有助于减轻美方东北亚前沿负担，随着东北亚安全局势紧张局面缓解，两国民众对防务投入的支持存在着钟摆性回复的可能性。美国联盟体系根基稳定性还是依赖于国内经济复苏，依靠盟国社会支持对奥巴马政府而言只能是“治标之举”。

由此可见，奥巴马政府区域军事目标精于应对外来威胁，拙于实现联盟内部目标，其根源在于国内经济状况欠佳。一方面，美国以经济收益换取盟国配合己方战略的能力有所下降；另一方面，美国因财力紧张不得不依托盟国资源投入增加以应对日益加剧的外部“威胁”。内外目标效果差距说明美国尽管在东北亚霸权秩序的构筑行动尚未突破瓶颈，但通过“分而治之”的思路与细化目标设计仍维持对各国的战略优势。这种僵持局面能否维持有赖于美国国内经济恢复情况及域内各国能否自行发展控制地区安全问题的能力。以此观之，新时期美国区域经济战略在其整体战略布局中的作用尤为重要。

构筑“开放”的跨太平洋经济整合框架、捍卫美国对东北亚各国的制造业竞争优势作为奥巴马政府东北亚经济安全战略目标，其战略实践效果可谓喜忧参半。新时期美国在构筑区域离散型经济整合方面成效显著，冷战时期的军事、政治盟友或与美国达成自由贸易制度安排，或已表现出与美国就相关协议展开磋商的兴趣。在世贸组织囊括主要国家、最惠国待遇惠及全球的大背景下，双边、多边自由贸易制度框架成为各国构筑经济联盟的新途径。从日、韩两国推进经济整合轨迹来看，维系跨太平洋经济联系仍旧占据着优先位置。而台湾地区也将巩固与美国的经济联系提上日程。“跨太平洋伙伴关系协议”与美韩自由贸易协定对改变域内各国地缘经济合作方向发挥了举足轻重的作用。尽管奥巴马区域经济战略内容有虚有实，但在经济整合主导权争夺中取得的成效却是毋庸置疑的。

在此过程中美国制造业优势流失依然严重。尽管美国经济恢复了正增长，但与中国、韩国相比已现疲态。[1] 奥巴马政府寄望制造业回流无异于对抗国际经济分工安排，东北亚各国制造业崛起仅是美国制造业衰落的原因之一。简而言之，今日美国的经济窘境根源在于“扩张的边际收益下降，边际成本增加，从而减少了经济盈余，限制了进一步扩张”。[2] 纵观世界历史，忽视本国经济基础导致霸权衰落的例证比比皆是。从竞争角度出发，而非从改善国内产业结构健康状况着眼只会导致奥巴马经济战略国内目标铩羽而归。新时期美国区域经济战略的国内目标表面与东北亚各国竞争，实则是与国际贸易分工体系对抗。从这个意义上讲，奥巴马政府形同与“无形之敌”搏击。不从根本上收缩扩张战线，美国制造业将无法获得政府实质性支持，所谓捍卫竞争优势之说不过是一汪“水中之月”。

总体而言，奥巴马政府区域经济战略差强人意。然而，区域经济框架建设高唱凯歌与国内经济状况萎靡不振，说明美国协调各方能力虽无懈可击但仍难掩经济实力相对衰退的事实。世界大战、信息革命是导致美国占据全球经济总量三分天下的决定性因素。缺乏全球大势驱动，日趋增加的扩张成本与国内资源供给不足的矛盾将会更加突出。一定时期内美国将无法改变区域经济战略“重形式、轻内容”的尴尬局

① 2008 年至 2011 年，中国国内生产总值年均实际增速为 9.5% 上下，俄罗斯为 1.5%。根据世界银行统计，韩国同期国内生产总值年均增速约为 7%。参见 Wayne M. Morrison, China's Economic Conditions, Congressional Research Service, March 4, 2013, Vol. 5, http://fpc.state.gov/documents/organization/206160.pdf。

② 【美】罗伯特·吉尔平：《世界政治中的战争与变革》，上海人民出版社 2007 年版，第 151 页。

面。东北亚区域经济整合主导权究竟鹿死谁手尚未可知。

与军事、经济领域目标相比，奥巴马政府区域政治战略成效最为显著。“天安舰事件”推动美国与日、韩联盟关系的改善，三国协作应对中国崛起、遏制朝鲜核威慑的共识愈加稳固，布什执政时期美国与盟友沟通不畅的阴霾已荡然无存。需注意的是奥巴马政府“巧实力外交”对盟国民众的影响力度有所上升，美国国际形象改善是无法否认的事实。民众反对美军部署调整并未妨碍其社会对与美国联盟关系认同的提高，美国同盟体系在日韩社会基础依然牢固。鸠山黯然下台后，日本两大政党均已将挑战美国意志视为政治禁脔，而韩国朴槿惠政府也将延续倚重美国的外交路线。可以断定的是21世纪的第二个十年中美国与东北亚盟友的合作关系将会总体保持稳定，出现波澜的几率较低。

奥巴马政府的协调两大伙伴体系、实现责任均摊与霸权护持的区域次要目标也基本达到预期目标。利用东北亚复杂的地缘矛盾，美国维持了对朝韩、两岸关系影响，加强了对中日、日韩关系的介入力度。中、日、俄的全球影响力虽然有所上升，却无一例外地放弃在政治领域挑战美国霸权的意图。伴随着互联网普及与信息技术的推广，美国现代化社会的“标杆”形象深入人心，美国软实力非但没有下降，反而逐渐增强。奥巴马政府灵活而富有深度的直接沟通成为美国对各国政府施用权力、对各国民众施加影响力的新方式。这些战略措施有助于美国诱导各国维护既有国际秩序，约束挑战美国的战略意图。总体而言，奥巴马政府区域政治战略的成绩斐然。

纵观美国的区域战略，可以确认其基本达到战略目标的预期效果。不难发现美国通过高超的权力运用部分扭转了国家实力相对下滑的不利局面，以高效的战略资源动员、运用弥补了战略实力的不足。奥巴马政府东北亚安全战略的成功实践揭示了一个真理，即“比之拥有多少权力，如何运用权力更为重要”。尽管新时期美国区域战略实践也有不尽如人意之处，未能在构筑区域霸权的大业中取得决定性突破，但不能否认的是这些战略措施使奥巴马政府顶住了国际力量变动对美国区域优势的冲击，为美国实力恢复后发起建构地区领导权的战略攻势奠定了基础。从这个角度看，奥巴马时代的东北亚战略无疑是美国问鼎世界领导权的“大棋局”中浓墨重彩的一笔。

（二）战略目标外效果评估

战略实践是复杂的社会生活中的互动行为。战略主体与战略客体并非单纯的改造与被改造关系，两者互构过程经常导致战略实践引发战略主体未曾预料的效果。通常而言，目标外效果兼具正面效应和负面效应。复杂的客观世界往往导致战略主体难以全面、透彻地理解战略客体，因此，目标外效果触发战略目标正面效应的案例屈指可数，负面案例却比比皆是。“求稳”是大战略的根本特性，控制目标外效果是战略主体在实践过程中必须时刻注意的重要课题。

东北亚文明历史悠久、各国国情多样、国际关系十分复杂。崇尚“默契”“尊重”的政治传统增加了美国理解对方意图的难度，各国强大的动员力量减少了美国以强力迫使各方屈服的可能性。冷战时期美、苏只能对东北亚加以渗透，而无力主导该地区走向，说明东北亚各国自主性强烈，反制域外国家干预的力量较强。朝鲜战争致使美国偏离欧洲战略重心与预想外的敌人兵戎相见，台海危机则令美国数度濒临剑拔弩张的紧张境地，区域内复杂博弈、地区大国强力反制往往导致美国区域战略带来意想不到的结局。奥巴马政府东北亚安全战略的实践也不可避免地连带出目标外效果，其中负面效果居多。这些负面效果主要体现在以下四个矛盾中。

首先，美国全球战略收缩与东北亚战略重点的矛盾。审视美国对外战略脉络不难发现自里根政府强化对苏联遏制力度以来，美国对外战略扩张已经历了30余年的狂飙。与冷战时期美国主要经营两洋边缘相比，后冷战时代的美国已经与欧亚大陆纵深地带走向紧密联系，已成强弩之末。中东地区经历着世纪巨变，欧洲大陆则处在痛苦的蜕变过程中，墨西哥、阿根廷、巴西在美国后方紧锣密鼓地推动地区整合。21世纪头十年世界格局变动趋势将会延续，这些因素无不牵制美国全球霸权的走向。东北亚乃至亚太地区只是这些要素的组成部分。抽调其他地区战略资源固然有助于缓解美国的一时之需，其后果却也不容忽视。奥巴马政府“转向亚太”让其他地区盟友倍感疏离。缺乏盟国配合，美国地区战略将寸步难行。奥巴马当局已经感受到战略失衡的后果，在第二个任期将加大对其他地区事务的介入，① 以平衡倾斜的战略重心。

其次，美国宏观区域战略构想与微观区域战略实践的矛盾。2009年奥巴马政府以东南亚作为“转向亚太”战略的突破口，巩固对太平洋西岸的影响力。从高调宣布美国“重返东南亚”、美军布防澳大利亚的达尔文港、濒海战斗舰常驻

---

① 曾任奥巴马政府国家安全顾问的吉姆·琼斯卸任后表示，“转向亚太”令其他地区盟国倍感疏离，从克里上任后以英国作为出访首站，可见奥巴马政府第二任期有意加强对欧洲等其他地区的关注力度。参见Atlantic Council, Jones:“Pivot to Asia” Regretable Word Choice, March 1, 2013, http://www.acus.org/new_atlanticist/jones-pivot-asia-regretable-word-choice。

新加坡的事实可以发现东南亚是奥巴马亚太宏观战略的着力点。然而，美国大量战略资源被牵制在东北亚地区，以2500名海军陆战队队员、四艘濒海战斗舰强化在东南亚存在只是杯水车薪。奥巴马政府插足南海问题时已底气不足，希拉里将南海称为“西菲律宾海”的表态与美军不介入黄岩岛对峙姿态形成的反差正是美国区域战略困境的表现。现阶段美国推进东北亚地区部署调整已属不易，几乎无力大规模抽调装备、人员南下。对于奥巴马政府而言，要么缩小宏观区域战略构想，要么从根本上调整集中资源于东北亚的战略布局。两者取其一方可使其区域战略持续运转。

再次，美国东北亚战略军事、经济内容比例的矛盾。比较奥巴马政府的三大领域战略，不难发现军事内容占据了主要篇幅。尽管新时期美国政府注意均衡发展不同领域战略，但其军事战略独大的结构仍然未能改变。如果奥巴马政府推进区域部署调整、技战术创新是竭尽所能护持美国的军事优势，那么主导“跨太平洋伙伴关系协议”、缔结美韩自由贸易协定就是美国追赶地区经济整合步伐的第一阶段步骤。要想从根本上维持跨太平洋经贸联系，美国尚需持续赋予TPP以推动经济整合的动力，树立各国获得贸易实惠的标杆，但TPP至今只在东北亚门外游荡，未能真正冲击该地区整合的根基。虽然日本的积极回应为“跨太平洋伙伴关系协议”挤入东北亚提供了契机，但美日军事合作留给两国经济合作的议程空间有限。克里强调将在今后亚洲各国交往中提高经济合作的比例，正是对前一阶段奥巴马政府“重返亚太”火药味过浓的修正。

最后，美国迎合盟友“安全需求”与安抚中国之间的矛盾。巩固与盟友的合作关系是奥巴马政府区域政治战略的首要目标，随着中国与日本战略竞争关系的凸显，奥巴马政府强化美日联盟不可避免地对中美关系产生负面影响。日本“挟美抑华”的意图已经昭然若揭，而韩国对美国的依赖也会引起中国的警觉。以美国国会研究机构为例，该机构于2010年、2011年发布的区域报告多有鼓吹遏制中国的内容，但在2012年的报告中却意味深长地承认对华“再平衡”战略不无风险，美国离间中国与其邻国的关系与对中国的军事遏制只会强化中国的声音。[①] 因此，美国不能留给盟友一张空白支票，需要确认盟友对华攻势行为底线，以免奥巴马政府诱导中国“自觉约束”对美国霸权冲击的愿望成为泡影。克里限制美军东亚前沿部署的表示正是对希拉里—坎贝尔组合漠视中国安全感受战略的修正。[②]

总体而言，奥巴马政府区域安全战略目标外效果虽然负面成分较多，但瑕不掩瑜。因此，奥巴马政府整体延续了既有区域战略，在四个矛盾上做些许微调，以期平衡战略效果。从美国已有的姿态判断，奥巴马政府会在均衡战略重心、安抚中国方面下大力气。奥巴马区域战略在短时间稳定了美国的战略优势，其成效基本符合美国维持全球领导地位的战略目的。巩固已有成效将成为未来美国区域战略的基本出发点。

---

① Mark E. Manyin, Coordinator and Stephen Daggett and Ben Dolven and Susan V. Lawrence and Michael F. Martin and Ronald O' Rourke and Bruce Vaughn, Pivot to the Pacific? The Obama Administration's "Rebalance" Toward Asia, Congressional Research Service , March 28 2012, Vol. 8, http://fpc.state.gov/documents/organization/187389.pdf.

② 潘虹：《美不着急在亚太增加驻军》，人民网2013年1月26日，http://world.people.com.cn/BIG5/n/2013/0126/c157278—20331881.html。

二、奥巴马政府东北亚安全战略的能耗、影响评估

（一）奥巴马政府区域战略的能耗评估

战略能耗是影响战略评估效果的重要变量。中国传统战略对此有着较为清晰的认知，而西方战略思想源头——克劳塞维茨的《战争论》则认为“必须根据敌人的抵抗力来决定应该使用多大力量”，强调力量的最大限度使用。[①] 20 世纪大国博弈的成败得失说明战略能耗高低关乎战略目的、手段的平衡，战略家开始注重比较战略实践前后的得与失来评价战略效果。即“真正的胜利意味着战后和平的状况和本国人民的境况优于战前……或者异常漫长的努力能够在经济上同国家的资源相称，这个意义上的胜利才是可能的。目的必须调整得同手段相适应”。[②] 因此，节俭使用国家资源对战略实践成功具有至关重要的作用。

奥巴马政府在节省战略资源方面堪称后冷战时期美国政府的典范。这既是财政压力的客观结果，又是其强化美国霸权可持续性的外在表现。作为美国全球战略收缩的特例，东北亚俨然成为美国战略资源投放最多的微观地区。军事领域中，奥巴马政府在维持既有资源投入模式基础上，限制战略能耗升高；政治领域中，美国新政府已在驱动盟友调动社会资源，减少本国资源投入方面取得一定成效；但在经济领域，奥巴马政府维持跨太平洋经济联系的成本正在增加，美国能

---

① 【德】克劳塞维茨：《战争论》，商务印书馆 1995 年版，第 27 页。

② 【美】保罗·肯尼迪等：《战争与和平大战略》，世界知识出版社 2005 年版，第 2 页。

否维持推动TPP的动能有待观察。

在军事领域奥巴马政府通过增加军事力量机动性、战略目标明确性来限制战略能耗的增加。自美国从伊拉克、阿富汗撤军后，东北亚在美国军事战略的重要地位日趋凸显。美军维持了在该地区既有屯驻规模，使之成为人数仅次于驻欧美军的海外军事力量。[①] 根据美日就驻在国援助金达成的协议，美国所负担驻日美军的费用还将有所增加。在奥巴马全力保障东北亚军事资源的情况下，增加的防务成本尚在美国承受范围之内。[②] 在军事威慑方式上，奥巴马政府青睐于采用军事演习，将美军静态部署转化为动态攻势，强化美军跨区域调动能力，以强大的机动性弥补前沿威慑力量不足。这些措施在维护美军优势的同时，有助于减少美国对昂贵军事新装备的依赖。通过军事目标的不断细化，奥巴马政府的军事资源得以向明确的方向集中，通过常规力量威慑替代耗资靡费的战区防御系统。从克里有关不再增加东北亚军事力量的言论判断，奥巴马政府基本满意当前区域军事战略能耗的状况。

在经济领域，美国社会能否承受奥巴马政府推动的多重自由贸易框架冲击尚未得知。奥巴马政府搁置全球贸易自由化的进程，垂青于逐次与各区域构筑自由贸易制度框架，建立以美国为中心挟带两洋边缘地带的“大自由贸易区”。在世贸组织新一轮谈判取得进展前，这不失为一条权宜之计。奥巴马政府同时启动“跨太平洋伙伴关系协议”与美欧自由

---

① 目前驻欧美军共八万人，参见《美国将减少驻欧美军，或增加美国在远东驻军》，网易军事频道2012年1月5日，http://war.163.com/12/0105/11/7N0K75T000011MTO.html。

② 相关内容参见本书第三章。

贸易谈判，意味着美国的国内产业结构将面临前所未有的冲击。美国经济长期萧条使美国政府如履薄冰，而自由贸易谈判不可避免地要求奥巴马政府牺牲部分产业利益。欧洲各国产业结构复杂，美欧自由贸易谈判对美国三大产业结构稳定性冲击不容小视，留给奥巴马政府与东北亚各国利益交换的空间将大为缩小。即使奥巴马从战略的高度不惜经济代价巩固与各国贸易联系，缺乏新兴大国呼应的 TPP 能否为美国产出实际贸易红利也未知。一旦“跨太平洋伙伴关系协议”未能产生理想效果，美国在东北亚地区战略资源入不敷出的情况非但不能改善，反有变本加厉之虞。[①]

在政治领域，奥巴马政府通过诱导盟国、伙伴参与维持既有国际秩序，已达到降低本国战略能耗的目的。梳理奥巴马政府对各国战略，不难看出新时期美国区域政治战略在潜移默化影响他国战略方面颇具匠心。美国区域战略以介入岛屿争端的立场差异驾驭日本战略重心转移，引导地区力量走向，以朝、韩海上冲突改变地区安全主题限制中国对半岛影响，塑造美国联盟体系“地区安全保护者”形象。利用地区内部矛盾分而治之，降低各国挑战美国的可能性，令各国皆以通往“华盛顿之路”为压制域内对手的捷径。即便朝鲜在抨击李明博政权时，也为美朝沟通留有余地，这正是奥巴马

---

① 美国知名对华政策专家李侃如就曾认为延续既有区域战略，一旦“跨太平洋伙伴关系协议”未能实现预期收效，中国将成为地区收益中心，而美国则成为地区支出中心。参见 Big Bets and Black Swans：A Presidential Briefing Book，Policy Recommendations for President Obama’s Second Term by the Foreign Policy Scholars at Brookings. Washington，D. C：Foreign Policy at Brookings，2013：5，http：//www. brookings. edu/research/interactives/2013/big-bets-black-swans。

政府区域政治战略高效能的体现。通过对地缘矛盾的积极介入，奥巴马政府稳住了在东北亚的阵脚，并塑造出“离岸平衡手”的优势地位。① 奥巴马政府巧妙利用地区内矛盾，不仅降低了各国与美国博弈的几率，也削弱了各国制衡美国的资本。美国政府借力打力的手腕应用可谓得心应手，与布什时期费尽心力奔走各方却换来各国疏离的区域战略相比，奥巴马政府区域政治战略的能耗已大为降低。

综上所述，奥巴马政府东北亚安全战略能耗基本保持平稳。除经济领域外，政治、军事领域战略能耗控制都取得了一定成效。考虑到“跨太平洋伙伴关系协议”对美国战略能耗影响尚未浮出水面，奥巴马政府区域经济战略现实能耗表面上未曾体现，但美国对东北亚地区高耗能的资源投入模式并未发生改变。以军事战略实践为例，仅延宕至今的美军部署调整问题就有近百亿美元的资金缺口。美国低能耗政治战略的实现更是有赖于区域地缘矛盾的激化，一旦这些矛盾趋于缓解，地区内各国对美国的依赖度就会降低，奥巴马政府诱导、压制各国服从美国战略意志的成本就会增加。究其实质，奥巴马政府只是在控制战略能耗方面有所建树，而拒绝通过战略收缩从根本上降低战略能耗。不从根本上调整美国在东北亚前沿存在的战略布局，奥巴马政府控制战略能耗的措施只能是一种“治标之举”。

（二）奥巴马政府区域战略的影响评估

如果说战略效果、能耗评估是一种技术效果判定，那么战略影响评估就是对“战略行为是否顺应时代潮流，是否满

① 这种“离岸平衡”并不是真正的平衡，美国仍然维持着固定的联盟关系，只是通过与中国的伙伴关系增加日本服从联盟的压力。

足国际道义和国际规范的要求”的价值判断。[①] 仅仅对战略进行技术判定极易导致战略效果激起国际反感，最终得不偿失。苏联入侵捷克斯洛伐克、美国发动伊拉克战争都是大国精于战略收效，漠视战略影响，以致折戟沉沙的负面案例。与技术效果评判不同，战略影响评估具有极强的主观性，不同的观察视角可得出截然相反的结论。因此，确定观察层次并对观测主体身份进行必要分析是客观评估战略影响的前提条件。

时代潮流、国际道义和国际规范属于国际结构的上层建筑。当今世界力量结构脱胎于近代威斯特伐利亚体系，国际通行惯例、评判是非标准乃至参与国际博弈的基本单位“民族国家”都源于西方价值体系，并为广泛接受。2008 年的全球经济危机推动了一大批新兴国家登上国际舞台，扮演着愈发重要的角色。然而，无论是“舞台设计”还是“演出剧目”依然是沿袭着西方世界奠定的格局，广大发展中大国掌握国际话语权有待时日。不了解这个背景，就不能客观地理解为何奥巴马政府的区域战略可以得到域内外国家配合，更不能全面理解中国崛起所面临的多重瓶颈。客观地评价域内各国对奥巴马政府区域战略的反响，对中国制定应对措施有着重要作用。

推动国际合作是当今国际社会的时代潮流。作为对布什政府单边主义行为的修正，奥巴马政府慎重采用武力手段，青睐于采纳多边合作应对威胁。新时期美国东北亚战略以“战略忍耐”回击朝鲜直接沟通诉求，以免日本、韩国因“越顶外交”疏远美国。涉及东北亚岛屿争端时，美国刻意

① 周丕启：《大战略分析》，上海人民出版社 2009 年版，第 232 页。

保持距离以“合作控管危机”为名行强化介入之实。以多边合作形式实现单边主义意图成为美国在东北亚乃至全球战略行为的新模式。联盟动员能力与伙伴沟通能力赋予了美国更为显著的权力优势。在全球化进程加速，各国依赖增强的情况下，维持基本和平局面，推动合作已是时代主流。与其他国家合作战略停留于纸面相比，联盟合作的实在性更强。对新兴大国而言，与美国的合作关系也是保持良好外部环境的必要条件。奥巴马政府正是顺应了这一态势，抢占合作主导权，深化与盟友、伙伴的协作关系，塑造有利于美国的地区结构。

维持地区战后和平成果是东北亚地区最大的国际道义。东北亚地区的和平局面是建立在战后各国获得独立，国际正义得以伸张基础之上的。即使奥巴马政府口中所谓“地区稳定基石的美日同盟”，其溯源也在于美国战胜日本后对其占领、改造基础之上。尽管东北亚地区内部存在着诸多矛盾，但各方在坚守战后成果问题上可谓殊途同归，这一点在东北亚岛屿争端历史内涵中反映最为鲜明。奥巴马政府为了一国私利，鼓励日本在钓鱼岛争端中采取挑衅行动，实为抛弃国际道义的不义之举。美国将东北亚岛屿争端视为引导地区力量走向的筹码，但也不得不承受争端此起彼伏的困扰。中、俄、韩、朝对美国偏袒日本颇感不满，日本也对美国厚此薄彼敢怒不敢言，背弃国际道义导致奥巴马政府的东北亚战略虽不乏精巧之举，终难逃控管危机成本日高的宿命，未来奥巴马政府介入岛屿争端的表态将趋于谨慎。

维持地区力量均势是驱动东北亚各国的基本行为规范。国际关系理论与政策实践之间存在着不可忽视的鸿沟，主导各国外交决策的思维往往是传统的经验性成果。[1] 在这一方面，“均势思维”堪称约束东北亚各国的主要行为规范。纵观近代东亚历史，在地区谋求绝对霸主地位的大国无不受到围攻，即使冷战后美国树立了全球霸主地位，介入东北亚事务时也不得不小心谨慎。作为亚太乃至全球最大的权力变动体，中国崛起对东北亚这一微观区域影响之大可想而知，各国对中国走向既充满期待又心怀狐疑。一方面，东北亚地区既有国际体系获益匪浅，各国不希望既有发展模式受到不确定因素影响；另一方面，域内各国普遍从战略高度积极介入地区事务，中国崛起的经济红利对各国虽不乏吸引力，却依然触发各国的防范心理。奥巴马政府正是借此行为规范，将美国的前沿存在打造为地区稳定基石，引领各国对华“两面下注”，维护美国地区优势。

有鉴于此，奥巴马政府东北亚安全战略除在国际道义方面有所亏欠外，域内国家普遍予以肯定，即使是俄罗斯也对美国的“怀柔”战略做出积极回应。毕竟国际影响的主观性较强，美国长年累月积攒的软实力对各国战略思维影响根深蒂固。中国必须承认此事实，否则将无法获得对周边环境的客观认知，更无法找到破解美国规制战略的法门。

---

① “一般而言……学术著作和论文对决策者来说是没有用的。即便它们并不充斥着决策者所认为的、只是写给其他学者看的各种神秘理论和种种深奥细节，这些出版物对于决策者来说也是太冗长了，他们根本就无法像大海捞针一般从中找到有用的东西。”参见《约瑟夫·S. 奈：国际关系：理论与实践的关联》，http：//www. aisixiang. com/data/32938. html？page =2。

第二节 启示及应对策略

毋庸置疑，奥巴马政府东北亚安全战略对中国的外部环境产生了重要的影响。东北亚地区是中国崛起的平台，中国虽幅员辽阔但经济重心多分布于东部沿海地带，可供周旋的空间并不宽裕。近代中国数次冲击现代化国家而未果，皆与东北亚地区大国的纵横捭阖、中等国家的朝秦暮楚、地缘矛盾此起彼伏密切相关。有鉴于此，控制、解决地区安全问题是考验中国能否成功崛起的核心问题。而奥巴马政府也正是利用了这种微妙的联系，对中国崛起的路径选择施加影响。解析新时期美国政府区域战略的最终目的在于寻找可为我所用的镜鉴，调整内外战略，破解中国崛起的多重瓶颈。

一、中国和平崛起的多重瓶颈

奥巴马政府东北亚安全战略揭示了中国崛起面临的多个瓶颈，主要有如下方面。

第一，从具有全球影响力到拥有地区塑造力的能力瓶颈。进入新世纪以来，中国国内生产总值增长了五倍有余，其增幅名列新兴国家榜首。[①] 经济高速增长带动中国广泛参与全球事务，构筑新的世界经济、政治框架，中国影响力已延伸到世界的各个角落。然而，影响力与权力具有本质性区别。

---

① 根据世界银行统计，2003 年中国国内生产总值为 1.64 万亿美元，2011 年为 7.31 万亿美元。参见 The World Bank. Data/Table，GDP（Current US $）. Washington，D. C. 2013，http：//data. worldbank. org/indicator/NY. GDP. MKTP. CD。

早在国际政治学科诞生之初，摩根索就曾特意指出两者之差异。且大国崛起造成的影响与大国主观意志并不全然一致，中国成为具有全球影响力的世界大国并不意味着外部环境的绝对改善。因此，苏联虽然在战前可以指挥共产国际对各大洲施加影响，却无法撼动英法的全球优势。只有当斯大林决定性地塑造了中东欧格局时，苏联才具备了与美国分庭抗礼的资本。中国地处欧亚大陆一隅，地区塑造能力是其能否实现和平崛起的关键。20余年来东北亚既有安全结构几未发生变动，为此中国迫切需要将增加的国家实力转化为地区塑造力，扎扎实实地从微观区域着手，切实改善地区安全环境。

第二，从各国制衡对象到获得域内国家信赖的均势瓶颈。当前，中国外部环境正面临着百年未有之巨变，周边一些国家对中国防范心态有余，依赖心理不足。中国崛起之“孤独”源于域内各国多将制衡中国视为“稳定”既有区域格局的当务之急。新中国成立后的半个世纪，中国对如何破解他国制衡关注不足。19世纪的美国也曾在南北两端遭受英、法殖民势力的钳制，唯有美国经济实力在20世纪取得对两国压倒性优势时，才真正破除来自欧洲的制衡。东北亚作为亚太地区要冲、诸强利益交汇所在，维持地区均势已蕴藏于各国外交辞令之中，奥巴马政府也正是利用此心理吸引各国参与规制中国的战略行动，并获得日本、韩国的积极回应。对此，中国应制定明确的、长期的对外战略规划，避免成为众矢之的，降低一些国家对中国的不信任。

第三，从维持互利合作关系到构筑互信和谐关系的进程瓶颈。自改革开放以来，中国多次利用经济互补性吸引发达国家维持对华基本合作关系，取得了理想效果。历经30余年，中国经济原有的资源禀赋已发生异变。一方面人口红利风光不再，资本、技术密集型产业占经济总量比重日多；另一方面，中国面临着发展动力转型的时代机遇，将以内需驱动取代外贸拉动发展。前者意味着中国与外部的经贸互补合作因素下降，竞争因素上升；后者意味着中国在经济区域整合进程中将更多考虑维护本国市场需求趋向，经济利益让渡空间缩小。中国面临着经济合作乏力、他国信赖不足的情况。为此，中国必须加强理论建设，提出可以落实且能激起邻近国家共鸣的理念，将互利合作关系升华为互信和谐关系。历史上有由于缺乏“正统主义”的理念支持，俾斯麦必须以精确的收益周旋于俄奥之间疲于奔命，终难逃政亡人息厄运的教训，可见与各国构筑互信的和谐关系是保障中国外部环境长治久安的关键。

第四，从周边国家、霸权国联合挤压到单独应对霸权国压制的结构瓶颈。2010 年中国的外部环境陡然复杂化，与 20 世纪 80 年代末、90 年代初中国外部压力增加相比，这次变化的特征在于中国与部分周边国家和霸权国家的关系同时陷入紧张状态。冷战前后，中国可以通过改善美国区域盟友关系，令美国遏制中国的战略无有立足之地，破局于无形之中。然而，此次环境巨变中，部分周边国家规制中国的积极性颇高，而美国则令中国的反制战略无从下手。中国在崛起之初就遭遇了一些经济大国夹击，这种近距离压力为以往崛起大国所少有。中国窘境与维也纳体系下的法国颇为类似，当时英国通过与尼德兰、普鲁士、撒丁等法国周边中等国家合作，抑制法国的复兴。对中国而言，唯有在霸权国与邻近国家之间寻找缝隙，才能破解内外势力的夹击。

第五，从陆权国家到海陆复合型国家的地缘瓶颈。中国陆上领土幅员辽阔，还拥有万里海疆，具备成为海陆复合型国家的潜质。海洋已经成为中国与外部世界联系的纽带，维护海洋权益、保障海路通畅迫切要求中国加大对海上资源的投入力度，成为海陆复合型国家。纵观世界历史，海陆复合国家与海权国家抗衡的记录胜少败多，皆源于前者战略资源分散，后者可以在海上遏制的同时挑拨陆上大国争斗坐收渔人之利。中国向海洋进军笼罩在美国岛链的层层封锁及日、韩的严密监视之下，可谓前途坎坷。陆地大国的猜忌成为美国离间各国的温床。从20世纪初德国转型海陆复合型国家功败垂成的教训来看，海权国虽可封锁复合型国家的海上交通，但能够给予后者致命打击的只有陆上强国的围攻。中国能否成功迈向海洋的决胜关键在于能否维持陆上周边的稳定。中国东北亚陆上安全总体状态良好，但仍需进一步巩固。

综上所述，奥巴马政府东北亚安全战略作为一个有力的镜鉴，为中国揭示了崛起之路上的重重“卡夫丁峡谷”。因此，虽然新时期美国规制中国战略内容了无新意，却得呼应，成为影响中国崛起的路径。纵观世界历史，各大国崛起的进程也正是其突破原有环境束缚，解决自身安全问题的征程。“成长的烦恼”在大国崛起进程中如影随形，崛起国必须以坚定的战略意志、谨慎的战略思维、精妙的战略谋略破除前途障碍。从崛起发轫到真正实现崛起不乏艰难险阻，对选择成为世界大国的中国而言，不可能长期回避矛盾，必须有破除万难的决心方可实现自身的涅槃。而破除崛起瓶颈的前提在于中国能否突破战略思维的桎梏。

二、中国战略思维的突破

在激烈的国际竞争中，善变者往往能掌握先机，化被动为主动。可以说，没有20世纪50年代苏联的步步紧逼就没有美国六七十年代的蜕变。仅凭精巧的战略，美国将难以在冷战中取胜。“一个国家的真正强大，要靠它的社会力量变革实现。”[①] 正确认识外部压力，使之转化为促使内部发展的动力是国家实现崛起、复兴的必由之路。而思维解放是崛起国化解守成国压力的不二法门，所谓“大国有征伐之兵，小国有御备之策”，企望以“不变应万变”，只会在国际博弈中日趋被动。因此，中国崛起首要是在头脑中破除障碍，厘清以下几层关系。

首先，战略机遇期与崛起瓶颈的关系。战略机遇期的概念母体来自于战略时机，“战略时机是能够实现战略实力对比关系突变的时间点和段”，[②] 而只有战略时机超过10年才能称之为战略机遇期。“（中国）面临的发展机遇和风险挑战前所未有，综观国际国内大势，我国发展仍处在可以大有作为的重要战略机遇期。”[③] 即使崛起之路障碍重重，但中国依然处于战略机遇期，两者并不矛盾。美国虽然可以影响各国对外战略，却无法撼动中国崛起的大局。战略机遇期的价值正在于战略主体可以借助有利时代背景，实现崛起瓶颈的突破，否则战略机遇期就会失去其存在意义，使崛起退化为“苟安”。为此，中国有必要深化战略机遇期认知，在未来数十年中最大限度地利用宏大时代背景突破崛起瓶颈，带动东北亚冷战格局的终结。

---

① 王缉思：《美国靠国内变革赢得冷战》，共识网2012年4月16日，http://www.21ccom.net/articles/qqsw/qqgc/article_2012041657711.html。

② 周丕启：《大战略分析》，上海人民出版社2009年版，第167页。

③ 胡锦涛：《坚定不移沿着中国特色社会主义道路前进 为全面建成小康社会而奋斗》，在中国共产党第十八次全国代表大会上的报告，新华网2012年11月8日，http://www.xj.xinhuanet.com/2012—11/19/c_113722546.htm。

其次，积累国家实力与提高战略资源转化、利用效率的关系。30 年来，中国在积累国家实力方面的成效有目共睹。然而，实力增长并未导致中国安全环境的绝对改善。中国与邻国的海上矛盾频繁，在区域舞台上备受他国防范，中国似乎陷入了“实力增长异化”的窘境。中国国家实力增长并不意味着战略资源增加，国家实力升华为战略资源的效率降低，分散了资源投放方向。庞杂而分散的中国海上执法力量就是这种粗放战略资源投放模式的真实写照。随着国家成立海警局统御各机构力量，应尽快实现海上力量的真正整合。今后中国应在保持国家实力增长势头的同时侧重调高其向战略资源转化的效率，这也正是改革开放的目标所在。

再次，提高塑造地区能力与构建区域均势的关系。二战结束后，东北亚就已成为全球各大国渗透的重要区域。一方面，东北亚各国力量弱小无法抗拒美苏介入本地区事务；另一方面，该地区复杂的情况导致美苏无法主导该地区的走向。因此，东北亚地区与东南亚、南亚的核心差异在于其地区结构保持着“开放”的特征，域外大国在地区安全中扮演着重要角色。主导东北亚地区意味着不仅要“压制”域内各国，更要排除美、苏的影响，将自身置于其他国家对立面。新时期，中国提高地区塑造能力绝不是建立封闭式的霸权体系，而是推动区域良性竞争，旨在建立真正的“均势”，维护国家基本利益的战略防御行为。

最后，扎实推进微观区域经济整合与积极观察、研究宏观区域经济框架建设的关系。经济的“动态”本质令“开放”成为推动各国参与整合的精神内核，对以出口导向型经济发展模式为主的东北亚各国而言，维系跨太平洋经贸联系是平衡对华经济依赖的手段。美国正是借用了各国矛盾心态刻意营造 TPP“包容”的外衣，吸引各国参与。从法德切实推动欧洲经济整合，排除英国“欧洲自由贸易联盟”干扰的经验来看，经济整合并不是在真空中推进，过程不免存在类似制度安排的竞争。东北亚经济整合亦非例外，中国应接受这个事实，稳扎稳打地推动中、日、韩自由贸易谈判。同时加大对 TPP 的研究力度，应考虑以一定形式参与或利用与成员国合作关系影响其进程，而不是简单地将微观、宏观整合框架对立起来。

中国传统战略思维讲求“以不变应万变”“后发制人”，其内涵在于化被动为主动，为农业文明调动人口、土地资源应对威胁争取时间。此种战略实现的前提在于中国处于半封闭的东亚世界核心位置，没有哪种文明可以在政治、经济领域与之分庭抗礼。如今东北亚已经成为世界的重要组成部分，俄罗斯凭借广袤的领土跻身域内国家行列，美国依托与日、韩的联盟插手地区事务，而印度、澳大利亚也跃跃欲试地谋求对该地区安全结构施加影响。外部力量的介入使中国很难一枝独秀，“后发制人”的前提已不复存在。沉迷于“彼动我不动”的战略思维桎梏只会重蹈被动之局，唯有以自身求变带动东北亚走向符合中国国家利益方向，才是挖掘到中国传统战略智慧内核、打开地区困局的锁匙。

三、中国的战略应对

通过对奥巴马政府东北亚安全战略的梳理，不难发现新时期美国区域战略着眼于改变他国战略实现本国利益护持。奥巴马政府地区战略成功的关键在于美国雄厚的软实力，可以高效能地诱导他国服从自身设计的战略轨道。“软实力”的积累绝非一时之效，更不是单纯的政府行为，必须调动社会力量参与。然而，中国国内社会尚在发展阶段，经济增长与社会发展之间的差距有待弥合。因此，提高“软实力”化解一些国家对中国崛起的防范心理虽可期待，但仍无法解燃眉之急。必须从中国自身的资源禀赋、优势制定切实的战略目标，寻找可利用的破解之术。

从资源禀赋来看，中国人口、领土面积、资源在东北亚地区占有绝对的优势。当前，东北亚正经历着继日本经济腾飞，韩国和中国台湾、香港经济奇迹后第三波经济增长浪潮。现代化进程已经渗透到东北亚内陆，使边缘地带与大陆纵深经济融合成为可能，而中国正处在这一发展进程的核心位置。中国的变化不仅会改变自身面貌，也会带动微观区域结构的重组。这既是中国自身规模使然的结果，也是中国发挥“主场”优势的必然选择。从以往经验来看，美国塑造中国周边国家对外战略的难度要大大低于塑造中国走向的难度。因此，只要坚持按照自己规划的道路前进，中国就能够控制奥巴马政府东北亚安全战略对外部环境造成的负面影响，以自身改变带动他国变化，应该成为中国化解奥巴马区域战略压力的指导思想。

在军事战略方面，中国应在提高对海军资源投入力度的同时，注重调整制度框架适应陆海并重发展方向，摆脱“黄水海军”的思维羁绊，侧重多兵种协调作战能力提高。在战略布局上应利用山东半岛突出地缘位置，保障从成山角—朝鲜大东湾以北的黄海海面不为美军染指，威慑美韩在北方分界线的活动，阻遏美国向东北亚陆海结合部渗透。同时，注意区隔美韩军事行动，考虑加强与韩国的军事沟通力度，维持两国处理重叠海域的默契。在南部，继续以琉球群岛作为中国海军走向大洋的突破口，以第一岛链到第二岛链区间为主要活动范围，在实践中消化新式装备。此外，应强化海空军配合，针对美国在东北亚战略纵深不足的情况，适时实施战略威慑。在加强远洋活动能力的同时，拉长美国防御战线，增加其军事战略成本。

在经济战略方面，首先在经济整合路径上，中国应连结韩国带动日本，推动三国自由贸易区早日缔结。比较日本、韩国经济整合顺序，不难发现日本更加倾向于先行达成日韩自由贸易协定，而韩国在巩固与美国经济联系后，属意早日完成中日韩自由贸易协定谈判。① 中国应从战略高度，避免政治因素、竞争影响经济合作框架建设，在谈判过程中不必拘泥一城一地得失，与韩国推进微观区域经济框架建设，增加日本“政治挂帅”区域整合模式的代价，使得日本接受东北亚自由贸易框架呼之欲出的现实。其次，在制定整合方针时中国要挖掘经济合作深度，加强中日韩经济共同体的研究工作，以经济深度融合制衡美国经济广度融合，扎实推进适合东北亚实际情况的经济合作制度框架设计工作。最后，针对奥巴马政府调整国内产业结构，与东北亚各国展开制造业竞争的状况，中国应继续扎实推进核心技术突破，提高技术应用效率，必要时联合日、韩利用世贸组织规则反击美国贸易保护政策。

在政治战略方面，中国应从多方面反制美国区别对待东

---

① 2011 年 10 月，在日韩首脑峰会后的联合记者招待会中，李明博总统多次提到推动中日韩自由贸易协定，而野田佳彦首相则侧重日韩自由贸易协定，可见两国经济整合方向存在差异。参见 Joint Press Conference by Prime Minister Yoshihiko Noda of Japan and President Lee Myung-bak of the Republic of Korea，Prime Minister of Japan and His Cabinet，2011-10-19. http：//www.kantei. go. jp/foreign/noda/diplomatic/201110/19kaiken_ e. htm。

北亚岛屿争端的战略。在方式上中国应采取迂回战术，通过对周边国家的影响并保持与日本的正面博弈，淡化美国介入东北亚争端的负面作用，避免陷入被动境地。中国应在下一阶段着重捍卫战后国际秩序，巩固中国、俄罗斯、韩国在岛屿争端的共识和默契；在岛屿争端的历史内涵深度上，区别东北亚地区岛屿争端与其他岛屿争端。在美国介入钓鱼岛争端的现实基础上，坚持以凸显争议为中国长期斗争目标，保持对争议海域执法常态化，在动用军事力量方面避免跟随日方步调起舞；借鉴香格里拉会议等宏观区域对话机制经验，适时构建由非官方组织操办的东北亚地区海上安全对话机制，抢占区域话语权。面对奥巴马政府通过信息技术对国内社会施加影响的用心，中国应在社会管理上寻求创新。中国从提高民众对信息采用、分析能力着手，抢占信息传输的终端——人理解能力的制高点，从而高效能地应对美国的新型意识形态渗透。

在针对各国战略方面，中美竞合关系的健康发展是保障中国崛起良好环境的重要条件。这种新型关系是相互依存时代守成国与崛起国互动的范例，其中既有传统的争斗内容，也有新时期大国命运同舟共济的合作内容。对崛起中的中国来说，重要的不是奥巴马政府是否将遏制中国作为区域战略的重要目标，而是其地区战略已经对中国外部环境产生了负面影响。中国应客观认识中美竞合关系的长期性，可以在控管区域安全危机上与美国展开合作、沟通，但在问题的解决上还应立足于自身。中国在中美互动中秉持“斗争求团结”的指导方针，一方面在新型大国关系构建进程中明确表达出对美国区域战略的忧虑，增加中美经济与战略对话中区域问题所占比例，以全球问题配合作为争取美国控制战略影响的筹码；另一方面，下大力气构建控管危机的平台，使区域国家、争端双方成为解决安全问题的真正主角，降低各国对军事联盟的依赖。

中日战略竞争关系的良性发展是保障区域局势总体稳定的基石。中日是东北亚地区两个主要国家，有史以来该区域首次出现两大强国并立的格局，两国不可避免地存在着战略竞争关系。中国应对中日竞争关系的历史性、艰巨性有充分的思想准备。对面临发展转型机遇的中国而言，中日竞争的关键在于保持良性互动，为此中国要做到三个避免，即：避免两国竞争服务于美国利用“衰落”日本最大限度迟滞中国崛起的图谋；避免政治对峙、岛屿争端殃及两国正常经济活动；避免两国分歧造成国民感情无法弥补的裂痕。有鉴于此，中国必须强势回应日方种种小动作，加重美日合作为日本带来的负担，打破日本“挟美制华”的妄想。在战略互惠关系框架下，维持两国经贸合作发展趋势的同时，针对人口老龄化等社会问题展开合作，使中日社会合作成为缓和竞争关系的新领域。借鉴中日“民间外交”与奥巴马政府“巧实力外交”经验，从长远考虑，“不以善小而不为”，积极推进与日本的民间交流，最终保障东北亚地区和平、稳定的大局。

中韩战略合作关系是带动当前地区格局转变的突破口。中韩关系自其呱呱落地之时，就蕴含着地区“冷战格局”颠覆性意义。在政治方面，李明博总统“北方政策”黯然收场后，朴槿惠政权面临着调整南北关系的契机。中国应抓住机遇提高与韩国的沟通层级，支持韩方缓解朝韩紧张关系的努力，必要时考虑组织中、俄、韩就缓解半岛局势展开工作会谈。在经济方面，中国应考虑加速东北亚物流网络建设，在中韩陆海联运的基础上推进更为便捷的交通联系线路的可行性研究。以此打通东北亚陆地交通梗塞，变“鸡犬相闻”为道路以通，发挥中韩地缘邻近优势。在推动中韩经济制度框架建设合作的同时，利用韩国的特殊地位，加强中韩技术贸易合作力度，破解美国为首的技术壁垒。在军事方面，中国应着手建立两军前线直接联系渠道，及时了解朝韩黄海对峙情况，避免误判局势。中、韩制度虽有不同，但却有着相同的外侮历史情怀、相似的兄弟阋墙悲情，是根除东北亚格局的合作伙伴。提升中韩合作关系有利于中国扭转地区紧张局势，减轻奥巴马政府在东北亚海陆结合部对中国的压力。

中朝传统友好关系是考验中国外交是否成熟的试金石。由于美国强化了在黄海海域对中国的战略压力，为此中国必须坚定己方立场，打破当前局面。中国对朝战略的核心目标应在于阻止半岛成为其他大国威慑中国的跳板，而不是拘泥于陆权国家思维。对于已经步入崛起进程的中国而言，自信、从容的对朝战略不仅有助于打破奥巴马政府利用中朝传统关系“移花接木”，影响中国与周边国家关系的谋划，也有利于中国扭转被动局面。

中俄全面战略伙伴关系是中国破解美国区域规制战略的有力依托。两国对彼此的战略扶持作用是他国所无法比拟的。中国破解奥巴马政府对俄罗斯“怀柔”战略的关键在于制定切实的对俄战略目标，理解俄罗斯对中国崛起的矛盾心理。中国对俄战略应以稳定两国陆地合作为主，推广边境联合巡逻稳定东北亚大陆纵深，以合作加深互信，压缩奥巴马政府离间中俄的活动空间。

中蒙战略伙伴关系是中国保障纵深安全的必要条件。蒙古特殊的地缘位置令其游走于中俄之间，结好美日欧，力争“平衡”。中国对蒙战略的关键在于防止蒙古沦为奥巴马政府打入大陆纵深，渗透中、俄的“楔子”。因此，中国应该防止干扰两国互信因素的出现。考虑建立中、俄、蒙三边会谈，保障内陆地区安定、应对环境变化等非传统安全问题，必要时建立三方边界联合巡逻机制。此外，中国还应考虑加强与蒙古官民沟通，对蒙古国货物出口提供必要方便，以“经济发展”稀释美国的“民主样板”宣传。

综上所述，中国应该秉持对美国、周边两手战略，以“斗争求团结”应对奥巴马政府区域战略的同时，以周边战略的调整带动东北亚区域局势转变，影响区域安全主题。中国东北亚安全战略最有利的机遇在于中国经济发展动力强劲，最雄厚的资本在于中国已经获得稳固的陆地安全保障，最显著的优势在于“主场”作战，最严峻的问题在于既有制度安排、战略要适应中国现状，最复杂的情况在于域内部分国家对中国崛起虚以委蛇。中国成功走出困局的关键在于坚定改革开放的基本路线，以面向未来的“自变”带动外部局势改善。以此观之，已经步入小康社会的中国更应坚定信念，沉着应对奥巴马政府区域战略，扬长避短地带动区域格局朝向良性方向发展，从而实现中国崛起的区域价值，造福一方人民。

小结

在战略效果方面，奥巴马政府东北亚安全战略成效显著，目标内正效果占据主导地位，目标外负效果的存在瑕不掩瑜。在战略能耗方面，新时期美国区域战略在既有资源投入规模上大力控制战略成本增加势头，节约战略资源颇见起色。除岛屿争端外，奥巴马政府地区战略获得了域内多数国家的肯定。从已有的战略结果审视，虽然新时期美国东北亚战略对中国崛起环境带来了一定程度的负面影响，但尚在可控制范围内。中国应解放思维，面向未来，以自身变化带动东北亚地区走向符合本国利益方向，破解美国布置的区域困局。最终，在崛起过程中造福区域内民众。

结　　论

本书通过对奥巴马执政时期美国东北亚安全战略的梳理、研究，初步得出以下结论。

一是东北亚地区是美国全球战略的重点、难点地区，新时期美国在该地区构筑完全霸权秩序难度有所增加，但对各国优势尚在。奥巴马当局修正小布什政府对外战略的同时，也承袭了美国构筑全球霸权的战略传统。19 世纪以来美国始终介入该地区事务，在大洋彼岸前沿防止各国挑战其全球霸权。同时，鉴于该地区情况复杂、矛盾叠加，美国不得不谨慎处理区域争端，以致疲于奔命。究其原因，东北亚海陆递进过渡的地缘结构限制了它对该地区的影响力度。中国崛起、俄罗斯复兴进一步增加了区域内制衡美国的力量，奥巴马政府建构区域霸权秩序的工作确是力不从心。然而，日本、韩国支撑美国区域战略的意志岿然不动；域内地缘矛盾也为奥巴马政府提供了消化各国实力，坐收渔人之利的必要条件。总体而言，美国的地区战略环境并未发生根本性恶化，对各国战略优势依然显著。

二是奥巴马政府东北亚安全战略目标明确，其内涵在于维护美国占据优势的战略布局，与战略环境、资源的契合度较高。与前任政府的区域战略相比，新时期美国区域战略目标针对性较强，外部威胁来源认知更趋具体，便于美国集中战略资源加以应对。奥巴马政府把部分注意力投放在经济、政治领域，修正本国霸权建构的“短板”，将护持美国优势的权力基础作为现阶段主要任务。与全力推进霸权秩序建构相比，维持自身占据优势的现状不仅使美国区域战略适应了战略环境要求，也切合美国国家实力相对萎缩的实际情况。从此意义上来看，奥巴马政府区域战略目标具体化实为美国东北亚战略“以退为进”之举。随着目标针对性的提高，美国区域战略实力总体充裕，资源瓶颈尚未出现。

三是奥巴马政府东北亚安全战略内容联系紧密、领域均衡，与战略目的、资源的协调较为连贯，较好地实现了目标与手段的统一。奥巴马政府把经济内容融入新时期美国区域战略之中，修正了美国忽视东北亚地区非传统安全问题的偏好，夯实了美国霸权地位的基础。通过创新、传统内容的有机结合，奥巴马政府得以强化军事优势，抢占经济整合先机，引导域内各政治力量走向。同时，美国注重发挥政治影响力诱导盟国承担更多军事责任，接受美国“经济存在”，形成“以政领军”“以政带经”的有利态势。因此，新时期美国区域战略对东北亚地区波及范围更为广泛，影响力度更为深远。

四是奥巴马政府对东北亚各国战略较好地利用了全球、地区两个层次议题，促使各国接受美国优势地位的现实，维护既有全球秩序。奥巴马政府秉持把盟友留在地区层次捍卫本国区域优势地位的思路，约束日本、诱导韩国集中力量参与规制中国的战略部署。新时期美国对中朝战略着眼于地区、全球力量的输出与引入，注重吸引中国参与全球问题的解决，同时保持对中国的地区挤压；对朝战略则侧重引入全球力量强化对朝遏制力度。在对俄蒙战略中，奥巴马政府则以“怀柔”“拉拢”为主，阻止美俄全球博弈影响两国东北亚地区的缓和，抬高蒙古国家地位，巩固大陆纵深“观察哨所”。“分而治之”的战略思路使奥巴马将各国战略有效地服务于区域战略整体，令各国联合挑战美国优势的“构想”终成泡影。

五是新时期美国区域战略总体效能较高。奥巴马东北亚安全战略实践基本取得预期效果，目标外效果大醇小疵，战略能耗得到有效控制。美国区域战略普遍获得域内国家积极回应。几年的战略实践令美国巩固了东北亚地区的优势地位，奥巴马政府任期内将大体保持区域战略的原貌，局部问题以微调处理。总体来说，美国正在构建己方占据优势的区域战略布局，对中国外部环境造成一定负面影响但程度有限。中国应当以自身变革挖掘战略机遇期的潜在价值，带动东北亚安全环境的改善。

行文收笔之刻，东北亚局势再掀波澜。朝鲜半岛紧张局势再次成为举世瞩目的焦点，而中日因海上纠纷两国关系改善有待时日。奥巴马政府借势引导该地区走向符合美国利益的发展方向。只有剥开现象的层层迷雾，才能洞察新时期美国在东北亚扮演的角色，保障中国的发展权益，维护地区和平、稳定的大局。

参考文献

［1］中国社会科学院日本研究所外交研究室.21 世纪初期日本的东亚政策［M］. 北京：世界知识出版社，2010.

［2］杨公素，张植荣. 当代中国外交理论与实践［M］. 北京：北京大学出版社，2009.

［3］许嘉. 美国国际关系理论研究［M］. 北京：时事出版社，2008.

［4］王惠岩. 政治学原理［M］. 北京：高等教育出版社，1999.

［5］王家福，徐萍. 国际战略学［M］. 北京：高等教育出版社，2005.

［6］李少军. 国际关系学研究方法［M］. 北京：中国社会科学出版社，2008.

［7］秦亚青. 理性与国际合作：自由主义国际关系理论研究［M］. 北京：世界知识出版社，2008.

［8］沈海涛，张玉国，巴殿军. 日本国家战略与东北亚外交［M］. 长春：吉林人民出版社，2006.

［9］吴征宇. 霸权的逻辑：地理政治与战后美国大战略［M］. 北京：中国人民大学出版社，2010.

［10］徐万胜，等. 冷战后的日美同盟与中国周边安全

[M]．北京：社会科学文献出版社，2009.

[11] 刘清才．俄罗斯东北亚政策研究——地缘政治与国家关系[M]．长春：吉林人民出版社，2006.

[12] 黄凤志，高科，肖晞．东北亚地区安全战略研究[M]．长春：吉林人民出版社，2006.

[13] 周丕启．大战略分析[M]．上海：上海人民出版社，2009.

[14] 胡鞍钢．中国崛起之路[M]．北京：北京大学出版社，2007.

[15] 吴寄南．新世纪日本对外战略研究[M]．北京：时事出版社，2010.

[16] 时殷弘．21世纪初期世界政治的基本性质和中国的应有战略[M]．北京：中国人民大学出版社，2006.

[17] 王玮，戴超武．美国外交思想史1775—2005[M]．北京：人民出版社，2007.

[18] 张清敏．美国对台军售政策研究：决策的视角[M]．北京：世界知识出版社，2006.

[19] 苏格．美国对华政策与台湾问题[M]．北京：世界知识出版社，1998.

[20] 孙德刚．危机管理中的国家安全战略[M]．上海：上海人民出版社，2010.

[21] 韦宗友．霸权阴影下的对外战略[M]．上海：上海人民出版社，2010.

[22] 熊志勇，王勇，范士明，李庆四．美国政治与外交决策[M]．北京：北京大学出版社，2007.

[23] 周琪．意识形态与美国外交[M]．上海：上海人民出版社，2006.

［24］钱其琛．外交十记［M］，北京：世界知识出版社，2003.

［25］钮先钟．西方战略思想史［M］．南宁：广西师范大学出版社，2003.

［26］黄凤志．东北亚政治与安全报告（2012）［C］．北京：社会科学文献出版社，2012.

［27］李慎明，张宇燕．全球政治与安全报告（2011）［C］．北京：社会科学文献出版社，2011.

［28］吉林大学东北亚区域研究协同创新中心，吉林大学东北亚研究院，吉林大学东北亚研究中心，北京大学亚洲—太平洋研究院．东北亚区域合作与长吉图开发开放研究（一）、（二）［C］．长春：吉林人民出版社，2012.

［29］王缉思．中国国际战略评论 2011［C］．北京：世界知识出版社，2011.

［30］牛军．战略的魔咒：冷战时期的美国大战略研究［C］．上海：上海人民出版社，2009.

［31］吉林大学东北亚研究院．第十二届中国韩国学国际学术大会论文集大会报告分册［C］．（长春 2011.10.13—10.17）

［32］吉林大学东北亚研究院．“野田政权内政外交课题与前景展望”学术研讨会［C］．（长春 2011.11.12）

［33］吉林大学行政学院、东北亚研究中心．和平、发展、合作：中国东北亚战略与政策［C］.（长春 2012.9.15—10.16）

［34］中国社会科学院亚太与全球战略研究院．新时期周边国家的中国观：特点、成因及对策［R］．国际战略研究报告，2012（5）．

［35］中国社会科学院亚太与全球战略研究院．稳定性

体系下的新型大国关系［R］．国际战略研究报告，2012（13）．

［36］中国社会科学院亚太与全球战略研究院．印度的东向政策及其对中国的影响［R］．国际战略研究报告，2012（14）．

［37］中国社会科学院亚太与全球战略研究院．海上争端与中美博弈［R］．国际战略研究报告，2012（15）．

［38］中国社会科学院亚太与全球战略研究院．以建设经济共同体为目标深化中日韩合作［R］．国际战略研究报告，2012（4）．

［39］中国社会科学院台湾研究所．新时期对台方针政策重要文献选编（修订本）［M］．2009.

［40］王缉思，李侃如．中美战略互疑：解析与应对［R］．2012.

［41］【美】亨利·基辛格．大外交［M］．海口：海南出版社，1998.

［42］【美】约翰·伊肯伯里．美国无敌：均势的未来［M］．北京：北京大学出版社，2005.

［43］【美】罗伯特·阿特．美国大战略［M］．北京：北京大学出版社，2005.

［44］【美】理查德·罗斯克兰斯，阿瑟·斯坦．大战略的国内基础［M］．北京：北京大学出版社，2005.

［45］【美】克里斯托弗·莱恩．和平的幻想：1940 年以来的美国大战略［M］．上海：上海人民出版社，2009.

［46］【美】理查德·J. 塞缪尔斯．日本大战略与东亚的未来［M］．上海：上海人民出版社，2010.

［47］【美】威廉·W. 凯勒，托马斯·G. 罗斯基．中国

的崛起与亚洲的势力均衡［M］．上海：上海人民出版社，2010.

［48］【美】阿尔弗雷德·塞耶·马汉．海权论［M］．西安：陕西师范大学出版社，2007.

［49］【美】约瑟夫·奈．权力大未来［M］．北京：中信出版社，2012.

［50］【英】李德·哈德．战略论：间接路线［M］．上海：上海人民出版社，2010.

［51］【美】索尔·科恩．地缘政治学：国际关系的地理学［M］．上海：上海社会科学院出版社，2011.

［52］【美】兹比格涅夫·布热津斯基，布兰特·斯考克罗夫特．大博弈：全球政治觉醒对美国的挑战［M］．北京：新华出版社，2009.

［53］【美】兹比格涅夫·布热津斯基．战略远见：美国与全球政治危机［M］．北京：新华出版社，2012.

［54］【美】保罗·肯尼迪．战争与和平的大战略［M］．北京：世界知识出版社，2005.

［55］【美】威廉森·墨里，等．缔造战略：统治者、国家与战争［M］．北京：世界知识出版社，2004.

［56］【美】罗伯特·吉尔平．世界政治中的战争与变革［M］．上海：上海人民出版社，2007.

［57］【美】阿尔弗雷德·赛尔·马汉．亚洲问题及其对国际政治的影响［M］．上海：上海三联书店，2007.

［58］【美】亨利·基辛格．美国的全球战略［M］．海口：海南出版社，2012.

［59］【美】罗伯特·杰维斯．系统效应：政治与社会生活中的复杂性［M］．上海：上海人民出版社，2008.

[60]【美】亚历山大·温特. 国际政治的社会理论[M]. 上海：上海人民出版社，2008.

[61]【美】罗伯特·吉尔平. 国际关系政治经济学[M]. 上海：上海人民出版社，2006.

[62]【美】兹比格纽·布热津斯基. 大棋局：美国的首要地位及其地缘战略[M]. 上海：上海人民出版社，2007.

[63]【英】巴里·布赞. 地区安全复合体与国际安全结构[M]. 上海：上海人民出版社，2010.

[64]【美】约翰·米尔斯海默. 大国政治的悲剧[M]. 上海：上海人民出版社，2008.

[65]【美】肯尼思·华尔兹. 人、国家与战争[M]. 上海：上海人民出版社，2012.

[66]【英】巴里·布赞. 美国与诸大国：21 世纪的世界政治[M]. 上海：上海人民出版社，2007.

[67]【美】肯尼思·华尔兹. 国际政治理论[M]. 上海：上海人民出版社，2008.

[68]【美】斯蒂芬·M. 沃尔特. 驯服美国权力：对美国首要地位的全球回应[M]. 上海：上海人民出版社，2008.

[69]【美】邹谠. 美国在中国的失败（1941—1950）[M]. 上海：上海人民出版社，2012.

[70]【日】小岛明. 日本的选择[M]. 北京：东方出版社，2010.

[71]【美】斯蒂芬·沃尔特. 联盟的起源[M]. 北京：北京大学出版社，2007.

[72]【美】汉斯·摩根索. 国家间政治：权力斗争与和平[M]. 北京：北京大学出版社，2006.

［73］【美】罗伯特·基欧汉，约瑟夫·奈．权力与相互依赖［M］．北京：北京大学出版社，2012.

［74］【美】肯尼思·沃尔兹．现实主义与国际政治［M］．北京：北京大学出版社，2012.

［75］【美】杰弗里·帕克．剑桥战争史［M］．长春：吉林人民出版社，2001.

［76］【法】托克维尔．论美国的民主［M］．北京：商务印书馆，2004.

［77］【法】孟德斯鸠．罗马盛衰原因论［M］．北京：商务印书馆，2007.

［78］【美】艾·塞·马汉．海军战略［M］．北京：商务印书馆，2003.

［79］【德】克劳塞维茨．战争论［M］．北京：商务印书馆，1995.

［80【美】罗伯特·O. 基欧汉．新现实主义及其批判［C］．北京：北京大学出版社，2007.

［81］【美】约瑟夫·S. 奈．硬权力与软权力［M］．北京：北京大学出版社，2005.

［82］钟龙彪．奥巴马政府的国家安全战略调整及其对中美关系的影响［J］．国际问题研究，2010（4）：33—38.

［83］王鸿刚．美国的亚太战略与中美关系的未来［J］．现代国际关系，2011（1）：7—13.

［84］陶文钊．奥巴马的外交“新政”与战略调整［J］．国际观察，2010（1）：1—9.

［85］王缉思．中美关系新趋势及其对东北亚安全的影响［J］．国际政治研究，2011（1）：1—5.

［86］张威威．美日、美韩军事同盟的同步强化及其影

响［J］. 世界经济与政治论坛，2011（5）：1—12.

［87］唐彦林. 奥巴马政府东亚政策的调整及中国的应对［J］. 东北亚论坛，2010（2）：49—57.

［88］吴心伯. 论奥巴马政府的亚太战略［J］. 国际问题研究，2012（21）：62—77.

［89］楚树龙. 美国亚太战略调整对中国周边环境的影响及对策建议［C］. “角色与责任：中国在东北亚地区的战略地位与战略利益”学术研讨会，2011 年 8 月.

［90］宋静. 美国因素影响下的亚太、东亚合作机制之争［J］，世界经济与政治论坛，2011（1）.

［91］甘钧线，申根焕. 奥巴马政府安全战略调整评析［J］. 外交评论，2011（2）：143.

［92］叶建军. 美国应对“反进入与区域拒止”战略评析［J］. 现代国际关系，2011（6）：42—46.

［93］张愿. 试析美国海军战略的调整及其影响［J］. 现代国际关系，2012（3）：1—8.

［94］刘建飞. 美国“民主联盟”战略的困境［J］. 美国研究，2010（3）：7—23.

［95］张景全. 金融危机对日美同盟的影响［J］. 日本学刊，2010（3）：28—38.

［96］杜兰. 美国力推跨太平洋伙伴关系战略论析［J］. 国际问题研究，2011（1）：45—51.

［97］杨剑. 美国二元战略伙伴系统的构建与调适［J］. 现代国际关系，2011（10）：1—14.

［98］钟飞腾，张洁. 雁阵安全模式与中国周边外交的战略选择［J］. 世界经济与政治，2011（8）：47—64.

［99］阮建平. 经济与安全“再平衡”下的美国对华政

策调整［J］．东北亚论坛，2011（1）：60—67.

［100］白永辉，赵明昊．从“利益攸关方”到“战略保证”——政治—经济的分析视角［J］．国际政治研究，2010（2）：105—119.

［101］王帆．美国对华战略底线与中美冲突的限度［J］．外交评论，2011（6）：21—31.

［102］阮建平．从美国对台军售讨论看其台海政策调整［J］．现代国际关系，2012（3）：9—15.

［103］黄凤志，吕平．美国对日外交的多维审视［J］．太平洋学报，2012（2）：46—55.

［104］王蓉蓉，刘强．美韩同盟：超越的流变趋势［J］．世界政治与经济论坛，2009（4）：52—59.

［105］朱锋．“后天安舰时代”半岛无核化进程评析［J］．现代国际关系，2011（10）：7—14.

［106］焦世新．从封锁到接触：奥巴马政府对朝“新政”［J］．现代国际关系，2010（3）：15—21.

［107］刘俊波．从“战略忍耐”看奥巴马的对朝政策［J］．国际问题研究，2010（6）：58—62.

［108］陈雅莉．美国的“再平衡”战略［J］．世界经济与政治，2012（11）：65.

［109］张愿．试析美国海军战略的调整及其影响［J］．现代国际关系，2012（3）：1.

［110］Emma Chanlett-Avery：*The U. S. -Japan Alliance*，［R］，Congressional Research Service，January 18，2011.

［111］Emma Chanlett-Avery and William H. Cooper and Mark E. Manyin：*Japan-U. S. Relations*：*Issues for Congress*，［R］，Congressional Research Service，June 11，2010.

[112] Emma Chanlett-Avery: *North Korea: U. S. Relations, Nuclear Diplomacy, and Internal Situation*, [R], Congressional Research Service, January 17, 2012.

[113] Ronald O'Rourke: *China Naval Modernization: Implications for U. S. Navy Capabilities- Background and Issues for Congress*, [R], Congressional Research Service, March 23, 2012.

[114] Mark E. Manyin, Coordinator and Emma Chanlett-Avery and Mary Beth Nikitin: *U. S. -South Korea Relations*, [R], Congressional Research Service, November 28, 2011.

[115] Larry A. Niksch: *Korea-U. S. Relations: Issues for Congress*, [R], Congressional Research Service, Updated July 25, 2008.

[116] Ronald O'Rourke: *China Naval Modernization: Implications for U. S. Navy Capabilities- Background and Issues for Congress*, [R], Congressional Research Service, October, 1 2010.

[117] Weston S. Konishi: *Japan's Historic* 2009 *Elections: Implications for U. S. Interests*, [R], Congressional Research Service, September 8, 2009.

[118] Emma Chanlett-Avery and Bruce Vaughn: *Emerging Trends in the Security Architecture in Asia: Bilateral and Multilateral Ties Among the United States, Japan, Australia, and India*, [R], Congressional Research Service, January 7, 2008.

[119] Emma Chanlett-Avery and William H. Cooper and Mark E. Manyin: *Japan-U. S. Relations: Issues for Congress*, [R], Congressional Research Service, January 13, 2010.

[120] Susan V. Lawrence and Michael Martin: *Understanding China's Political System*, [R], Congressional Research Service, May 10, 2012.

[121] Michael Martin: *Understanding China's Political System*, [R], Congressional Research Service, April 14, 2012.

[122] Shirley A. Kan: Taiwan: *Major U. S. Arms Sales Since* 1990, [R], Congressional Research Service, February 24, 2012.

[123] Dick K. Nanto and Mark E. Manyin and Kerry Dumbaugh: *China-North Korea Relations*, [R], Congressional Research Service, January 22, 2010.

[124] Mark E. Manyin and Mary Beth Nikitin: *Foreign Assistance to North Korea*, [R], Congressional Research Service, June 1, 2011.

[125] Dick K. Nanto and Emma Chanlett-Avery: *North Korea: Economic Leverage and Policy Analysis*, [R], Congressional Research Service, August 14, 2009.

[126] Brock R. Williams: *Trans- Pacific Partnership (TPP) Countries: Comparative Trade and Economic Analysis*, [R], Congressional Research Service, February 8, 2012.

[127] Dick K. Nanto: *East Asia Regional Architecture: New Economic and Security Arrangements and U. S. Policy*, [R], Congressional Research Service, April 15, 2010.

[128] Dick K. Nanto and Emma Chanlett-Avery: *The Rise of China and Its Effect on Taiwan, Japan, and South Korea: U. S. Policy Chocies*, [R], Congressional Research Service, Updated January 13, 2006.

[129] Emma Chanlett-Avery and William H. Cooper and Mark E. Manyin: *Japan-U. S. Relations*: *Issues for Congress*, [R], Congressional Research Service, October 6, 2010.

[130] Emma Chanlett-Avery and William H. Cooper and Mark E. Manyin: *Japan-U. S. Relations*: *Issues for Congress*, [R], Congressional Research Service, May 4, 2012.

[131] Mark E. Manyin: Kim Jong-il's Death: *Implications for North Korea's Stability and U. S. Policy*, [R], Congressional Research Service, January 11, 2012.

[132] Dick K. Nanto Coordinator and William H. Cooper and J. Michael Donnelly and Renee Johnson: *Japan's* 2011 *Earthquake and Tsunami*: *Economic Effects and Implications for and United States*, [R], Congressional Research Service, April 6, 2011.

[133] Emma Chanlett-Avery: Coordinator and Kerry Dumbaugh and William H. Cooper, *Sino-Japanese Relations*: *Issues for U. S. Policy*, [R], Congressional Research Service, December 19, 2008.

[134] Mark E. Manyin, Coordinator and Stephen Daggett and Ben Dolven and Susan V. Lawrence and Michael F. Martin and Ronald O' Rourke and Bruce Vaughn: *Pivot to the Pacific? The Obama Administration's "Rebalance" Toward Asia*, [R], Congressional Research Service, March 28, 2012.

[135] Victor D. Cha and Ellen Kim and Yong-Hwan Kim and Sang Jun Lee: *History and Asia*, *Policy Insights And Legal Perspectives*, [R], Center For Strategic International Studies, A Report Of The CSIS Korea Chair, November 2011.

[136] David J. Berteau and Michael Green: *U. S. Force*

Posture Strategy in The Asia Pacific Region: *An Independent Assessment*, [R], Center For Strategic International Studies, August 1, 2012.

[137] Thomas G. Mahnken With Dan Blumenthal, Thomas Donnelly, Michael Mazza, Gary J. Schmitt And Andrew Shearer: *Asia In The Balance*: *Transforming U. S. Military Strategy In Asia*, [R], A Project Of The American Enterprise Institute, June 2012.

[138] Clark A. Murdock, Kelley Sayler, and Ryan A. Crotty: *The Defense Budget's Double Whammy*: *Drawing Down White Hollowing Out from Within*, [R], Center For Strategic International Studies, October 18, 2012.

[139] Richard L. Armitage and Joseph S. Nye: *The U. S. - Japan Alliance*: *Anchoring Stability In Asia*, [R], Center For Strategic International Studies, A Report Of The CSIS Japan Chair August, 2012.

[140] Sung. Chool Lee and John J. Hamre: *The ROK-U. S. Joint Political and Military Response to North Korean Armed Provocations*, [R], Center For Strategic International Studies, A Report Of The CSIS Korea Chair, October 2011.

[141] Shoichi Itoh and Andrew C. Kuchins: *Russia Looks East*: *Energy Markets And Geopolitical In Northeast Asia*, [R], Center For Strategic International Studies, A Report Of The CSIS Russia and Eurasia Program, July 2011.

[142] Richard L. Armitage and Joseph S. Nye: *The U. S. - Japan Alliance*: *Getting Asia Right through* 2020, [R], Center For Strategic International Studies, A Report Of The CSIS Japan

Chair, February, 2007.

[143] Stockholm International Peace Research Institute: *SIPRI YEARBOOK* 2011, *Armaments*, *Disarmament and International Security*, [R], Summary.

[144] White House: *Economic Report Of The President Transmitted to the Congress Together With The Annual Report of The Council Of Economic Advisers*, [R], United States Government Printing Office Washington: 2010.

[145] National Institute for Defense Studies: *Japan*, *East Asia Strategic Review* 2011. [R],

[146] President of the Russia: *The Foreign Policy Concept Of The Russia Federation*, *Approved By Dmitry A. Medvedev. President of the Russia Federation*, [R], July12 2008.

[147] Japan Ministry of Defense: *Summary Of National Defense Program Guidelines For FY* 2011 *and beyond*, [R], Approved by the Security and the Cabinet on December17, 2010.

[148] Ministry of Foreign Affairs: *Japan*, *Diplomatic Bluebook* 2011 *Summary*, [R], April 2011.

[149] Cheong Wa Dae, Office of The President: *GLOBAL KOREA*, *The National Security Strategy of The Republic of Korea*, [R], June 2009.

[150] The National Institute for Defense Studies: *Japan*: *East Asia Strategic Review* 2012, *Executive Summary*, [R], March 2012.

[151] Department Of Defense, United States of America: *Sustaining U. S. Global Leadership*: *Priorities For* 21st *Century Defense*, [R], January 2012.

［152］ Department of Defense， United States of America： *The National Military Strategy of the United States of America* 2011 *Redefining America's Military Leadership*， ［R］， 08 February 2011.

［153］ The White House： *National Security Strategy*， ［R］， May 2010.

［154］ Department Of Defense： United States of America， *Quadrennial Defense Review Report*， ［R］， February 2010. 2010

［155］ Office of The Secretary of Defense： *Annual Report To Congress*， *Military and Security Developments Involving the People's Republic of China* 2010. ［R］， 2010.

［156］ National Science Board， Research and Development： *Innovation*， *and the Science and Engineering Workforce*： *A Companion Piece to Science and Engineering Indicators* 2012， ［R］， July 16. 2012.

［157］ William H. Cooper： *Free Trade Agreements*： *Impact on U. S. Trade and Implications for U. S. Trade Policy*，［R］， Congressional Research Service， June 18， 2012.

［158］ G. John Ikenberry and Chung-in Moon： Ed： *The United States And Northeast Asia*： *Debate*， *Issue*， *and New Order*， ［M］， Rowman and Littlefield Publishers， Inc， 2008.

［159］ Niklas Swanstrom， Sofia， Ledberg and Alec Forss， Ed： *Conflict Prevention And Management in Northeast Asia*： ［M］， The Korea Peninsula and Taiwan Strait in Comparison， Cambridge Scholars Publishing， 2010.

［160］ Bruce E. Bechtol， JR： Defiant Failed State： *The North Korean Threat To International Security*， ［M］， Potomac

Books, Inc, 2010.

[161] Stephen J. Blank Editor: *Russia's Prospects In Asia*, *Strategic Studies Institute*, [M], December, 2010.

[162] Gilbert Rozman, Ed: *U. S. Leadership*, *History*, *and Bilateral Relations In Northeast Asia*, [M], Cambridge University Press, 2010.

[163] Brad Glosserman Rapporteur ed: *A Year of Surprise*: *The* 17th *Japan-U. S. Security Seminar Conference Report*, [C], Jointly Sponsored by The Consulate General of Japan in San Francisco The Japan Institute of International Affairs and the Pacific Forum of Center For Strategic International Studies, March 2011.

[164] Institute of International Studies, Jinlin University: *The International Workshop on "Great Powers*, *World Order and International Society*: *History and Future"*, [C], Sept. 3-4, 2011.

[165] Foreign Policy at Brookings: *Big Bets and Black Swans*: *A Presidential Briefing Book*, *Policy Recommandations for President Obama's Second Term by the Foreign Policy Scholars at Brookings*, [C], January 2013.